好妈妈
胜过
好老师

宋洁 编著

浙江工商大学出版社 | 杭州
ZHEJIANG GONGSHANG UNIVERSITY PRESS

图书在版编目（CIP）数据

好妈妈胜过好老师 / 宋洁编著 . — 杭州：浙江工
商大学出版社，2024.1

ISBN 978-7-5178-5183-7

Ⅰ . ①好… Ⅱ . ①宋… Ⅲ . ①家庭教育 Ⅳ . ① G78

中国版本图书馆 CIP 数据核字（2022）第 209351 号

好妈妈胜过好老师

HAO MAMA SHENG GUO HAO LAOSHI

宋洁　编著

策划编辑	李相玲
责任编辑	唐　红
责任校对	韩新严
封面设计	思梵星尚
责任印制	包建辉
出版发行	浙江工商大学出版社

（杭州市教工路 198 号　邮政编码 310012）

（E-mail：zjgsupress@163.com）

（网址：http://www.zjgsupress.com）

电话：0571-88904980，88831806（传真）

排　　版	北京东方视点数据技术有限公司
印　　刷	唐山富达印务有限公司
开　　本	710mm×1000mm　1/16
印　　张	18
字　　数	249 千
版 印 次	2024 年 1 月第 1 版　2024 年 1 月第 1 次印刷
书　　号	ISBN 978-7-5178-5183-7
定　　价	78.00 元

前　言

俗话说："没有种不好的庄稼，只有不会种庄稼的农夫；没有教不好的孩子，只有不会教孩子的妈妈。"教育孩子，是需要技巧的。做一个合格的好妈妈、一个优秀的妈妈，光有爱是不够的，兼有洞察力也不足以胜任，一个好妈妈还要能够透彻认识自己，并认真研读孩子这本无字书，不断丰富自己的育儿知识，完善教养方式，为孩子提供一个适宜的成长环境。也许世界上所有的妈妈最盼望的是：自己的孩子能健康幸福地成长，并在人生道路上取得成功。那么，好妈妈应该是怎样的呢？妈妈在孩子的成长历程中能够发挥多大的作用呢？

好妈妈首先是孩子的好朋友。在孩子的成长过程中，好妈妈要像好朋友一样陪伴孩子成长。这种陪伴，对于良好亲子关系的建立和巩固具有非常重要的作用。在忙碌的工作中，妈妈特意腾出时间来与孩子一起打打球、出席他在学校的演讲比赛，或者带他到郊外去探索大自然的奥秘。通过这种近距离的接触，妈妈才能和孩子有更多的共同语言，孩子也才能真真切切地感受到妈妈的爱，才会像好朋友一样和妈妈分享自己心中的快乐与忧伤。与此同时，这种朋友关系还能够帮助孩子养成持之以恒的品质，掌握其他与学习、生活、工作相关的技能，而妈妈也可用自己的兴趣、特长及独特的指导，为孩子树立榜样。好妈妈不是端坐在书房里写字的妈妈，也不是忙碌在厨房里做菜的妈妈，而是那个像好朋友一样，与他一起游戏、一起解决问题，了解他需要怎样的爱，和他一起领略人生中美丽风景的妈妈。

好妈妈也是孩子的好老师。老师被誉为"人类灵魂的工程师"，也是人类智慧、能力、知识的传递者。好的家庭教育就像学校的小班授课，妈妈和孩子是一对一的教学关系。孩子作为一个独立存在的个体，能够得到妈妈全部的关注。著名教育家杜威说过，"教育即生活"，好妈妈要想办法使孩子的心灵进入一个更大的世界中，培养他出色的生活实践能力和良好的道德品性。孩子终究是要长大的，要离开妈妈走向社会。作为孩子称职的老师，妈妈不仅要积极配合孩子完成书面形式的作业，还要放手让孩子参与社会实践活动。当孩子在实践活动中遇到了挫折，妈妈应给予关怀和帮助。如果妈妈把握好在生活中对孩子的教育，当好孩子的生活老师，这将是孩子的幸运。

好妈妈是孩子成长道路上的引路人。中国的多数妈妈认为什么都管，让孩子完全按妈妈的思路去做，便是对孩子最完全的爱，其实这是妈妈在借助爱的名义控制孩子。好妈妈应该克制自己的控制欲望，尊重孩子，给孩子自由，离孩子稍远一点观察，给孩子一些成长空间，培养孩子独立思考和判断的能力。妈妈在一点一滴的小事中对不同的做法加以引导，就可以帮助孩子建立乐观、向上的生活态度，树立良好的价值观，让孩子在不同的年龄阶段拥有自主选择权，从而成为孩子成长道路上的引路人。

　　妈妈的教育方法，常常会影响孩子的一生。正确的教育方法是一把精美的刻刀，错误的教育方法是一柄锄头，所以说妈妈掌握着孩子这块璞玉的命运。教育方法主要有 6 种类型，即溺爱型、否定型、民主型、过分保护型、放任型和干涉型。其中民主型教育方法和否定型教育方法对子女的影响最大。在民主型家庭中，妈妈是孩子的朋友，她经常和孩子商量事情，尊重孩子的想法和意见，经常给孩子表扬和鼓励，这样孩子的自我接纳程度较高，相应地，自信心、自尊感和成就欲望较强。而生活在否定型家庭中的孩子，妈妈经常打骂、批评孩子，对孩子的责罚多于赞扬，孩子的自信心就相对较差，他们往往不相信自己的能力，总是甘居下游，对未来感到担忧，对前途充满恐惧。可见，正确的教育方法能为孩子积累成功的能力和品质，从而成就美好的未来。

　　好妈妈是孩子的好朋友、好老师和成长道路上的引路人。这本《好妈妈胜过好老师》，从"爱子心经——孩子，妈妈会这样爱你""育子秘诀——如何雕刻孩子这块璞玉""实用宝典——妈妈解决育子难题的妙招集锦"三个方面全面系统地阐释了中国主流教育思想和教育方法，涉及如何开发孩子的智力，如何让孩子喜欢上学习，如何培养孩子的良好学习习惯，如何进行品格教育、生命教育、理财教育、情商教育、挫折教育、赏识教育等教育理念，它将妈妈在孩子成长过程中的重要作用——剖析并针对具体问题提出了具体的解决方法。这本书文字通俗易懂，事例生动活泼，具有很强的实用性和可操作性，是一本理论与实践完美结合、方法与技巧兼顾的现代家庭教育百科全书。

　　好妈妈就像一所用爱筑就的学校，每一块砖每一片瓦都承载着一个母亲对孩子至真至纯的、无私的、伟大的爱。好妈妈就是那个用彩笔为孩子描绘绚丽人生画卷的人，也是那个用声音为孩子讲述多彩世界的人。

目　录

中篇　育子秘诀
——如何雕刻孩子这块璞玉

下篇　实用宝典
——妈妈解决育子难题的妙招集锦

上篇

爱子心经

——孩子，妈妈会这样爱你

第一章

审视你给孩子的爱

越多的爱并不意味着对孩子越有益，通过牺牲自我来满足孩子的需要也不能说明母爱的伟大，在给孩子爱之前，先洞察一下自己的心理真相，也许你会发现，自己并没有那么伟大，自己的爱也没有真正滋养到孩子。

放纵型溺爱，最懒惰的爱

一对夫妇中年得子，对儿子是百般疼爱，向来什么都依着他，他要什么就给什么。儿子是个比较内向的男孩，平时不爱和人交往，学习成绩也是普普通通。高中毕业之后，儿子没有考上大学，父母就将他送入一所私立大学读书。在儿子读书期间，夫妻俩每两个星期都要到儿子的学校去看望他，生怕他有什么不适应。

大学毕业之后，父母并不鼓励儿子主动去找工作，他们对儿子说："你是大学毕业生，可以找一份好点的工作。"他们的意思是不让儿子出去受苦受累。于是儿子心安理得地在家里待了2年，什么工作都没有找到。后来父亲不得已帮儿子找了一份很普通的工作，儿子上班不到一个月就回来了，说是不适应，而这一回来，又在家里待了4年，这4年中不出家门一步。

看到儿子这样，做父母的虽然十分担心，但还是一味地由着他，可是老两口已经一把年纪了，这么下去，儿子以后怎么办呢？父亲为此渐渐变得不爱说话了，心中的压抑堆积了起来，最后得了抑郁症。父亲住院了，儿子也不去看望，而母亲不得不在照顾好丈夫之后又回家给儿子做饭。

这是一个真实的故事，可以说，儿子会走到今天，都是父母放纵溺爱的结果。这样的男孩，如此自闭、冷漠、寡情、无能，几乎等于一个废人，更谈不上什么男子汉了。这是孩子的悲剧，更是父母的悲哀。

溺爱看起来最富有牺牲精神，但其实也是最懒惰的爱。其中最最懒惰的就是放纵型的溺爱，因为这样做的妈妈放弃了思考，而让没有自控能力的孩子去发号施令。对孩子来说，他小的时候也许会觉得妈妈对他很好，但当他逐渐长大，有了自己独立的思想之后，他会觉得妈妈的干涉是对他的一种禁锢，他想冲破这道禁锢，于是矛盾就不可避免地产生了。而如果他的独立意识已被磨灭的话，那么对孩子来说就是更致命的伤害了。就像上文中的儿子一样，毫无独立意识，过度依赖妈妈，对困难畏首畏尾，对生活也缺少热情。于是，懒惰的溺爱造就了懒惰的孩子、懒惰的生命。

所以，教育孩子，最忌讳的就是溺爱。一个在溺爱环境中长大的孩子，别指望他将来会有出息。对孩子的爱，只能放在心里，表现出来的，该狠时还是要狠一点。不要放纵孩子，也不要对他的要求全部给予满足，而要舍得让孩子吃一点苦头。以孩子为中心，一味地放纵溺爱，是不利于孩子身心健康的，对他们的成长也极为有害。

一般来说，在家庭当中，妈妈放纵地溺爱孩子，最典型的表现有以下几种：

其一，给予孩子特殊待遇，使孩子滋生优越感。

有很多妈妈由于孩子是家里的独生子，让孩子在家里的地位高人一等，处处都会受到特殊照顾。这样的孩子必然会恃宠而骄，变得自私，没有同情心，不会关心他人。

其二，对孩子的各种要求"无条件满足"。

有的妈妈总是无原则地满足孩子的各种要求，孩子要什么就给什么。有的妈妈觉得"再穷不能穷孩子"，哪怕自己省吃俭用，也要满足孩子的无理要求。这样长大的孩子必然养成不珍惜物品、讲究物质享受、浪费金钱和不体贴他人的坏性格，而且毫无忍耐力和吃苦精神。

其三，对孩子过分保护。

有的妈妈为了孩子的"绝对安全"，不让孩子走出家门，也不许孩子和别的小朋友玩。更有甚者，变成了孩子的"小尾巴"，步步紧跟，对孩子更是含在嘴里怕化了，捧在手里怕摔了。这样养大的孩子一定会变得胆小，缺乏自信，有依赖心理，或者是在家里横行霸道，到外面胆小如鼠，从而造成严重的性格缺陷。

其四，袒护孩子所犯的错误。

对孩子所犯的错误，妈妈总是视而不见，反而说："不要管太严，孩子还小呢。"有时候爷爷奶奶也会站出来说话："不要教得太急，他长大之后自然会好了。"这样环境下长大的孩子全无是非观念，长大之后很容易形成扭曲的性格。

为了孩子的健康成长，妈妈要给予他充分的爱，但是不可以一味地迁就孩子，否则，孩子将来会出现很多问题：缺少远大的理想，缺少是非观念，缺少良好的习惯，缺少挫折教育，等等。这些都会直接影响孩子的未来。

苏联著名教育学家马卡连柯曾说，父母对自己的子女爱得不够，子女就会感到痛苦，但是溺爱虽然是一种伟大的感情，却会使子女遭到毁灭。如果妈妈无视这种警告一意孤行，认为只要尽力满足孩子的一切需要，就能保证孩子幸福健康地成长，那么，这种教育方式势必会影响孩子在各个方面的发展，让孩子失去竞争力，甚至使孩子养成不良的性格。

疼爱孩子是妈妈的天性，但是如果疼爱得过了头，那就变成溺爱了，溺爱只会害了孩子。作为妈妈，千万不要让你懒惰的放纵型溺爱害了孩子。

"大人永远都是为了你好"是谬论

冬季的一天，寒风凛冽，气温骤降。一位母亲冒着刺骨的北风骑车数里来到一所大学校园的女生宿舍，找到正在这里上学的女儿。打开宿舍门，女儿见是母亲，感到十分惊讶，问她有什么事，母亲说给她送羽绒服。

女儿感到啼笑皆非，告诉妈妈自己不需要。"我这里有足够的保暖衣服。这么冷的天，我们都在宿舍里看书，不会出去的。再说，您顶着风给我送衣服，就不怕自己生病啊？"

母亲则十分恼怒，"我这不是怕你冷吗？怕你不知道多穿点儿。怎么了，我关心你不对吗？我这不是为了你好吗？你怎么这个态度！"

母亲扔下衣服愤然走掉了。女儿追出来叫她进屋坐一会儿，她好像没听见。

母亲感到很委屈：她觉得自己很伟大，她是如此地心疼女儿，顶着寒风送去冬衣，简直是个英雄！一路上，她都在想象女儿看见自己时会多么感激涕零。然而女儿却让她失望了，非但不领情，反而将她送到手边的温暖拒之门外。当着女儿同学的面，她真是下不来台，不禁恼羞成怒。

女儿也感到很委屈：我已经长大了，能够自己照顾自己了，妈妈却还拿我当小孩。这么多同学的妈妈都没有来，偏偏她来了，小题大做。她总是命令我无条件地接受她的关怀，也不看我到底需要不需要。只要提一点意见，她就责怪我，让我感到内疚。

这位妈妈认为自己的爱是伟大的，无论何时女儿都应该谦恭地接受，否则就是没有良心；然而，从客观的角度看，她仅仅照顾到了自己的利益，却忽视了孩子的体验。她沉浸在自己的情绪之中，却毫不顾及女儿的感受。美国家庭心理咨询师茱迪丝·布朗将这种"爱"称作对孩子实施的"慈祥的虐待"。实际上，这种"爱"所产生的心理伤害，绝对不亚于暴力行为留下的重创。

茱迪丝·布朗认为，妈妈自欺欺人的通病就是，她们为孩子做的一切，满足了她们自己，却说成是为了孩子。妈妈们这种说法表面有理，其实荒谬。在这个旗号下，妈妈不仅参与孩子的所有的行为，强迫孩子接受妈妈的选择，甚至指导孩子何时何地以什么样的方式表达自己：委屈了不许哭！失望了不许生气！高兴了不许叫唤！对妈妈要感激感动、感恩戴德……

茱迪丝·布朗还在《都是为了你好》一书中指出，在家庭中，妈妈有着强大的需求，但是这些需求往往被高尚的托词乔装遮掩，暗中扭曲孩子的生活。"都是为了你好"就是最常用来遮掩父母内心需求的高尚托词之一。

孩子不爱吃饭，妈妈端着碗在身后追着喂："这是为了你的身体好！"

孩子爱玩水，身上弄湿了，妈妈坚决制止："怕你感冒，为了你的健康好！"

妈妈给孩子报了钢琴班、美术班、舞蹈班、英语班，每天陪着孩子东奔西跑上课、练习、考证："为了你的将来着想，为了你的前途好！"

孩子有了自己的喜好，妈妈马上站出来制止："别看那种书！不能跟那种人交朋友！你会学坏的！这可是为了你好！"

孩子喜欢文学，妈妈却禁止他看小说："不许学文学艺，应该学理学商学医，这才是正道！都是为了你的将来好！"

孩子恋爱了，妈妈对其钟情的对象横挑鼻子竖挑眼："这个对象不行，跟他/她吹了，我们给你介绍更好的。别伤心别生气，我们都是为了你好！"

无论孩子做什么，妈妈都会参与、指挥、压制、干涉："听我的，这都是为了你好！"

每个妈妈都应该坐下来，扪心自问：我殚精竭虑呕心沥血，所做的一切，真的都是为了孩子好吗？

"都是为了你好！"凡是这样说话的妈妈，都持有一种自以为是的态度，摆出一副居高临下的架子，把自己当作孩子生活的总指挥："听我的，我知道什么是对你最有益的选择！"

当孩子反抗时，"都是为你好"意思是："我为你好才这么要求你，所以你不论喜欢还是不喜欢，都必须照办。"这里隐含了一个假设，即出发点好结果就一定好。但这个假设并不符合事实。另外，这里还包含了一个前提：你自己不知道什么对自己好，所以要听我的。对于很小的孩子，这一点或许是事实；但对于比较大的孩子，他们是不会认同的。

当孩子质疑时，"都是为了你好"意思是："我的动机是为你好，所以你无权质疑我行为的效果，即使事实表明我错了，我也不需要道歉，而且下次你仍然应该无条件地服从我。"这个潜台词十分蛮横，如此一来，哪个孩子还敢表达自己的意见？

当什么情况也没有发生时，妈妈却高频率地说这话，意思是："我整天都在为你好，我的生活目的就是为你好，所以你应该记住我的恩情，这是你欠我的。"这是妈妈在扮演一种"债权人"和"施予者"角色，扮演的目的是要保持对孩子的控制。

这样一句"都是为你好"，对孩子的危害却是十分可怕的。在这样的威胁下成长的孩子往往既不会表达愤怒，也不怎么会表达爱。他们经常压抑自己的感情，习惯于以别人的标准要求自己。他们不敢和妈妈做直接的交流，因为在交流之前就已经在脑海里出现了妈妈勃然大怒的形象。

就是这样轻而易举地，妈妈对孩子实施了精神控制，或者说是精神奴役。常说这句话的妈妈们请好好反思一下，"都是为你好"真的是为孩子好吗？

密不透风的爱源于自私

在一个访谈节目中，台湾舞后比莉讲起在培养孩子的过程中，自己总是处于希望孩子快点长大，但又害怕孩子长大的矛盾状态中。比莉回忆在儿子小时候，有一次送他上学，儿子在门口对她说："妈，以后不要再送我上学了，我都上国中了，同学都没有爸妈送了！"她听了儿子的话才恍然大悟，意识到儿子已经长大了，比莉就跟主持人说："我真舍不得让他长大！"

相信每一个妈妈都有比莉那样的感受，既想让孩子长大，但是又舍不得他们长大。妈妈们多希望孩子永远都能天真无邪、单纯可爱，永远在自己的羽翼下，不离开自己的视野，永远拥有他们。妈妈们心灵深处或多或少都会有这样的恐惧：害怕孩子长大独立，害怕孩子与妈妈分离。

所以，妈妈即使认识到自己对孩子这种密不透风的爱，会令长大了的孩子有些受不了，也会使他们变得越来越糟糕，但是妈妈就是不自觉地会对孩子过多爱护和管教。

当孩子越来越大，越来越独立，越来越渴望自己为自己做主时，妈妈就会感到极大的分离焦虑，在内心里她害怕孩子长大。于是，有些妈妈会有意无意地阻碍孩子长大。

小豪今年已经上初中二年级了，他从小由妈妈带大，任何事情都是由妈妈全权打点，无论是削铅笔、收拾文具、洗衣服、买零食，还是选择学习内容、填报志愿，大大小小的所有事情都是妈妈为他做。小豪对此很心安理得，妈妈也做得心满意足。

然而，在学校里小豪发现其他男孩都会做很多事情，例如自己把带来的饭盒洗干净，自己收拾文具书本，自己绑鞋带，等等，而这些事他都不会做，他觉得有点不好意思，于是他想和其他同学一样，自己的事自己做。当他向妈妈提出这个要求时，妈妈当即回绝了他："傻孩子，妈妈帮你做就好了，你就不用操心了，好好学习吧。""可是其他同学都笑话我什么都不会做啊，他们说我长不大，什么都要靠妈妈，不像个男生！""才不是呢，他们是嫉妒你，其实他们自己也不想做，所以故意说你呢！"

小豪勉强相信了，可是，渐渐地，他对妈妈的关心产生了反感，他总觉得自己没有其他孩子自由，于是经常对妈妈发脾气。妈妈看到孩子这样的抵触情绪，觉得孩子长大了，翅膀开始硬了，就想离开妈妈了，心里特别失落。但是，她还是不让小豪碰任何家务事，甚至是小豪自己的事。她总觉得，只要自己帮孩子做这些，孩子就会一直依赖她，就不会离开她，她宁愿让孩子懒一些，也不愿意他很快独立起来离开自己。

很多妈妈就是这样，希望通过为孩子做事、了解孩子的想法、让孩子仍然依赖着自己，来消除自己害怕孩子长大的心理。这样的爱看似是对孩子的宠爱和负责，其实是出于妈妈的自私，为的是增强妈妈的安全感。如此自私的爱，不能算真爱。孩子长大是必然，没有一个妈妈能够把孩子绑在自己的身边一辈子，即使你把他绑住了，那也是对他巨大的束缚。

孩子长大了，会渴望拥有独立空间，渴望伸展自己的手脚，尝试展示自己的力量。这是生命成长的必然规律。妈妈们不要一厢情愿地认为孩子就是一个永远不懂事、永远不知道该怎么做事的小孩。不要像对待一个2岁的孩子一样对待已经长大的孩子，这是对孩子无形的伤害。

妈妈必须舍得孩子长大！要知道，妈妈的怀抱再温暖，也不如给他一双强健的翅膀，这样即使妈妈不在身边，他也能飞翔；妈妈的肩膀再结实，也不如给他站立的力量，这样即使妈妈老去，他也能独立行走；无论妈妈是多么智慧、多么有能力，都不如教给他智慧和能力，这样才能让他独立面对世界。

作为妈妈，必须舍得孩子长大，不能因为舍不得就牢牢地把他圈在自己爱的包围圈里，这是错误的爱，好妈妈会允许孩子心理上与自己分离。

自我"牺牲"换不来孩子辉煌的未来

我是一位63岁的农民，今天我给你们写信，是想说说我的家事。虽说家丑不可外扬，但这些事憋在心里好长时间了，最近总感到心口疼。

我儿子是一名大学生，也是我们家五代人中唯一的大学生，这本是我们老两口的骄傲啊！但因为这个孩子不争气我们也伤透了心。

记得儿子刚考上大学时，我去学校送他。下了火车后，我扛着笨重的行李走在前，儿子跟在后。因为坐了一夜火车，再加上上了年纪，刚到学校门口，就被大门前一根铁条绊倒了。我重重地摔倒在地上，行李被扔出了老远，一只鞋也甩掉了。儿子向四周看了看，像怕什么似的拉住我的胳膊猛地用力拽了一下说："干什么啊，丢不丢人！"尽管我的双腿摔得很疼，但还是很快爬起来，捡起鞋穿上继续去背行李。把儿子安顿好后，我忙着挂蚊帐、买日用品，这一切在儿子眼里似乎都是天经地义的。

第一学期儿子一共来了3次电话，每次都是要钱。我和老伴种着3亩地，抽空我就到村里的砖厂去做工。开始人家说我老，不肯收，我几乎给人家跪下了，人家可怜我才让干的。我小闺女16岁了，初中毕业后上不起学给人家当了保姆，挣的钱交给我后，我一分舍不得用，全寄给了儿子。甚至有一段时间老伴的眼睛肿得厉害，疼得一个劲儿流泪，她都舍不得花钱买一瓶眼药水啊！

为了能多挣点钱，老伴又在村子里找了一份看孩子的差事。给人家抱一天孩子只挣5元钱，没日没夜的。去年冬天，儿子电话打得特别勤，每次都是要钱。我寄了4次共6000多元，我不知道现在上学就得这么多钱。后来听村里出去打工的一个小伙子说，他见到我儿子了，正谈着恋爱，很潇洒。说真的，我和老伴听了后不知是该气还是该高兴。然而最可气的是今年过年儿子回来时，那不争气的东西居然偷改了学校的收费通知，虚报学费。之前我只是在报上看到过这种事，没想到会发生在我身上。如今好几个月过去了，我一想起这事就心痛，整夜睡不着觉。我不明白，我们亲手抚养大的儿子好不容易考上大学，为什么会变成这样，不知他们在大学里除了学习文化外，是否还学习如何做人？

这是一篇刊登在《新华每日电讯》上面的文章。这对可怜的父母，几乎牺牲了自己的一切去讨好儿子，得到的却是这样的回报。相信看了这篇文章的妈妈们都感到痛心疾首。可怜天下父母心，怎么会养出这样一个不肖子！同时，我们也能猜到，这样一个毫无感恩之心、虚荣自私的孩子，是很难有光明的前途的。他将为自己的小聪明付出很大的代价。但反思一下，不难发现，恰恰是因为父母的完全牺牲，孩子才养成现今这种虚荣自私的品性。所以，自我牺牲不仅换不来孩子辉煌的未来，甚至会造成孩子品性恶劣，前途也会变得渺茫。

苏联教育家马卡连柯曾说，一切都让给孩子，为他牺牲一切，甚至牺牲自己的幸福，恰恰是送给儿童的最可怕的"礼物"。

但是，家庭对绝大部分女性来说，往往意味着牺牲，她们至少要牺牲很多的个人时间和空间，去处理家庭的琐事，例如孩子不肯睡觉了，老人生病了，等等，为此她们不得不推掉同学聚会、健身课程和个人爱好。一个家的确需要一个凡事都操心的人，这样家里才有主心骨，才能团结在一起。但是这个主心骨就一定要什么事情都做好，牺牲自己的一切吗？

有一位成功的职业女性，结婚生子后，毅然放弃自己的工作，安心在家相夫教子。但是很快问题就出来了，一方面是教育孩子没有她想的那么顺利，反而总是问题不断，而且小孩生病、学习不好、对人没有礼貌等，这一切在她的公婆看来，都是因为她教子无方；另一方面，她觉得自己的那帮姐妹离自己越来越远了，她很久没去做美容，也没有心情购物，整个人的情绪坏到了极点。

后来她去咨询心理医生，心理医生说："你需要一份工作，或者是一个爱好来疗伤。"

的确，百分之百将自己牺牲在家务当中，不仅不能达到照顾家庭的理想效果，还会给自己制造伤口。如果家庭中产生不愉快，妈妈们很自然会把原因归结到自己的无能上，渐渐增加自己的负罪感和挫败感。而一个爱好，或者一份工作能让妈妈们重新找回自信和乐趣。

为什么说绝对的牺牲自我对孩子、妈妈均无益处？我们想一想，牺牲自我的妈妈们往往把孩子的事情都揽在自己身上，小到系鞋带，大到他交了什么样的朋友、将来读什么大学等，事事都要操心。这样做的结果，往往是孩子不知道妈妈为自己做了多少事情，或者就算是知道了，也觉得理所当然，少了感恩之心。长此以往，孩子在不知不觉中学会了自私自利。

爱孩子并不意味着牺牲自己，给孩子越多爱不代表对他越好，为了孩子健康成长，为了家庭幸福美满，妈妈要学会从家庭和孩子中抽身出来。对很多妈妈来说，要从家庭抽身回到职场稍嫌困难，但我们可以培养一个自己的爱好，如养花种草，或者养养宠物等。将自己的精力和情感分散开来，这样妈妈的内心才能达到平衡的状态。孩子、家庭和自己，每一个都能兼顾。

畸形的母爱，成为孩子自私的源泉

苏联著名教育家苏霍姆林斯基曾说："在没有明智的家庭教育的地方，父母对孩子的爱只能使孩子畸形发展。这种变态的爱有许多种，其中主要的有：娇纵的爱，专横的爱，赎买式的爱。"

现在，很多妈妈"先孩子之忧而忧，后孩子之乐而乐"，她们节衣缩食，看着孩子吃好的穿好的玩得痛快，妈妈比自己享受还要陶醉。

可是这些妈妈没有意识到，她们在为孩子无条件付出的同时，也使孩子养成了自私、任性、骄横、懒惰、狭隘、霸道、缺乏责任心、缺乏爱心和同情心、不关心他人等不良品行。

在一个偏远山村，一个农民的女儿考上了某重点大学。这个喜讯让全村都轰动了。

贫穷老实的父母咬紧牙关，东拼西凑才凑齐了近万元学费。虽然老两口每日劳累，可是他们的内心很欣慰，毕竟一切等女儿毕业就好了。

谁知不久就接到女儿的信："要买学习资料，速筹 2000 元寄来。"

父亲为了给女儿凑学费，在家徒四壁、负债累累，根本就拿不出这么多钱的情况下，他只能做一件事情，那就是到城里的血站去卖血。

当老汉把借来的和自己卖血换来的 2000 元寄走后，他的心放下了，因为终于能让女儿踏实地学习了。

可他哪里知道，这次要钱仅仅是个开始。

女儿要钱都是有用处的，再苦再难父亲也得支持。家里是一分钱也拿不出了，他只能靠继续卖血来供养女儿读书了。

忠厚的父亲用别人的身份证托人办下了七个献血证。每个星期都要卖两次血，才能供得上女儿的消费。

4 年里，老汉凭卖血共获得 75500 元，老汉为女儿所卖掉的血，用一个大汽油桶还装不完。

好不容易女儿毕业了，父亲心想，终于可以松口气了。不想，女儿在城里找到了工作，就再也没有和家里联系过。这让老汉十分牵挂。

一天，衣衫褴褛的老父亲千里迢迢来到了女儿的工作单位，探望许久没回家的女儿。

不想，老汉刚在女儿公司门口露面，女儿就把父亲推到了远处，还埋怨他怎么不穿好点，这么寒酸，太让自己没有面子了。

埋怨完父亲，女儿很不耐烦地从口袋里掏出 200 元钱递给了父亲，让他搭乘当天的火车回去，并告诫他没事别来找她，怕对她以后的发展不好。

老父亲接过钱的一刹那，几乎要昏过去……

看了这个故事，或许你也会为文中的老父亲心酸。然而，这位女儿的做法不是没有缘由的，父亲过度的爱，毫无原则与分寸的纵容，是女儿如此绝情的根源。

有的妈妈疼爱孩子，家里有什么好吃的东西都只给他一人吃。时间长了，在孩子的思想上形成了一个定式：好的东西只能由我享用。

有一个三口之家吃饭时，孩子总是把自己喜欢的菜拉到自己面前，恨不得一个人全部吃掉。

妈妈随着孩子，也专门把孩子爱吃的菜放到他面前，自己干瞅着不吃。孩子吃独食看起来是小事情，但是小事情会产生大问题，这可是这位妈妈没有想到的事情。

孩子吃惯了独食，有东西只想一个人吃，玩具也只想自己一个人玩，自私自利思想由此产生。

一位母亲平时总是把削好皮的苹果给女儿吃，自己却吃苹果皮。一次当她尝了一口苹果时，3 岁的女儿竟声色俱厉地吼道："你怎么吃苹果！吐出来！"这位妈妈声泪俱下："她那么小，就这样对待我……"

孩子如此对待妈妈，确实可怕。但问题的根源在于妈妈甘愿为子女当马牛，直接导致家庭教育失败，也养成了孩子自私、任性且霸道的性格。

许多妈妈没有认识到孩子吃独食的危害，觉得吃独食没什么大不了的，其实孩子吃独食的后果很严重。

一项调查表明，当今的中小学生明显表现出自私和责任心差等性格缺憾，他们以自我为中心，对父母缺乏应有的关心。调查发现，有 27.8%

的中小学生不知道父母的爱好，100%的中小学生知道自己的生日，但有33.3%的中小学生不知道父母的生日。他们把父母为自己的付出看作天经地义、理所当然的事情，而根本体会不到父母养育他们的艰辛。

妈妈"有孩子，没自己"的付出，到头来换来的却是孩子心中"只有自己，没有妈妈"。

抚养出这样的孩子，做妈妈的难道不痛心吗？然而这又是妈妈自身的过错造成的。

我国教育家刘绍禹曾经说过："不要太关心儿童。……太关心了容易养成孩子的自我中心心理，结果变成自私自利的人。"

孩子的自私自利并不是天生的，很多是随着妈妈畸形的爱滋生出来的。妈妈们，请反思一下你的爱，不要让你畸形的爱，成为孩子自私的源泉。

妈妈的爱，为孩子埋下温柔的陷阱

十月怀胎的辛苦和分娩的"切肤之痛"让妈妈们最能体会骨肉亲情，日常起居上的悉心照料更加深了母亲与孩子之间的感情，母亲对孩子的爱，已经不是"慈母手中线"缝出的衣裳能够代表的了。

也正因为如此，妈妈更容易溺爱孩子，这在独生子女的家庭中尤其如此。

小敏的妈妈是一位全职太太，体会到丈夫在外面工作的不易，她也要求自己把家里的事情打理得事事顺心。

在对小敏的教育上，妈妈积极地给孩子报辅导班，按时接送孩子，一日三餐都按照营养书上推荐的搭配，以此来保证孩子的身体健康。

平时孩子的任何事情，如收拾书包、穿衣梳头、放水洗澡，这些都由妈妈一手操办。在家庭内务上，妈妈尽心尽力，毫无怨言。

而小敏却没有感觉到妈妈的辛苦，在她看来，妈妈所做的一切都是理所当然的，如果哪一次她发现妈妈没有帮她把书包收好，或是给她准备的第二天上学时穿的衣服不如意，她就会委屈得掉眼泪。

爸爸长期不在家，妈妈就成了小敏最亲密的伙伴，凡遇到困难，妈妈总是第一时间帮她解决，但小敏还是常常和妈妈怄气。

不论是出于补偿心理，还是出于对孩子的爱，小敏的妈妈都到了溺爱的地步。这样做虽然可以理解，却是很不明智的。

妈妈宠爱孩子，都是为了让孩子生活得更幸福，但是孩子能让妈妈呵护多久呢？总有一天，孩子需要与别人一起应聘，一起工作，一起生活，到那时她的困难谁来解决？

有的妈妈正是知道自己不能保护孩子一生，就越发有求必应、百般顺从了。这样的妈妈可以说是不负责任的，因为她没有为孩子的将来做任何打算，并且让孩子错失了很多学习成长的机会，她将一个低能儿抛给了社会，这样的行为不可饶恕！

孩子是需要经受挫折才能健康成长的，溺爱只会让孩子养成不好的生活习惯和性格。被溺爱的孩子很难遵守规矩，也不懂得自我约束，在他看来，规矩是为别人准备的。

由于凡事都由妈妈包办，孩子往往有太多优越感，做事情眼高手低，也不善于与人相处。当别人帮助了自己的时候，在溺爱中长大的孩子也不懂得感恩，反而觉得是理所当然；当他看到别人比自己优秀的时候，不仅不会向别人学习、替别人高兴，还会产生沮丧、嫉妒的消极情绪。

一位母亲为她的孩子伤透了心，她在心灰意冷的情况下去找心理医生。

医生问："您的孩子第一次系鞋带时，打了个死结，从此之后，您是不是再也不给他买带鞋带的鞋子了？"母亲点点头。

医生又问："孩子第一次洗碗的时候，打碎了一只碗，从此以后你是不是再也没让他洗过碗？"母亲称"是"。

医生接着说："孩子第一次整理自己的床铺，用了很长时间，您看不过去，从此代替他叠被子了，是吗？"这位母亲惊愕地看了医生一眼。

医生又说："孩子大学毕业去找工作，您怕孩子找不着工作，便动用了自己的关系和权力，为他谋得了一个令人羡慕不已的职位。现在您却为孩子的适应能力太差而感到恐慌了！您怕他不能胜任一份好工作，怕他娶不到媳妇，怕他以后过得很凄惨……"

这位母亲更惊愕了，从椅子上站了起来，凑近医生问："你怎么知道的？"

"从那根鞋带知道的。"医生说。

母亲问："我以后该怎么办才好？"

医生说："当他生病的时候，您最好带他去医院；当他要结婚的时候，你最好给他买好房子；当他没有钱时，你最好及时给他送钱。这是你今后最好的选择，别的，我也无能为力。"

……　……

这则故事中的母亲，就是用自己的爱为孩子埋下了一个个温柔的陷阱。由于被剥夺了犯错误和改正错误的机会，孩子也失去了独立成长的权利。

当他们在日后的生活中遇到一些不如意的事情，除了向妈妈求救，就只能"独自垂泪到天明"了。

妈妈要让孩子学会自立，首先要放开自己的双手，让孩子自己系鞋带，即使很慢，迟到了他会因此受到批评，即使系到一起，走路摔倒了他会感到疼痛，但所有这些付出的代价，都是让他学会改变方法、正确做事的动力。不然，将来他错失的机会会更多，付出的代价会更加沉重。

另外，孩子在开始做事情的时候，需要适当的鼓励和及时的指导，如果妈妈不在身边，孩子很容易感到孤独和被忽略，因此妈妈对孩子的爱要把握一个恰当的尺度。

妈妈们应该明白，溺爱孩子实际上剥夺了孩子生活中许多重要的东西。首先是剥夺了孩子的自主权。溺爱的妈妈多为掌控型家长，喜欢一手包揽，诸如小到穿衣，大到前途，都要为孩子做打算和决断。在这样环境下成长的孩子容易丧失自我，能力退化，胆怯，也容易对妈妈产生既抱怨又依赖的矛盾心理。其次是剥夺了孩子的自信心。溺爱孩子的妈妈给予孩子的负面信息要多于正面信息，而且常常喜欢限制孩子的活动，诸如这是不能拿的，那是不能碰的。这致使孩子运动游戏的能力差，和同伴玩不到一起，内心因此自卑孤独。再次是剥夺了孩子的感恩心。溺爱的妈妈倾心包揽，不给孩子任何成长的机会，也剥夺了孩子帮着做点力所能及的家务、参与家庭活动的生活体验。

妈妈的爱，不是越多越好。小心你泛滥的爱，为孩子埋下温柔的陷阱，困住孩子的人生！

第二章

如何给孩子高质量的爱

爱孩子是每一位母亲的本能，这种爱，有时能给孩子温暖，有时却严重地影响了孩子的发展。所以，母爱都深如大海，但质量有别。任何时候，爱都要讲究方法，都要为孩子量身定做，只有让孩子受益，妈妈的爱才是真正有意义的。

妈妈宠爱孩子有方法，要宠不能惯

今年一开学，某学校脑瘫班的乐乐，连路都不怎么会走了，而上个学期期末的时候，她走路走得非常好，虽然时不时会摔倒，但是可以自己独立地行走。大家都夸她练习认真，成效明显。然而，这个学期怎么突然就退步了呢？

原来这个寒假，乐乐的保姆去照顾姐姐的孩子了，没有时间照顾她，因此乐乐的生活都是由妈妈负责的。而乐乐的妈妈对于孩子的缺陷，非常自责，所以对孩子十分迁就，哪怕是乐乐说"无论我说什么，无论我说的是对的还是错的，你都不准反驳"，妈妈都没有任何意见。在家里，乐乐称王称霸，家里人不敢说半个不字。因此寒假的一个月时间里，乐乐就整天坐在家里看电视，从来没有好好地锻炼自己的身体，更别说专门练习走路了。一个月不练习的结果就是：现在连走路都有问题。

能得到宠爱，这是孩子的福分。所谓宠，应该是指满足孩子在成长过程中的感情需求，这样宠出来的孩子在日后的成长过程中会更加自信。天下的妈妈没有不宠爱自己孩子的，但是，并不是所有的妈妈都能把握宠爱孩子的尺度。对孩子的宠爱，应该有度，如果宠爱无度，就会变成溺爱。溺爱会给孩子带来一系列不利影响：助长孩子的任性和娇气，弱化孩子与外界交流的能力，埋没孩子处理各种事情的潜能。

有一些妈妈，从来不让自己的孩子做任何的家务，对孩子的各种要求几乎是"有求必应"，当孩子遇到各种困难时自己先迎难而上。用一句话概括就是，妈妈在极力创造一个让孩子感觉到没有任何委屈的环境。这样做的后果，无疑是孩子得到了安逸，但是这样做的同时，也把孩子应该具备的社会适应能力和免疫力破坏掉了。

妈妈对孩子过度的宠爱还会使孩子在潜意识中形成"唯我独尊"的错误意识，他们成了家里的"土皇帝"，他们的喜怒哀乐左右了家庭的气氛。在学校中，有不少孩子是任性不羁的霸王，没有任何人能和他沟通，没有任何规则能够约束他。

妈妈对孩子的过度宠爱，原因大致有以下几个方面：

①妈妈小的时候自己受苦太多，曾经感受过贫苦生活给自己带来的折磨，现在自己事业有成了，总觉得不能让孩子再像自己从前那样受苦，所以千方百计给孩子最大的满足。

②有的妈妈从小生活在富裕的生活环境里，而现在的条件要比过去好很多，所以就觉得孩子一定要过得比自己好才算是跟上了时代进步的步伐，才算是不委屈孩子。

③有的妈妈由于长期在外拼搏，无暇照顾孩子的日常生活，总觉得自己对孩子有亏欠，所以就在物质方面尽量满足孩子，甚至可以容忍孩子挥霍金钱。

　　任何东西如果给得太多了，人的感觉就会钝化，爱也是如此。妈妈对孩子如果爱得太多，那就是糊涂了。无论是什么原因，溺爱心理的产生，最终都会导致孩子心理发展过程中出现障碍。

　　①被过度宠爱的孩子容易变得无情，只喜欢一味地索取，不懂得付出。

　　②被过度宠爱的孩子容易变得无能。如果妈妈做了很多本该孩子做的事情，那么这种过度的照顾会让孩子的品德、智力甚至是身体发育都停滞不前。妈妈可以给予孩子生命，但无法担负孩子的一生，孩子迟早要独自面对他自己的事情。

　　③被过度宠爱的孩子基本上缺乏自强的精神，缺乏自立的能力，承受不了任何风雨，抗挫能力极差。有些孩子会在日常的生活中有一些具体表现，比如：缺乏自我控制能力，行为怪异；不能控制饮食；在活动中不守秩序；如果别人不按照自己希望的方式做就会大吵大闹；很少为别人考虑；不能与别人一起分享成果。

　　④被过度宠爱的孩子会表现得很难适应社会。因为被过分娇宠的孩子容易自私、任性、放肆、骄傲、乱发脾气、不遵守规则、没有公德等。这样的孩子一旦走上社会，往往高不成低不就，大事做不来，小事不肯做，注定要失败。

　　在独生子女身上，过度宠爱、娇生惯养的危害体现得淋漓尽致，而西方国家的孩子相对来说独立很多。所以，妈妈们可以学习外国先进的育子智慧。在美国，无论家长是高官还是富豪，都很少给子女零花钱，而子女的零花钱大多是在课余或假期中"按劳取酬"获得的。不仅如此，当子女成长到了18岁的时候，他们就再也不会在经济方面依赖自己的父母，而是必须自食其力。这些孩子也把长大了还向父母伸手要钱视为一种耻辱，他们自觉地凭劳动和智慧来挣钱料理自己的生活。总之，要想孩子独立，就要从小培养他的独立意识，不能娇生惯养、过度溺爱！

　　妈妈爱孩子，这是人之常情，大家都理解，但是千万不要"过度"。

爱孩子不能只用感情，更需要用智慧，教育孩子时坚持"要宠不要惯"的原则，这才是最好的方法。

爱是合理的给和合理的不给

毛毛是家里的独子，自一出生就集万千宠爱于一身。爸爸妈妈、爷爷奶奶、外公外婆、叔叔姑姑，人人都对他疼爱有加，有求必应。只要他眼里流露出对某样东西的好奇或是喜欢，家长马上就把这个东西送到他手上。这就养成了毛毛要什么就必须得到什么的习惯。冬天的一个晚上，妈妈带着3岁的毛毛去朋友家串门，回家的路上毛毛突然发现一直攥在手里的一块糖果不见了。那块糖果是妈妈的朋友给的，他家没有这样的糖果，毛毛着急得哭了起来。爷爷奶奶、爸爸妈妈都来安慰他，并承诺第二天给他买他最喜欢的玩具。但毛毛没有妥协：我要！我要！我一定要！！

毛毛打着滚哭闹，爷爷奶奶、爸爸妈妈看着实在心疼，便带上照明工具倾巢而出，沿着回来的路拉网式地搜寻，眼看午夜12点了，糖果还没有找到，妈妈看着哭得死去活来的孩子，只好硬着头皮敲响了朋友家的门，把已经睡着的朋友一家人吵醒找那块糖果。

小小的失望就会让毛毛歇斯底里，这预兆着未来灾难的来临。毛毛长大了，想找一个女朋友，但他喜欢的女孩根本看不上他。他不再打滚哭闹，而是拿起一把刀割破了自己的手腕。医院里，毛毛被抢救过来，但是他又开始绝食。父母哭着对他说："你想把我们急死？不就是一个女孩吗？人生的路还长着呢，好女孩多得是。"但他恨恨地说："我就要她！要她！一定要她！！"

独生子女最大的问题，就是得到过多不合理的爱。他们一切合理的、不合理的要求都曾得到满足，并且没有兄弟姐妹来分享，这样的成长经历让他们养成无限制索要的习惯，并且觉得父母就应该，也必须满足自己的需要，这是天经地义的事情，不用感恩也不用怀疑。也许在孩子小的时候，父母觉得满足小孩的要求不是件难事，只要孩子开心就好，但是，没有一个家长能满足孩子一生的所有需要。当你的孩子欲求未满时，当你没有能力给予他时，孩子会怎么样？上述事件中因为追不到女孩而割腕的毛毛就是对所有不理智地满足孩子需要的家长的警醒。

父母对孩子过度的爱容易造就一批自私、不懂感恩、心智不成熟、人格不健全的儿女。真正伟大的爱不是无限制地给予，而是在合理地给的同时也有合理地不给，它是合理地安慰、鼓励、督促、给予，也是合理地争执、对立与批评。它一方面尊重孩子生活的独立性，另一方面又给予孩子积极的引导。

因此，妈妈在教育孩子的时候，不要给予孩子过度的爱，不能溺爱和娇惯，要让孩子明白不是所有想要的东西都能到手；爸爸妈妈不是能帮你实现所有愿望的超人；如果爸爸妈妈满足了你的需求，要感谢他们的辛勤付出；干净的衣服、可口的食物、舒服的环境，这一切都不是理所当然就有的；好东西是应该与别人分享的。当孩子了解了这些事实后，他会迅速长大，懂得感恩，懂得分享，懂得控制。孩子生来是一张白纸，关键在于妈妈在上面写上什么样的思想情感。不要在白纸上填满色彩，也不要给予孩子太满的爱，凡事留点空间，才有更多的美感。

给予孩子爱，是所有妈妈的本性。正如美国心理学家斯考特·派克所说的，对孩子的溺爱和对宠物的爱有一致性，可以说是一种父性或母性的本能。它不需要努力，不需要经过意志抉择，并且对心灵的成长毫无帮助，所以不能算是真爱。虽然溺爱也能帮助建立亲密的人际关系，但要养育健康而心智成熟的子女，还需要更多的东西。所以，真爱不是只会给予的爱，而是合理地给予和合理地不给的理智的爱。

虽然，这样做的时候妈妈经常会处于一种两难的困境当中：一方面要尊重所爱的人在生活和人格上的独立，另一方面又要适时提供爱的引导。这种真爱复杂而艰巨，需要认真思考，需要不断创新。但是，为了孩子健康成长，妈妈多花点心力又有什么关系呢。

封闭的爱也是对孩子的伤害

文文是家里的独生女，从小娇生惯养，不用做任何事情，而且受到的是"这样不行""那样危险"的过度保护。一次，文文下楼跟小朋友玩，发生了小小的争执，文文被小朋友打了一拳后，妈妈就再也不让她出门玩耍。"不要去跟那些小孩玩，他们是坏孩子！"上学后，妈妈也不让文文和同学交往，慢慢地，文文变得越来越孤僻和高傲，她总是拿自己和别人对比，总是觉得别人不如她，而一旦发现有人比她好时，她心里就极其不安，常常为此感到痛苦和焦虑。

生活中，有很多独生子女像文文一样，从小生活在一个比较封闭的空间，而一旦离开妈妈营造的幸福温暖的空间后，他们就容易心神不宁，焦躁不安，不知所措。医学上认为，这样的人，精神上就像一个外形完整的蛋壳，外表上看个性极强，但内心空虚、脆弱，只要轻轻一捏，就成了碎片。因而，他们只要一离开妈妈的保护，就难以适应，而且抗挫折的能力弱。

这也是如今独生子女心理问题的主要来源之一。独生子女本来接触别人的机会就少，妈妈却没有意识到要多给孩子提供接触社会的条件。有的妈妈在孩子上幼儿园之前，把孩子交给爷爷、奶奶或保姆照看，他们又经常把孩子限制在屋子里，或者经常抱着孩子。不让孩子自由行动，这使不少孩子没有经过必需的爬行阶段。这也不让孩子摸，那也不让孩子碰，虽减少了一些危险因素，却大大影响了孩子的身心发育和智能的发展。有个妈妈忙于工作，把孩子放在姥姥家，姥姥怕孩子出去学坏，就把孩子关在家里看电视、看书。孩子长大后性格特别孤僻、胆小退缩、好幻想、神经质，最后得了强迫性思维症。

有些妈妈虽然自己带孩子，却很少带孩子去户外游玩，不让孩子到别人家串门儿，结果孩子变得胆小、内向、孤僻，不会和别人交往，甚至一到陌生环境或见到生人就哭，到公园也不敢玩游乐设施。还有的家庭，爸爸基本不参与孩子的生活，孩子完全由妈妈一个人带，孩子和妈妈在一张床睡，总和妈妈黏在一起，感情上完全依赖妈妈，结果造成男性性格女性化。

除了不让孩子和社会接触，妈妈们还经常包办孩子的一切事物。她们什么家务也不让孩子做，更不让孩子参加社会活动。有个 5 年级的小学生，妈妈除了让他学习和练琴之外，什么也不让他做，包括看电视、游戏、运动、交往、家务等等。孩子学习成绩很好，小提琴考到 8 级，但因压力过大、生活过于单调而患了精神分裂症。这就是因为过度封闭、单调的生活，致使孩子的动手能力、独立解决问题能力、社会适应能力都很差，也使他们责任心、自信心都不强。

另外，妈妈都希望自己的孩子越单纯越好，所以从小给孩子提供的教育方式、教育内容、生活环境是纯而又纯，甚至在价值观念上对孩子的教育都过于单纯。她们总是习惯于对孩子说教，给孩子现成的是非观，经常说孩子"你不应该这样，应该那样，你这样不对"，很少启发孩子自己思考、自己面对困难及解决问题。因此，孩子对事物没有自己的判断力和价值观，经常陷入偏执的思想中。

有个初中生，不愿意住校，不愿意和同学交往。原因是她嫌同宿舍的同学吃饭会发出声音，咳嗽不捂嘴，睡觉前爱说话，等等。她家条件很好，她有单独一个房间，没有人打搅她，所以她认为在哪儿都应该这样，有人打搅她就觉得厌烦，无法忍受。她在班上一个朋友也没有，问她为什么不交朋友，她说："他们都不是好孩子，因为他们说话带脏字，妈妈说，讲脏话的孩子不是好孩子，所以我不能和他们玩。"

妈妈绝对没料想到自己对孩子的保护和教育，竟使得孩子变得如此孤僻和不合群，这个时候妈妈再后悔，就迟了。

所以，对孩子的保护不是越多越好，不是越单纯的生活对孩子越有益，封闭的爱也是对孩子的伤害。

妈妈要知道，我们给孩子的教育、给孩子提供的生活环境过于单调的话，孩子就没有机会发展自己各方面的能力，就没有能力去应对将来复杂的生活。所以，该放手时就放手，该复杂时就复杂！

被孩子接受的爱才是孩子幸福的源泉

漂亮机灵的梅子是妈妈的心肝宝贝，妈妈把家里所有好吃的都留给她吃，给她穿最好看的公主裙，给她比同龄小朋友更多的零花钱，但是，渐渐长大的梅子越来越不喜欢妈妈给的东西，例如她不喜欢吃妈妈给她买的巧克力蛋糕，也不喜欢妈妈经常要她穿泡泡裙，更不喜欢妈妈因为害怕她受伤而不让她和小朋友去玩游戏……梅子向妈妈抱怨了很多次，但是都没有效果，妈妈依然按照自己的意愿给梅子这些她不喜欢的东西，久而久之，梅子开始讨厌妈妈，她不再喜欢笑了，也不再对妈妈给的东西感兴趣，她甚至觉得妈妈不像以前那么爱她了。

梅子妈妈无疑是非常爱梅子的，爱孩子是每一个妈妈的本能反应，但是有爱不代表就能让孩子感到快乐，也不代表孩子就能感受到生活的幸福。妈妈的爱，只有被孩子接受了才能让孩子感到幸福。

既然爱要以孩子的接受为标准，那平常就应该多思考：孩子想要的到底是什么？怎么表达爱，孩子才更容易接受和理解？生活中总有些妈妈，宁可自己省吃俭用，也要让孩子在物质上应有尽有，但在精神上经常忽略孩子的需求，对孩子的情感和人格缺乏应有的尊重，这样也很难让孩子体会到妈妈无私的爱。所以妈妈应该尽可能多地和孩子在一起。每个孩子都需要从妈妈那里得到足够的重视。在每天工作之余，妈妈要腾出一些时间参加孩子的游戏，和孩子一起读书，为孩子提供接触外界的机会，学会倾听孩子的心声。与孩子谈话也为妈妈提供了一次了解和教导孩子的机会。这样，妈妈就能够在第一时间知道孩子到底需要什么，怎样的爱他们才会接受。

在生活中能感受到妈妈爱的孩子就像被幸福的阳光照耀。但是不接受妈妈的爱，拒绝妈妈关爱的冷漠的孩子不会被幸福垂青。

冷漠的孩子内心总是寒冷的，也许是因为他得不到妈妈的关心，也许是因为他不接受妈妈的关爱，也许是接受不了妈妈关爱的方式。他们总是在寒冷中挣扎，感受不到温暖，也感受不到生活的幸福。那么，我们应该怎样做才能让孩子冷漠的心感受到温暖，感受到幸福呢？

这说难不难，说简单也不简单。面对生活中日渐冷漠的孩子，妈妈想让他们感觉到爱的幸福，就要一步步融化孩子的冷漠。

第一点，改变冷漠就要让孩子从身边的小事做起，比如，每天多问候一声爸爸妈妈，多给朋友一个微笑，多为集体做一件好事，多看一眼今天明媚的阳光等。这样做，可使孩子得到爱与热情所带来的充实和快乐。

第二点，带领孩子到生活中去感受热心的暖流。如书画家为拯救灾民的义卖书画活动，社会各界为"希望工程"的捐助活动，为美化校园，每人献上一束花的活动……妈妈应创造条件，提供机会，让孩子去参与这些活动。

第三点，就是强化孩子的热心行为。当孩子扶起倒在地上的自行车时，当孩子给上坡的三轮车助上一臂之力时，当孩子把自己的新书送给贫困地区的同学时，当孩子为正在口渴的奶奶送上一杯茶……当孩子出现这些热心行为时，妈妈应及时地给予表扬、鼓励。这样，在强化孩子热心行为的同时，就抑制了"冷漠"心态的滋生。著名的女作家刘继荣在这方面做得很棒，她每个周末都会带着孩子去广场上帮助有困难的人，时间久了孩子就养成了一种习惯，每当别人遇到困难的时候，他就会主动去关心。

第四点，是训练孩子的同理心。所谓同理心，是指能站在他人的立场、从他人的角度去思考问题，去体验情感，亦即能设身处地想他人之所想，急他人之所急，乐他人之所乐。例如，可以开展"假如我是……"的角色换位活动，使孩子理解、体验假想角色的内心感受，改变孩子原来的冷漠态度。一位下岗职工的孩子正是通过"假如我是下岗的妈妈"的角色换位活动，体验到妈妈的烦恼，理解了妈妈的不容易，从此改变了原来的做法，与妈妈的心贴得更近了。

经过这样的训练，孩子逐渐能体谅妈妈的爱，同时还学会了去帮助别人，渐渐地冷漠就会离他远去。不冷漠的孩子才能深切感受爱的含义，更容易沐浴爱的幸福的阳光。另外，妈妈孩子享受更多的幸福，就应该让他明白：人活着不只是为了享乐，人存在的最大价值在于被他人需要。当孩子感到被需要的时候，这种感情就会使他有旺盛的精力。这股力量会促使他不惧怕面前的困难和挫折，勇往直前。被别人需要，是人的一种天性，也能体现出一个人的价值。在某些特定情况下，一个人如果不被别人需要，生存也就失去了意义。

幸福并非一颗美丽、难以寻觅的巨大宝石，也并非无论孩子付出怎样的努力都无法找到它。相反，只要妈妈的爱能让孩子接受，并融化他那颗冷漠的心，同时还能让他感觉到他自己被人需要的价值，那么，他的内心就会充盈，幸福就会不自觉溢出。

别拿孩子的自尊当儿戏，爱孩子从尊重孩子开始

上小学二年级的西西经常说谎。他特别喜欢看动画片，以至于沉浸其中忘了写作业。他妈妈每次说："做完作业再看吧！"他都回答："我已经做完作业了！"当他妈妈晚上检查作业时，经常会发现他根本没有写完作业。

但西西从来不承认自己说了谎，并且总是振振有词："我忘了，我马上去做！"妈妈很生气，有时很想教训他，但考虑到孩子的自尊心，这位善良的妈妈总是忍下去。

有一次，妈妈情绪很不好，对西西发火说："你这孩子总是说谎，好

多次你说谎，妈妈都没有揭穿你，可是你想说谎到什么时候呢？"西西红着脸，一句话也说不出来，他觉得自己就是妈妈说的坏孩子。

聪明的妈妈看到儿子的样子，意识到伤害了孩子的自尊心，轻轻地说："西西，只要你以后不说谎，妈妈绝对不会怪你的。想一想，如何才能不说谎，又能做自己想做的事情呢？"

西西听妈妈这么说，知道妈妈没把他当坏孩子，他心里别提多高兴了。他告诉妈妈："以后我要先写完作业，再看动画片。"

"但是想遵守诺言也不是件容易的事，妈妈担心你不能遵守诺言。西西，每次做完作业后告诉妈妈好吗？"

"嗯，妈妈，我写完后告诉您，然后再去做别的事。"

妈妈欣慰地笑了，她为西西接受自己的建议感到高兴。

其实这位聪明的妈妈只是在适当的时候，给足了孩子面子而已。简单的方法就能改变孩子说谎的习惯，但那些整日苦口婆心的父母却很难改变孩子的习惯。

每个人天生都是有自尊和羞耻感的，即便是婴儿，从6个月大的时候，就能识别"好脸""坏脸"。给他好脸，他会笑；对他横眉竖眼，他马上会哭。孩子有一种强烈的个人尊严感，而成人通常意识不到孩子遭受了伤害和压抑，更意识不到自己在蔑视孩子。在日常生活中，妈妈蔑视孩子的事例数不胜数。比如，当你看到你的孩子端了一杯水，你就会害怕孩子把这只杯子摔碎，这实际上就是蔑视孩子的一种表现。一只杯子的价值难道比孩子尝试和探索的价值更大吗？你是给孩子探索的机会呢，还是只心疼你的杯子？如果是前来拜访你的客人打碎了这只杯子，妈妈一定会立刻说，这只杯子并不值钱，完全不用把这件事放在心上，而为什么孩子打碎了就会难以避免地挨骂呢？

虽然孩子有时不能够做好某些事情，但妈妈要意识到：最重要的是让孩子拥有一颗健康的心灵而不是多大的能力。要想让孩子真正长大成人，就应该让孩子从小就"站着"，而不是"趴着"去仰视那些大人物，这种自信心与健全的人格会为孩子的一生打下一个良好的基础。一个人的心灵世界，是要靠自尊来支撑的。尊严可以带给人自信，也可以改变一个人的命运。研究显示：与9个月到3岁的幼儿多交谈，会使这些孩子日后变得更聪明。在妈妈与子女之间关系平等，彼此尊重，且保持沟通交流的家庭里，孩子的智商比别的孩子明显高出很多。

人人都有自尊。所谓"厚脸皮"的人，都是由于后天得不到别人的尊重，久而久之，羞耻感逐渐减弱而形成的。妈妈如果无视孩子的自尊，动辄就当众辱骂、训斥伤害孩子的"面子"，日久天长，孩子的自尊感因为经常得不到尊重而减弱，孩子就会"破罐子破摔"，他们不但不会改变，反而脸皮越来越厚，经常犯错，甚至屡教不改。他们的自信和积极向上的心态也会消失殆尽。在他们心里，"啊，我是坏孩子""为什么我总是做不好事情呢""我简直是太笨了"这种自我否定不断产生，最终使得他们对自己丧失信心。

在教育孩子的时候，妈妈可要小心"厚脸皮效应"，记住只有给足孩子面子，他才会自信，对孩子要以鼓励和夸奖为主，以批评为辅，同时要注意批评的火候和方法。

那些为孩子的错误而烦恼的妈妈，在你指出孩子的错误之前，请考虑是否给孩子面子，与其教训批评孩子，不如和孩子一起商讨解决方案，这样才能从根本上给足孩子面子，他才会自信，进而自觉改变行为方式。

过度呵护会引发孩子的"母源病"

最近，嘉嘉成了医院急诊室里的常客，他总是在周末的时候无缘无故地发烧。医生给他做了全面检查，也没查出有什么毛病。除了发烧，嘉嘉一切正常。刚开始的时候，嘉嘉的妈妈以为是医院的医疗水平不高，才查不出来，但是，跑了好几家医院，结果都是一样的：除了发烧，嘉嘉其他的一切正常。

嘉嘉的妈妈很纳闷，这孩子是怎么了？经过反复检查，医生认为，嘉嘉的毛病不是出在孩子身上，而是出在妈妈身上。因为小时候，嘉嘉身体不是很好，经常一生病就发烧。因此，妈妈对嘉嘉呵护有加，嘉嘉身体稍有一点不舒服，妈妈就如临大敌，时刻很紧张。嘉嘉长大后，妈妈还是这个样子。于是，妈妈的过分担忧间接地影响了嘉嘉的身体状况。而且，一到周末，妈妈就特别紧张，常把嘉嘉关在家里，不让他出去和小朋友玩耍，她怕嘉嘉出去玩会突然发烧。即使偶尔带嘉嘉出去，她也总是问嘉嘉："有没有哪里不舒服？"或者"有什么不舒服，马上告诉妈妈！"

孩子发烧，问题出在妈妈身上！听起来不可思议，但这种情况并不少见。如新生儿妈妈担心奶水不够而焦虑，新生儿就会受到妈妈的影响，出现烦躁、不安等不良反应。

日本的一位医生把妈妈或其他家人的原因致使孩子"生病"的异常现象称为"母源病"。事实上，孩子表面上看起来是生病了，实际上并没有什么病理上的表现。例如，孩子很乖，但是每个月总是莫名其妙地患感冒，而且不容易治愈。实际上，出现这种症状的原因，却是由双亲不当的养育方式造成的，这就是母源病。

有的妈妈，自孩子出生起便有了沉重的精神负担，她们时常惦念孩子，会因孩子的某些细微变化而惶恐不安。如上班时突然想到孩子会生病，会食物中毒，她们就会马上放下手头的工作去看孩子，只有这样才能让她们心安；在孩子外出玩耍时，她们总会有一丝不祥之感，要求孩子一直留在自己身边；即使孩子睡熟之后，她们也会突然去看他是否感冒发烧；如果孩子伤风感冒，肚疼拉稀，她们更是心急如焚，会带着孩子四处求医，并为此寝食难安。妈妈的这种紧张和恐惧的情绪会强烈地影响孩子，使他们也终日惶惶不安，一时见不到妈妈，便会六神无主，并会因此影响饮食和睡眠。这些孩子明显地比其他孩子胆怯、脆弱、易哭，在心理和生理发育上也明显地劣于其他同龄孩子。

有的妈妈将孩子视为心肝宝贝，因此，不惜一切代价让孩子吃最好的，穿最好的，玩最好的。她们不让孩子做一点家务，生怕委屈了他们。若是遇上孩子与小朋友发生口角，无论孩子是有理还是无理，她们都会站在自己孩子这一边。过度的溺爱使孩子在生活上过度依赖妈妈，缺乏自立和吃苦精神，缺乏上进心，心理上也变得十分脆弱。当他遇到小挫折时，便会因缺乏应变能力和单独处理事务的能力而不知所措；如果遇到较大挫折，有些人会因不堪承受心理压力而产生自杀企图或自杀行为。

母源病会对孩子的心理、行为产生极大伤害，因此，那些对孩子过度保护的妈妈，请放开手，相信孩子自身的免疫力，让孩子自己去经历风雨吧！

妈妈担心孩子体弱多病，结果却不断地在行动和语言的强化中，使这种担心变成了现实。要改变这种情况，首先应该破除行为上的"疾病"强化。为防止孩子生病，妈妈将他包着、捂着，结果孩子的体质变得更差，形成一个恶性循环。因此，从孩子出生开始，妈妈就要打破这个循环。

其次，应该破除语言上的"疾病"强化。为了孩子的健康，需要增强他的心理免疫力。如果你在孩子的面前不断地强调"你体质弱，身体不好"，孩子就会真的以为自己弱不禁风，于是稍有不适，他就立即倒下。如果孩子在生病时能得到特别的呵护，他还会逐渐地将生病看作自己的特权，长此以往，他会变得特别在意自己的身体，时刻留意自己身体的不适之感，期待所有人的关注和照顾。

再次，还要给孩子一个积极的心态，激励孩子与病魔做斗争，把孩子身上的免疫力充分调动起来。威廉·丹福斯从小就是一个有病的孩子，但是他的老师用"我相信你""我相信你将成为学校中最健康的孩子"等话语鼓励他，他果真变成了学校里最健康的孩子！他在85岁逝世之前，帮助数以万计的青年获得健康的身体，还帮助他们养成高尚、刚勇、谦逊的品格。人的身体与心理有着千丝万缕的联系，积极的心态对孩子的一生至关重要。

与孩子保持适当距离，也是对孩子的爱

英国的一位心理学女博士说："世上所有的爱是以聚合为最终目的，只有一种爱是以分离为目的，那就是父母对子女的爱。所以父母真正成功的爱，就是越早让孩子作为一个独立的个体从你的生命中分离出去，说明你的教育就越成功。"

距离和独立是一种人格的尊重，这种尊重在最亲近的人中间也该保有。所以，妈妈与孩子之间，也需要距离来润滑和调节。

一位精力充沛的德国父亲，常常在孩子伯尔面前提到中国，后来，伯尔真的来到中国，研究中国历史和文化。伯尔非常感谢父亲的教育。为了让孩子们充满好奇心，伯尔每个月都会带着孩子们去爬山。

来到中国后，伯尔也经常爬山，并常常能看到中国父母带着孩子爬山。但他的爬山方式和中国父母是完全不同的，中国父母大多是手牵手地领着孩子，要么抱着孩子，而伯尔和6岁的儿子、4岁的女儿去爬山时，他总是走在最前面，大步流星，就像和孩子比赛一样。

儿女自然没有他爬得快，被远远地落在后面。

也许你会担心：孩子摔下山去怎么办？孩子磕坏了怎么办？孩子走丢了怎么办？世界上所有的母亲都是一样的，伯尔的妻子也总是担心这些事。

所以，最初爬山时，她走得很慢，为的是和孩子做伴。伯尔不同意她的做法，讨论几次之后，伯尔说，如果妻子要和孩子待在一起，就干脆留在家里，不要去了。

由于伯尔的坚持，最后，妻子同意了。之后爬山，她虽然仍频繁地回头看，但始终和伯尔一起走在前面。

其实，伯尔也在偷偷地回头观察孩子们的一举一动，只不过尽量不让他们发现而已。

伯尔这样做，就是要让孩子独立、坚强，学会自己面对外面的世界。老鹰教孩子们飞翔，它不会等雏鹰"翅膀硬了"才开始，而是叼着还很孱弱的孩子飞到高空，松口让孩子掉下山崖。如果孩子们自己不努力挥动翅膀，就会摔死。千百年来，鹰族一直保持着这种冷酷的训练方式，事实证明，这样的"教育"对小鹰们的成长是极为有利的。

伯尔在行动上与孩子保持距离，让孩子看到目标，找到前进的方向；而老鹰则在情感上也保持和孩子的距离，让他们身陷危境，必须努力寻求自保。这两种距离，都是在告诉妈妈，保持距离是孩子成长的必需步骤。妈妈对孩子的爱没有尽头，如果把所有的爱都表现在为孩子做事情上，孩子确实得到了眼前的舒适，却失去了学习、进步的机会。

社会千变万化，只有强者才能适应各种环境、临危不乱、应对自如。要让孩子成为强者，就从大步流星地往前走将孩子落在身后开始吧！首先，要相信他可以长成一个落落大方的孩子；其次，放开手脚让孩子独立地成长，让他面对差距和困难，从而找到自己的努力方向。

稍微留一点分寸，得到的往往是海阔天空！而一旦没有了这种距离、这种尊重，越过了这个尺度，就产生了隐患，离疏远甚至崩溃就不远了。因此妈妈要本着平等和理性的态度去尊重孩子，母子之间留一点分寸，有一点余地。这才是对孩子真正的高质量的爱。

第三章

爱从认真带孩子开始

那些把干事业和带孩子对立起来的妈妈，那些根本不在乎和孩子相处时间及相处质量的妈妈，不是她们不爱孩子，而是骨子里不认为和孩子相处是件重要的事。这是完全错误的，因为孩子成长中的每一天、每一种境遇都将对他产生巨大影响，和孩子相处也决定了亲子关系的生疏。

没有良好的母子依恋关系，孩子人格发展就有障碍

妈妈正在厨房里烧菜，圆圆像条小尾巴似的在妈妈身边蹭来蹭去，妈妈担心不小心伤着她，于是对圆圆讲："圆圆，厨房里很危险的，你先出去玩，一会儿妈妈做好饭就陪你，好不好？""我不！我要跟妈妈在一起！"圆圆噘着小嘴说。

"圆圆乖，你看厨房里这么小，万一妈妈不小心碰倒圆圆怎么办？"

"我就不！"好说歹说，圆圆就是不肯出去玩。

平时，圆圆就跟妈妈特别亲，无论是吃饭、玩耍，还是睡觉，她都要妈妈陪着。一旦妈妈不在，她就会到处找，甚至妈妈洗澡时，她也要守在门外。

刚上幼儿园时，圆圆根本不愿意离开妈妈，无奈之下，妈妈在幼儿园

陪了她整整 1 周，她才慢慢地肯去幼儿园了。现在，即使每天去幼儿园，圆圆也对妈妈依依不舍，从幼儿园回家后，她就会寸步不离地守着妈妈。

圆圆的爸爸因为工作忙，平时都是早出晚归，因此，圆圆的吃喝拉撒都是由妈妈操持的，这无意中养成了圆圆特别依恋妈妈的习惯。

依恋是婴儿寻求并企图保持与另一个人亲密的身体联系的一种倾向。这个人主要是妈妈，也可以是别的抚养者或与婴儿联系密切的人，如家庭的其他成员。依恋主要表现为啼哭、笑、吸吮、喊叫、咿呀学语、抓握、身体接近、偎依和跟随等行为。

依恋是婴儿与抚养者之间一种积极的、充满深情的感情连接。它对于激发妈妈和照顾者更精心地照料后代，对形成儿童最初信赖和不信赖的个性特点有着重要的影响。

孩子出生的第一年是至关重要的一年，妈妈的接纳、喜欢、拥抱、躯体抚慰和精神关注，将促进孩子与妈妈形成信任、安全、温暖的关系，这样的依恋关系能让孩子变得健康、活泼、开朗、自信和自尊。如果妈妈性格强硬，动作粗糙，情绪不好，对孩子疏于照料（让孩子处于饥、渴、冷、湿等不安状态），或不愿意亲自陪伴孩子，把孩子寄养在别处，甚至虐待孩子，那么孩子就可能很难与人形成良好的依恋关系，心理发展延缓甚至出现自闭倾向。有很多不能形成依恋关系的孩子，在成长中会慢慢出现边缘型人格障碍或自恋型人格障碍等。

而能与妈妈形成良好依恋关系的孩子具有以下特征：

在人际关系中，他开朗活泼，有自信和自尊，懂得爱别人，能与人共情，没有暴力倾向，善良，宽容，知道自我的边界，不向别人提过度要求。

他能正确解读父母教育自己的信息，即使挨打挨骂也不会记恨妈妈，一般也不会让妈妈太伤心。依恋不够的孩子打不得也骂不得，因为妈妈这样做会刺激孩子，使他内心深处产生对妈妈的不信任。

母子依恋关系有以下 3 种类型：

安全型依恋，这是最常见的依恋类型。孩子在妈妈离开时会哭闹，在妈妈回来时会高兴；如果妈妈在场，他通常以妈妈作为认识世界的起点；如果在玩耍，他会不断地回到妈妈身边寻求安慰；他通常比较爱合作，较少生气，会友善地对陌生人。这样的孩子容易形成积极的人格。

逃避型依恋，是较少见的类型。孩子在妈妈离开时很少哭泣，在妈妈返回时不会太高兴，并设法逃避妈妈；他如果有什么需要，不寻求帮助，而会表现出愤怒的情绪；他不在意陌生人。

矛盾型依恋，也是较少见的类型。孩子在妈妈离开前就开始焦虑，对妈妈的行为很紧张，担心妈妈离开；他在妈妈离开后更加不安，而妈妈回来时，行为又很矛盾——既想亲近妈妈，又拒绝妈妈；他较少关注周围的环境；他很难被安抚，对陌生人也不友好。这样的孩子容易形成消极的人格。

依恋是孩子出生后最早形成的人际关系，是成年后形成的人际关系的缩影。因此，妈妈要与孩子建立良好的依恋关系。

当孩子回家，回到妈妈身旁需要和妈妈重建依恋关系的时候，妈妈最好不要做这样的事：

对孩子身上的某些行为、特征、习惯不满意，忙着纠正孩子，让孩子感觉很糟糕，没有安全感。

急于向孩子或让孩子表达亲密感，结果遭到孩子拒绝，这样易引发大人的挫败感和孩子的焦虑害怕。

拒绝原来曾与孩子形成依恋的人（如老人、阿姨），嫉妒孩子对那个人太好，让孩子在客体关系发展中产生混乱的感觉。

扔掉孩子随身携带的旧手帕、毛绒玩具、漫画书，给他买更好的东西。那些东西对孩子内心的平静很重要，是一种对妈妈依恋的替代品，妈妈要暂时保留，耐心地等待孩子自己失去兴趣。

妈妈要用一种平和、坚定、温暖的方式去引导孩子，孩子才会慢慢地投入妈妈的怀抱，完成儿童时期心理发展的重要任务——依恋。与妈妈们有着良好依恋关系的孩子，能够形成健全的人格，而这也为幸福的一生打下了最基本、最重要的基础。

"亲生后妈"比后妈对孩子的伤害更大

世人对后妈的印象通常是极为不好的，许多人都认同后妈的恶劣行为会让孩子幼小的心灵有很大的创伤。但是，社会常常忽视了"亲生后妈"其实比后妈对孩子的伤害更大。

所谓"亲生后妈"就是指母亲虽然把孩子生下来了，却没有尽到母亲的责任，将孩子送给别人抚养或是动不动就对孩子大打出手、辱骂等。

这种"亲生后妈"的现象，可以分为 3 种类型：

第一种类型是由于母亲痴迷于某种事情而置小孩于不顾，让小孩感受不到太多的母爱。

电视台曾报道了一条由于几个子女不愿意赡养老人，老人将子女们告上法庭的新闻。这几个子女都挺有文化的，自己的家庭也还算不错，但没有一个人愿意赡养老人。究其原因，是因为老人年轻时总出入各种交际场所，将家里的积蓄挥霍一空，而且对孩子们毫不关心，恨不得将他们赶出家门，稍有不顺心就会大打出手。到老了，老人便想着让子女们来抚养自己，可是几个子女宁愿出钱将她送到敬老院，也不愿意亲自照顾她。

这个事例的确让人深思。正所谓这个世上没有无缘无故的爱，也不会有无缘无故的恨。老人以前不善待自己的孩子，没有尽到一个母亲的职责，又怎能让儿女心甘情愿地尽孝心呢？

第二种类型是由于孩子出生时或出生后发生了某种变故，如难产等，导致母亲在心理上疏远了孩子。

最后一种类型是由于子女较多，母亲疏忽了某一个子女。

有一个年轻的妈妈，很幸运生了双胞胎儿子，因为一个人忙不过来，大儿子就让外婆带，小儿子自己带。过了两三年，孩子大了一些，外婆就把大儿子送回妈妈身边，让妈妈自己亲自带两个宝宝。可是两个宝宝受到了妈妈截然不同的待遇，妈妈晚上睡觉只抱着小儿子睡，大儿子就由着他自个儿睡；两个孩子哭闹时或者是争抢什么玩具之类的，挨骂的一定是大儿子。最后造成了大儿子孤僻、不自信的性格。

孩子会和日夜照料他的母亲建立起强烈的母子感情，而母亲在付出爱的同时也一样与孩子建立了母子心灵感应，这种强烈的情感是维系母子亲情的纽带。而早年离家的孩子并没有和母亲建立起感情纽带，所以他们之间的心理距离十分遥远，又加上他们的生活习惯大不相同，结果就是母亲看不惯孩子，孩子也看不惯母亲。而且由于没有感情基础，母亲的教育通常不会手下留情，而孩子对这份苛责也不情愿接受。久而久之，母子之间形成强烈的心理对抗，冷漠的种子就埋下了。

来自最亲密的人的伤害是孩子生命中不能承受之重。所以，妈妈们，如果你给了孩子生命，也一样要给孩子爱！

不被照顾的新生儿，易形成人格分裂

人格分裂的人喜欢独自相处。他费尽心思独立生活，尽可能自给自足。他不依赖任何人，不需要任何人，尤其重要的是，他也不需要为任何人负责。因此，他远离人群，因为他需要这种距离，这样他便可以不让别人有亲近的机会，他即便愿意敞开心扉和人交往，也只开放一点点缝隙。一旦距离被缩小，他的感受如同生存空间遭到侵犯，独立自主遭受危害，他觉得自己不再完好如初，于是很粗暴地反抗。害怕别人亲近，这是他的性格特点。但事实上，他不可能把所有人都拒之门外，于是他只好四下搜寻保护措施，以便自己能躲在其中，避开一切。对他而言，绝对要避免人与人之间的接触，绝不允许与人有亲密的关系，不论与人邂逅，还是找对象，都会让他左右为难，于是，他只好把人际关系通通公事化。不得不与人相处时，处于团体或小组之中最让他感到自在，因为他可以隐姓埋名，基于共同利益的名义归属于某个社团。

人格分裂的人喜欢猜疑。他们害怕与别人亲密接触和交往，也害怕交往中的磨合。于是他们只好靠着猜想臆测来调整人际关系，总是处于惴惴不安中，不晓得自己给别人的印象和观感。

"别人看我的眼光是否充满嘲讽呢，还是我又乱想了？"

"今天老师对我特别冷淡，他不满意我什么，他平常不会这样的，还是我多心了？"

"我是否引人侧目，哪里不对劲儿，难道我搞错了，要不然别人干吗这样瞅着我？"

这种不安全感会使孩子猜疑、病态地对号入座。风马牛不相及地臆想以及知觉混淆，以至于内心与外在都是非不分。这类人若即若离、矜持、遥不可及，别人很难和他们攀谈。他们似乎没有个人色彩，甚至有些冷漠。

具有双重人格的孩子，在生活中是孤寂的，他们的世界是封闭的。好奇的妈妈们也许会问：人格分裂的原因是什么呢？医学上的解释有很多，但是最重要的是幼儿时缺乏关爱。

除了不可或缺的各种照顾之外，婴儿还需要温暖、关爱、适当的刺激，例如安静稳定的成长环境，这样他才能够自信、活泼、有责任感。其中最重要的是要给婴儿足够的身体接触，让他感受温情。

若是初始的世界让婴儿害怕不安、空洞、被侵扰，他就会畏缩、被吓退。太早以及过于强大的不信任经验，使得他无法信心满满地迎接世界。婴儿经常长时间独处，世界空茫一片，刺激太强或印象过于繁杂，都可能形成分裂人格，因为他与世界的关系已蒙受损害，只好退回自己的壳中。

缺乏爱的孩子，不被爱或者不受欢迎的婴儿特别容易形成分裂人格。有的孩子长期生病住院，或者经历过妈妈离去的创伤也都容易形成分裂人格。妈妈不爱、不在乎小孩；妈妈太年轻，个性不成熟；妈妈没时间，把孩子交给冷漠的人照管；妈妈生产后很快去上班，小孩长时间独处。这些妈妈没给孩子关爱的例子都一样，都会造成孩子爱的缺失，都可能引起孩子人格的分裂。

为了解决这个问题，作为呵护孩子成长的妈妈，要给孩子安全感，当孩子感到孤独无助的时候，用温柔、鼓励的眼神关爱孩子。一个拥抱、一句话语，都能在默默之中告诉他们："宝贝，我爱你。"

此外，还要保证孩子人格的平等。妈妈不应该因子女年纪小，而漠视他在家中的地位。平等是营造良好的家庭氛围的前提，也是为孩子的成长提供了一个良好的平台，在家中不被漠视的孩子，才不会自我漠视而封闭自己。

总之，妈妈们谁也不想让自己的孩子成为一个人格分裂的人，谁也不想因自己的疏忽让孩子成为具有双重人格的人，所以，从孩子出生的那一刻起，妈妈就不能疏忽对孩子的照顾和爱。妈妈应多关心孩子的情感需要，孩子内心深处对于爱和亲密关系的渴望就会得到满足，这样就可以避免分裂人格的形成，妈妈也可以在这个过程中充分体验到身为母亲的幸福感，何乐而不为呢？

孩子的成长需要妈妈的陪伴

一位母亲在给儿子的信中写道："你是一个铁杆球迷，为了看球，甚至可以不吃饭、不睡觉。说实话，我原本无法理解，对我来说，足球只是一堆人争夺一个球的无聊游戏。你常常深更半夜悄悄起来看英超、意甲转播，虽然为了不吵醒我们，你总是把音量放到最低。但是，你那压抑的激动声响和偶尔克制不住而发出的大声喝彩，还是会惊醒我，那时，总免不了对你的一顿教训。可有一天，一个念头突然冒出来：能够让你如痴如醉的足球到底为何吸引你呢？我怎样才能够体会你在看足球时的快乐呢？有机会一定要尝试一下。"

对此，儿子在自己的日记中也有所记载："奇迹果然出现了！不但是塞内加尔的奇迹，也是我妈妈的奇迹——她竟然从此迷上了足球，每天抢着看报纸，准时看球赛，关心贝克汉姆，询问罗纳尔多。当我们同时情不自禁地站起来，面红耳赤地给中国队加油的时候，我感到我们的心灵第一次如此相通。我心里只想说：'能跟妈妈分享我的快乐，我真高兴！'"

养育孩子的过程也是陪伴孩子的过程，只有当孩子感受到你与他在一起，他才能把你的爱放入心中。

与孩子共同参与活动，陪伴孩子成长，对于亲子关系非常重要。

孩子们通常有自己的社会活动，例如，学校组织的风筝大赛、校际篮球比赛、乒乓球比赛等。一些妈妈可能会认为，这只是孩子的游戏，关我什么事儿呀！其实，这种想法是完全错误的。教育学家建议妈妈们积极参与孩子的这类活动，因为你的参与就是对他们的肯定。

安吉莉从未忘记参加儿子参与的每一项活动：市篮球联赛、运动会、学生音乐会、话剧表演——即使儿子只是演一棵树。安吉莉是一个牙科医生，对运动一窍不通，对音乐也不大感兴趣，但她还是努力抽出时间去为儿子加油。因为她说，希望自己在儿子成长过程中尽量陪着他。

最近一段时间，儿子迷上了制作遥控飞行器，为此，他甚至办了寄宿，专心地在学校里研究试验。每天，他都会给安吉莉打电话，报告自己的新进展：他的飞行器反应更灵活了，飞得更远了……一天，儿子打来电话："妈妈，明天下午就开始比赛了，来替我加油吧！"

妈妈兴高采烈地回答："太棒了！我明天一定准时去。"

第二天，安吉莉把诊所停业一天，上午跑到书店里找了很多遥控飞行器方面的书，又给儿子买了一组昂贵的飞机模型，下午准时赶到学校。遗憾的是，儿子那天并没有取得好名次，面对专程赶来的妈妈，儿子有点惭愧。安吉莉拿出自己准备好的礼物——书和模型递给了儿子，然后用玩笑式的威胁口吻说："小子，看到了吗？这么贵的书和礼物都买了，你要是敢因为一次小小的失败就放弃，那我绝对饶不了你！"

儿子大笑着接过礼物："什么放弃呀！等着吧，下次第一名就是我！"这时，他已经完全振作起来了。

腾出时间陪孩子，一起做孩子所热衷的事情，是非常重要的。很多妈妈不明白这一点，一心一意"教育"，却拉开了孩子和自己的距离，到了孩子成年的时候，两个人竟然像陌生人一样，无法对话了。

如果你希望孩子养成持之以恒的品质，掌握其他与工作、生活相关的技能，你就要积极去参与孩子的活动，用你自己的兴趣、可依赖性及独特的指导，为孩子树立榜样。

最好的妈妈不是端坐在书房中写字的妈妈，也不是忙碌在厨房里做菜的妈妈，而是那个一直陪伴着孩子的妈妈。她不是一个符号，而是孩子生命中不可缺少的一部分，共同的回忆把他们紧紧连在一起。

多多陪伴孩子，参加他的集体活动，主动帮他解决问题，如此，妈妈才能真正了解自己的孩子需要怎样的爱。孩子的成长需要妈妈的陪伴，你可以错过一份好的工作、一个好的人生机遇，可是，身为一位妈妈，如果你错过了孩子的成长，便也错过了孩子人生中许多美丽的风景。

"双生涯"妈妈的带孩子哲学

据《参考消息》转法新社报道，中国的"上班族妈妈"数量超过3.2亿。许多"上班族妈妈"每天奔波于单位、学校和幼儿园，经常在工作与孩子之间顾此失彼，左右为难。"双生涯"（家庭生涯和职业生涯）的妈妈们，在忙碌的工作之余还要顾及孩子的身心需要，确实是件很辛苦的事。所以，在工作和孩子之间找到平衡点，对"双生涯"妈妈来说尤为重要。

"朝九晚五"是现在上班族的标准时刻表，这对于辛劳的妈妈来说，意味着早上比孩子早出门，晚上在孩子已经玩了一天感到疲惫的时候回家。现代生活的节奏，已经让妈妈错过了很多与孩子相处的时光。如果妈妈完全被如此繁忙的工作左右，就容易忽视对孩子的关注，忽视与孩子的交流和沟通。

《鬼妈妈》是一部由美国畅销小说改编的动画片。卡罗琳是一个只有十几岁大的小女孩，对身边的一切充满了好奇，平时由于爸爸妈妈要处理很多工作的事情，无暇照顾她。闲得发狂的卡罗琳只好在家里到处转来转去，由此发现了一个惊天的秘密，她通过一扇奇怪的门走入了另一个"家"，那里有和现实生活中一样的居住环境和待人周到的"妈妈"——只不过那个妈妈的眼睛被纽扣缝上了。正是由于那个"妈妈"熟谙儿童的心理，热情地陪伴她玩耍，卡罗琳觉得自己找到了真正想要的快乐。只是，后来卡罗琳发现那个"妈妈"其实是个女巫并和她进行了一场斗争……

从这部影片中，妈妈可以从中学到一些道理：孩子虽然小，但是他们确实希望得到妈妈更多的爱和关注。当孩子发现妈妈好像并没有把太多的注意力放在他们身上时，他们心里会黯然失落。

对于孩子来说，他们内心中最需要的是一种被爱的感觉，他们希望有更多时间和妈妈在一起，感受到来自妈妈的更多关注和爱护，这种良好的感觉，是孩子在日后变得乐观、积极、自信的主要动力源。

一位教育研究者曾给妈妈提出一道多项选择题：以下 4 个选项你认为哪项最能够帮助孩子在学校里提高学习成绩？

A. 为学校做义工

B. 监督孩子功课

C. 与孩子讨论学校所发生的事

D. 与孩子的老师保持联系

当然，以上任何一项都对孩子的学习进步很有帮助，但是研究人员的统计结果表明：选择 C 的妈妈，他们的孩子在学校中的成绩是最好的。这并不意味着其他的选择不重要，而是更加深刻地说明了妈妈和子女共同参加一项活动是多么重要。

研究表明：受到妈妈关注多的孩子，各方面的表现都很好。

一个孩子在生活中受到妈妈的关注越多，在各方面就会表现得越好。当他感到自己是个备受关注的中心时，就有动力让自己变得更加完美和优异。当一个孩子明显地感受到被关注时，他就越希望表现自己，他所有的才能也都会被调动起来。所以，妈妈再忙，也不要忘记关注孩子。关注孩子不是指天天和孩子在一起，却心不在焉地应付孩子，而是心情轻松、全神贯注地与孩子交流，即使只是每天晚上睡前的短短 1 小时。

或许，妈妈即使是每天简单地问一句"今天在学校怎么样"，也向孩子传达出了一个明确的信号，那就是妈妈很在乎他在学校里的表现。有些妈妈会从各方面关注子女的教育，而另一些妈妈则只去关注孩子一两个方面。但不论何种层次的介入，相信都会对你孩子的一生发挥重要的作用。每天，我们可以在家中听孩子讲述在学校中发生的有趣故事，和小孩子一起聊聊天，这些，并不是什么难做到的事情，但所能起到的作用却是最大的。

"双生涯"妈妈，孩子并不会妨碍你的工作，而你也不应该因为工作而忽视对孩子的关注。你应把握好在繁忙工作中关注孩子的尺度，找到两者的平衡点，也许就不会再顾此失彼，患得患失了。

不让孩子做精神上的"留守儿童"

英英是一个 10 岁的女孩，她性情很古怪，学习成绩不佳。她不喜欢和同学相处，也不喜欢和爸爸妈妈在一起，她只喜欢黏着家里的保姆小玲。英英的爸爸妈妈都非常能干，都是单位里的重要负责人，所以家里经济条件非常好，从孩子一出生就专门请了保姆小玲来家里照顾孩子。妈妈在生完她 3

个月后就上班了，把带孩子的事完全交给了保姆，英英相当于是小玲带大的。

从表面上看，英英一直和妈妈生活在一起，但由于妈妈工作忙，每天早出晚归，且经常出差，孩子从早到晚全是和保姆在一起，连晚上也是和保姆一起睡觉，孩子住在自己家，却如同一个"寄养儿童"一样缺少和妈妈相处的机会。所以，英英的内心十分孤独，性格也比较孤僻。

后来小玲要回农村结婚，离开了英英家，英英从此就更加孤独了，妈妈给她找了新的保姆，但是英英和新保姆都处不来，于是妈妈就一次又一次地更换保姆。

在更换保姆期间，英英每天孤零零一个人在家，她的性格越发孤僻，越来越不爱开口说话，身体越来越差，学习成绩也越来越差。

很多妈妈以为只要给了孩子舒适的环境、良好的物质条件，孩子就会健康地成长，却往往忽视了孩子的健康成长同样需要妈妈付出爱和时间。

在现代社会中，很多妈妈专注于自己的事业，就会忽视对孩子的养育。她们往往把自己的大部分时间给了事业，留给孩子的只有那么一点点时间。有的人会认为她们不爱孩子，其实不然，她们会给孩子买最好的玩具、最好的衣服，也会让孩子上最好的学校，她们爱的方式不一样，因为她们认为和孩子相处不是一件那么重要的事，但她们忽视了孩子也是有感受的，而这些感受会对孩子的成长产生重要的影响。

现在有太多的妈妈愿意在孩子身上花钱，却不愿意花时间和精力陪孩子。孩子不是一件玩具，孩子的健康成长和妈妈的关心密不可分。当决定要孩子，你就要担起对孩子的责任和义务，重视和孩子在一起相处的时间。有的妈妈出于客观原因，不得不和孩子分开，妈妈可以在分开的日子里通过经常给孩子打电话或定期去看望孩子等来减少孩子在感情上的失落感，让孩子感受到妈妈是爱他的，是时刻在关心着他的。

妈妈们，试想一下，你现在努力工作的目的不就是为了给孩子一个更富裕、更好的生活环境，为了能够给孩子创造更美好的未来么？可是现在有许多妈妈舍本逐末，忽视了给孩子爱的关怀。妈妈要明白，孩子最需要的不是金钱，而是妈妈的爱和关怀，是妈妈的陪伴和呵护。

也许有的妈妈会说，我虽然工作，但是我也天天和孩子在一起啊！可是，你和孩子在一起都做些什么呢？有没有问一问孩子在学校发生的好玩的事呢？有没有和孩子一起聊聊与学习无关的事情呢？有没有给孩子讲故事说笑话呢？有没有告诉他妈妈多爱他呢？如果没有，妈妈和孩子即使在一起，孩子仍然是孤独的。就像英英一样，天天看到妈妈，但还是缺乏母爱，成为精神上的"留守儿童"。

农村"留守儿童"的问题已经引起社会各界的关注。但是，那些与妈妈生活在一起的精神上的"留守儿童"却往往被人忽视，他们其实和农村"留守儿童"一样，急需妈妈的关注和爱护。

妈妈要明白，孩子在成长中的每一天、所遇到的每一种境遇都会对他们的成长产生巨大的影响，妈妈要认真对待和孩子相处这件事，不能对孩子爱的需求充耳不闻，不要把你的孩子变成孤独的"留守儿童"，也不要让你的孩子置身于精致的房间，却成为精神上的"留守儿童"。妈妈，给孩子多一些时间，多一点关爱，让孩子真真切切地感受到你对他的关爱，才能真正配得上孩子那一句"妈妈"。

第四章

孩子成长需要一个幸福温暖的摇篮

人若没有一个好的家庭环境，就很难孕育一个正常的生命。给孩子一个幸福的家，让孩子在生理和心理两方面都健康地成长，成为一个身心健康发育的人，这才是妈妈所能给孩子最丰厚的、一生享用不完的财富。

家庭温暖来自家人的呵护，而不是金钱的温度

一位妈妈下班回家，很晚了，很累并有点烦，她发现5岁的儿子靠在门旁等她。

"妈妈，我可以问你一个问题吗？"

"当然可以。"妈妈回答。

"您1小时可以赚多少钱？"

"你为什么问这个问题？"妈妈生气地说道。

"我只是想知道，请告诉我吧！"儿子哀求着。

"假如你一定要知道的话，我1小时能赚20美元。"

"喔！"儿子低着头这样回答，然后他接着说："妈妈，可以借我10美元吗？"

妈妈发怒了："如果你问这问题只是要借钱去买玩具的话，给我回到

你的房间并上床好好想想，为什么你会那么自私。我每天长时间辛苦工作，没时间和你玩小孩子的游戏。"

儿子安静地回到自己的房间。约 1 小时后，妈妈平静下来了，她觉得对儿子太凶了。她走到儿子的房门前打开门，"你睡了吗，孩子？"她问道。

"妈妈，还没睡。"儿子回答。

"我想过了，我刚刚对你太凶了。"妈妈说着，"我将今天的闷气都爆发出来了。这是你要的 10 美元。"

儿子笑着坐了起来，"妈妈，谢谢你！"儿子叫着。接着儿子从枕头下拿出一些被弄皱了的钞票。

儿子慢慢地数着钱，最后看着妈妈，告诉她："妈妈，我现在有 20 美元了，我可以向你买 1 小时的时间吗？请你明天早一点回家，我想和你一起吃晚餐。"

从这个故事中，你是否看到了自己的影子？的确，就像故事中的妈妈一样，现在的妈妈们总是很忙，忙着不停地工作，加班，赚钱……从来没有停下来，陪孩子一起玩。大多数妈妈本能地认为，挣钱满足孩子的物质需要就可以了，孩子不愁吃不愁穿，自然也就没有什么烦恼了。可是妈妈的这种想法是错误的！其实妈妈的爱才是孩子最需要的！家庭的温暖来自家人的爱，而不是来自家人的钱。

美国心理学家哈洛做了一个独特的婴猴实验：

哈洛把刚刚出生的婴猴从母猴所在的笼中取出，放到另一个装有两个人造母亲的笼子里。一个纯金属丝的人造母亲胸前安有一个奶瓶，另一个的表面包裹着柔软的布，但不安奶瓶。按理说，婴猴应该经常爬到安有奶瓶的金属丝妈妈的身上，然而结果却相反，婴猴只是在肚子饿要吃奶的时候才爬到金属丝妈妈身上，而大部分时间都爬到布妈妈身上。如果在布妈妈身上也安上奶瓶，那么婴猴就几乎不接触金属丝母亲了。如果在婴猴下地玩耍的时候，突然放入一个自动玩具，就会看到婴猴吓得马上逃到布妈妈身上。

这个实验推翻了人们传统思想中"有奶便是娘"的认知。通过这个实验可以得知，婴猴对母猴的依恋主要不是食物，而是柔软、温暖的接触。推而广之，小孩子依恋母亲并不仅仅是为了喝奶，他更需要柔软而温暖的皮肤接触，小孩子只有在母亲温暖的怀抱里才能健康地成长。就像小猴子不喜欢只能提供食物的金属妈妈一样，孩子也不喜欢只能提供食物、金钱的机械妈妈，他更需要的是妈妈的爱。

工作忙、加班、挣钱、为了以后更好生活……这些都不能作为不陪孩子的借口。孩子需要的不是一台赚钱机器，而是妈妈的爱与理解。虽然说一个家庭的经济能力比较重要，但是只要爸爸、妈妈与孩子之间其乐融融，即使经济能力较差，大家也会共同努力来克服。如果因为赚钱而影响孩子的健康成长，那就太不值得了。妈妈们不要掉进繁忙的陷阱，也不要做赚钱的机器，钱是永远赚不完的，而孩子只能成长一次，错过了就后悔莫及了。千金难买陪孩子成长的过程，物质也换不来与孩子相处的天伦之乐，有些东西错过了，就是孩子和妈妈一辈子的遗憾。

幸福的家是送给孩子的最好礼物

有一对夫妻在放学接女儿回家途中，不知为什么就大吵起来，最后居然扬言要离婚。等争吵暂告一个段落，他们才意识到孩子还跟在后面。他们看到女儿拿着画板在画画，画面上有两个大人，他们表情愤怒，两个大人中间躺着一个小孩。

妈妈很好奇地问："地上怎么会有个小孩，他怎么了？"

"死了！"孩子说。

"他怎么会死了呢？"

女儿沉默了半晌，说："因为爸爸妈妈吵架、分手……"

女儿的话深深刺痛了他们。原来，女儿看见班级中所谓的"单亲儿童"总是神情忧郁、郁郁寡欢，她害怕像他们一样。看来，父母吵架、分手后，他们的孩子就好像被抛于旷野，会一点一点死亡。

小女孩在无意间用一幅画泄露她的心声，也让父母及早警觉：孩子在成长中最需要的就是安定、安心、安全的环境与父母完整的爱。父母不要当着孩子的面吵架，家庭成员之间关系不能紧张，要相互信任和体贴，以免给孩子带来精神上的苦闷。

几乎所有的孩子都渴望自己的爸爸、妈妈能够相亲相爱，希望自己的家充满和睦、友爱、温暖的气氛。而许多父母却时常忽略孩子的这点心理与要求。

良好的家庭气氛是孩子成长的重要依托，家庭气氛是两种环境关系的产物，它包括家庭物质环境和家庭心理环境。家庭的物质环境依每个家庭富有程度的不同而不同，但每个父母都会尽最大的努力来满足孩子的物质需要。相对于家庭物质环境很多父母往往会忽视为孩子营造一个良好的家庭心理环境。而实际上，家庭心理环境对孩子的影响远远大于家庭物质环境。即使是贫穷的家庭，只要有家人间关切的爱和温馨的环境，孩子也能在幸福的笑声中快乐成长，而一个冷漠严肃的家庭即使富可敌国，也买不到孩子的开心快乐。

妈妈要想把孩子培养成为心地善良、感觉敏锐、能力强的人，家庭日常生活应该是和谐的、欢乐的、充满爱心的，这是首要的条件。要知道夫妻间的互相尊重与爱护是良好的家庭教育的基础，而幸福的家庭是送给孩子的最好礼物。

安徒生小时候生活在丹麦一个叫奥塞登的小镇上。他家境贫困，父亲只是个穷鞋匠，母亲是个洗衣妇，祖母有时还要去讨饭来补贴生活。他们的周围住着很多地主和贵族。因为富有，这些人便觉得自己高人一等，他们讨厌穷人，不允许自己家的孩子与安徒生一块儿玩耍。安徒生的童年孤独而落寞。

父亲担心这样的环境会对安徒生的成长不利，但是他从来没在孩子面前流露出自己的这种焦虑，反而轻松地跟安徒生说："孩子，爸爸来陪你玩吧！"父亲陪儿子做各种游戏，闲暇时还讲《一千零一夜》等古代阿拉伯故事给他听。虽然童年没有玩伴，但有了父亲的陪伴，安徒生的内心世界也充满了阳光和快乐。

所以，温馨的家庭环境是孩子健康成长的保证。童年时代的安徒生生活在良好的家庭氛围中，培养出了自己的童话细胞，以及一颗善良、充满幻想的童话之心。

由此可见，父母之间恩爱、和睦的家庭氛围能够为孩子的身心成长注入生机与活力，增加孩子对生活的信心与勇气。如果孩子在一个紧张压抑的家庭氛围中成长，会逐渐变得忧心忡忡、缺乏热情、性格内向，而在良好的家庭氛围的影响下，孩子一定可以健康、茁壮地成长。

对于孩子来说，与变形金刚、自行车、芭比娃娃比起来，一个幸福的家庭才是父母送给他的最好的礼物。世界上没有什么事情比爸爸妈妈相亲相爱更令孩子开心，所以，为了孩子能够健康成长，请拒绝争吵，为他们创造一个温馨的家庭环境。

房间的布置渗透妈妈的爱意

孩子成长的一个重要标志，就是有自己的房间，并离开父母单独睡觉。让孩子拥有自己的空间，对他的心理健全和人格的发展都有着积极的意义。当孩子拥有自己的房间后，他会对家更有一种归属感，也会建立自我意识，了解自己的重要性。

现在，摆在妈妈面前的一个问题是：怎样让孩子的房间常看常新，创意多多，并且让孩子住在里面感觉到快乐和幸福呢？

家庭装修毕竟属于大额消费，而且伴随着孩子从婴儿、幼儿到少年的成长阶段，儿童间如果只靠装修很难随孩子成长而改变，在这个时候，家庭的装饰布置就值得关注。妈妈可以不改变孩子房间的大小，而从家具、装饰上来改变房间的格局。

首先要考虑到孩子的个性、喜好，除了实用性、安全性、启发性外，其他要素如色彩、款式等还应依据孩子的喜好，尽量符合孩子的需要。

1. 多彩与安全——婴儿、幼儿时期

牙牙学语、蹒跚学步的婴幼儿时期，为了培养孩子的视觉和触觉能力，妈妈们会在墙壁上、天花板上挂上深深浅浅的花、水果之类的挂图，孩子的眼睛对色差较大的图案印象颇深，他们会选择自己喜爱的图案与颜色。而在屋中无规则地摆放一些轻便柔软的小玩具，更会激发他们的触摸欲望，锻炼他们的灵活性。

心理学家认为，6岁以前是孩子创造力发展的关键时期，如果这时孩子生活的空间过于呆板、一成不变，会扼杀孩子的创造力与想象力。因此，这个时期儿童房基本是无规律的，随宝宝的兴趣爱好而改变。妈妈这时可以把房间布置得五彩缤纷。一个多姿多彩的空间既可以加深孩子对外部世界的认识，又给予孩子自由、嬉戏的宽敞空间，使他们在玩乐中锻炼自己的想象力和发挥自己的创意。

安全是这个阶段不可忽视的重要因素。小孩子天性好动，有棱有角的家具、饰品就会成为一种潜在的危险，在这个阶段，孩子喜欢用嘴去了解外界，细菌很容易跑到宝宝的肚子里去。妈妈可以参考以下几个标准：

①无锐角。家具以及房间中的饰品防止出现尖锐的边角，以防磕碰。

②结构简单，坚固耐用，如五金部件不易拆卸或采用隐蔽式的螺丝等。

③无毒性，避免儿童误食或发生过敏。

④小零件要坚固，如抽屉的滑轨等。

2. 绅士淑女——学龄期

上学以后，孩子的性格渐渐养成，孩子也渐渐有了自己的需求。书包、书本、文具怎么摆放，都需要妈妈的指导和帮助。给孩子设计一些储物空间，不但可以节省房子的空间，还可以给孩子一个动手动脑的机会。尽管他们设计得没有专业设计师好看，或者和房子不搭配，但这是他们自己的创意，用着更有趣。

一份美术作业、一件手工折纸都成为经典装饰的注脚。由于这时孩子的房间多了一些电器，因此要在书架上、窗台上摆上一两簇花草，调节屋内空气。

灯在房间中的作用不可小觑。除顶灯外，床头灯是必不可少的，这样孩子夜里起来可随手打开，灯光不能太强，以免孩子不安。整体房间色调要有所统一，无论装饰材料还是配饰挂件，最好是亮色。现在的市场上适于儿童间的各种玩具造型的灯也多了起来，小男孩、小女孩把喜爱的造型灯摆在床头，让房间增添活力。

这时候可以慢慢强调孩子的性别意识，公主和王子的房间肯定是不一样的，想要培养绅士淑女，最好在他们进入学龄阶段后，就多多在他们的房间里面下功夫。男孩子可以有世界地图、地球仪、小科学设备等；女孩子有娃娃、人文书籍、漂亮的墙纸、名画复制品等。这些都是很好的选择。

此外，还要注意的是，在窗户外设护栏，尽量采用圆弧收边，室内尽量不使用大面积的玻璃和镜子，选用带有插座罩的插座，以柔软、自然素材为主。尺寸比例缩小的家具，伸手可及的搁物架和茶几能给他们控制一切的感觉，也能满足他们模仿成人世界的欲望。

孩子的小小世界，体现了家人对他们的尊重和爱，妈妈们多花一点时间在上面，会带给孩子无穷的乐趣。

当孩子自己改造房间的布局时，只要不是很危险的行为，妈妈不要大声呵斥，因为这时你的孩子正在创作自己的作品，他的思维相当活跃，大声训斥只会阻止他继续创新。妈妈在设计孩子的房间时，多听孩子的想法也很重要。

事业型妈妈，不能把权力强迫心理带回家

有一名女将领，曾经为新中国的建立立下不少功劳，战争时期，她曾经是一个指挥官，在战争中她英勇作战，她的一个手指就是在战争中失去的。

她退休后，回到了家乡。她把家庭当成了战场。她将以前在军队的一些东西搬到家里，闲着的时候就和这些事物打交道，有事没事就对家人下命令，让他们按照自己的意愿去行事。她经常说："这是组织的命令，我是军人，即使退休了也要按照军人的标准做事情。你们是军人的家人和儿女，所以对于我的任何命令只能服从，不能说'不'。"

她的丈夫性格比较平和，能够忍受她的倔脾气，但她的儿子和女儿则不同。儿子从小就很有主见，并且和母亲一样喜欢控制和影响别人。儿子大学毕业后，想自己创业。可老人坚决不让，她坚持让儿子去军队当兵，并让人给他安排基层的岗位，她本来是想锻炼锻炼儿子，结果却使得儿子与她断绝了母子关系。

她女儿本来想嫁给自己喜欢的人，可她为女儿的"幸福"着想，坚决让她嫁给自己曾经非常看重的一个属下，结果女儿嫁过去之后，生活一直不如意，整日以泪洗面。

本来好好的一个家，自从她退休回家之后，变得四分五裂了。

现如今，事业型的女人越来越多，她们都习惯于在职场上呼风唤雨，雷厉风行，往往也会像例文中的老干部一样，把这种权力强迫心理带回家中，对丈夫和孩子颐指气使，居高临下。妈妈不再是温柔善良的依托者；

爸爸和妈妈之间不是互较高低，就是妈妈成为一家之主，独裁着所有家庭事务；孩子也没有机会向妈妈撒娇，要求妈妈的疼爱，因为妈妈并非慈眉善目，除了安排任务和视察工作，她没有多余的心思来疼爱孩子。长此以往，家庭里孕育不出温暖的气氛，如此冷漠的家庭自然不会有良好的亲子关系，当然，孩子的健康成长也会受到极大的影响。

其实，不仅仅孩子和家庭会受到妈妈权力强迫心理的伤害，妈妈自己也会受到很大的影响。极端的权力强迫心理不但会扭曲人心，并且还会引起人生理上的一些疾病。这种现象在女性中比较常见。具有权力强迫心理的女性，大多经常感受到巨大的压迫感，还会感到身心疲惫，甚至她们的身体也会出现一些症状，如肌肉酸痛、头痛、牙疼、皮肤敏感、月经失调、失眠、紧张、心情忧郁等。在人际交往方面，她们经常遭遇冲突与不协调，但不得不以压抑或逃避来维持日常生活。所以，无论你是多么"伟大"的人，你在事业上多么成功，你还是一个妈妈，一个女人，不要把自己逼迫得太厉害，如此可怕的权力强迫心理，家庭和你自己都是经不起伤害的。

事业型妈妈们要记住：工作中的规则是权力，其运作机制是竞争与合作、控制与征服。而家庭则完全不同。家应该以"珍惜"为主旋律，家庭成员之间相互理解、接纳、关爱。如果不明白工作与生活的区别，将工作中惯用的权力心理带回家，必然会破坏家庭中的和谐关系。

家不是工作的延续，而是温暖的开始。当你忙完工作回到家中时，请换掉工作中的装束和工作中的氛围，扮演好你的家庭角色。也许你在工作中有着"只处理事情，不理会感情"的磊落之风，可是，当你回到家中时，你所面对的事情已经不是工作，你不需要去处理事情，而需要去感受家的温暖，理解家人的付出，接受家人各自不同的性情。在家里，不谈工作，只谈琐事；不讲效率，只讲感情；不要冷漠，只要温暖。

"一个向左，一个往右"是教不好孩子的

琳琳的爸爸是一家大型公司的部门经理，妈妈是医院的主任医师，所以她家家境富裕，条件优越。

但是，几乎每天，爸爸妈妈都要因为她的教育而发生争执。妈妈总是认为，琳琳只要好好学习就可以了，不用做家务。到现在，琳琳还没有自己洗过衣服。但是爸爸觉得，好好学习是应该的，但也该有适当的放松。

于是，琳琳家中就常常发生类似下面的场景：

下午6点半左右，琳琳吃过晚饭，问爸爸能不能看一会儿《猫和老鼠》再写作业。爸爸觉得很正常，同意了。可琳琳刚把遥控器拿到手，电视还没开，妈妈就一把抢了过去，说："还不快写作业、看书！"

爸爸和妈妈对于琳琳的教育始终持不同的观点，时间长了，琳琳常感到无所适从。

有一次，爸爸和妈妈又因琳琳的教育问题吵了起来，爸爸说了妈妈几句，刚好妈妈手里拿着一个牙签盒，脾气火爆的妈妈一听爸爸说自己不对，就将手上的盒子朝爸爸砸了过去。牙签撒得到处都是，琳琳着实被妈妈的举动吓了一跳。

从那之后，琳琳越来越沉默，在家的时候半天不说一句话，而且经常把自己关在房间里。她的脸上很少有笑容，上课时常常注意力不集中，成绩也由名列前茅退到了中后的位置。

面对父母截然相反的教育方式，琳琳不知道该听谁的。她心里的疑惑总得不到解决，久而久之，她的心理便处于一种混乱状态。这种现象正好印证了心理学上的"手表定律"，即当一个人只带一块手表时，他可以知道现在是几点，但当他带着两块或更多的表在身上时，却难以确定准确的时间，同时也失去了对准确时间把握的信心。

"手表定律"启示人们：在做一件事情的时候，只能有一个指导原则和价值取向。正如尼采所说："兄弟，如果你是幸运的，你只需要一种道德而不要贪多，这样，你过桥会容易些。"

同样，在教育孩子的时候，父母的教育方针不能经常出现矛盾，比如，总是给孩子设定两个截然相反的目标，提出两种完全不同的要求等。这样矛盾的教育会使孩子无所适从，无法形成自己独特的价值体系，甚至行为上陷入混乱。

对于任何一件事情，不能同时设置两个不同的目标，否则将使人无所适从；一个人不能同时选择两种不同的价值观，否则他的行为将陷于混乱。

父母在育儿方面出现矛盾的时候，最好"模糊处理"。父母双方应互相妥协，冷静克制自己，避免在孩子面前暴露出教育的不一致性。事后，父母可以交换对教育孩子的不同想法，采取一定的补救措施，尽量使思想趋于统一，绝对不给孩子拥有两个价值观的机会。

父母教育观相悖的话，除了混淆孩子的价值观，有时会使孩子产生错觉和偏见。当妈妈的要求比较简单或者语言比较委婉时，他会将之与爸爸较严格的要求和直接的话语做对比，形成妈妈更爱自己一些的成见。这样的话，他就会倾向于按照妈妈的要求去做，同时对爸爸形成抵触心理。这样的话，孩子和爸爸之间的隔阂加深，既不利于孩子的健康成长，也不利于亲子关系的发展。所以，在教育孩子问题上，父母双方要站在统一战线上，以共同将孩子教育好为目标，如果互争高低，结果只是爸爸妈妈以及孩子"三败俱伤"。

父母当着孩子面吵架后该怎么补救

一对小夫妻吵架了，声音都不大，但是家里的气氛很不好。这时，他们一岁半的小儿子慢慢地走了过来，抱抱爸爸的腿，又抱抱妈妈的腿，含着眼泪，脸上全是恐惧的表情。这个时候夫妻二人意识到原来吵架对孩子的心灵产生如此大的影响，父母的心情和表情足以让孩子幼小的心灵感到不安和恐惧。

孩子心目当中唯一温暖的庇护所就是家庭，他们希望家庭中始终充满爱。孩子一旦发现父母吵架，就会觉得这个家庭不再温暖，这个庇护所要被毁灭掉，就会失去基本的安全感。虽然夫妻吵架不一定会给彼此带来多大的伤害，但是他们的表情足以让孩子的心灵蒙受创伤。

一位儿童教育专家曾对小学和幼儿园的孩子做了"你最喜欢什么样的家"的调查。结果发现，孩子们对父母和家庭的要求排在首位的并非经济、物质条件，他们对吃的、穿的、用的和玩的东西似乎都不大在意，相反，却很关注自己家庭的精神生活。最喜欢的家有 5 种，而排在第一位的是：和睦、团结、友爱的家。孩子们最喜欢爸爸妈妈和和气气，不吵架、不斗嘴，也喜欢全家老小和睦相处，家里始终充满爱。

还有一位英国学者曾经走访了二十多个国家，对一万多名肤色不同、经济条件各异的学龄儿童进行调查，发现孩子们对家庭的精神生活及家庭气象十分重视。这位学者总结出各国儿童对父母和家庭最重要的 10 条要求，而"孩子在场，父母不要吵架"高居榜首。

调查显示，有 85% 的宝宝最怕的就是父母吵架。如果一个孩子长期生活在充满冲突的家庭中，那么他就容易变得退缩、自卑，与人交往时往往不自信、不主动，不能很好地与他人建立信任关系，容易陷入人际交往的障碍。

几乎所有的孩子都渴望自己的爸爸、妈妈能够相亲相爱，而许多妈妈却时常忽略孩子的这个要求。检讨一下，自己是不是也有过这样的行为：

与伴侣意见分歧时，总是毫无顾忌地大吵大闹。

有时候，在孩子面前也忘记了父母的榜样作用，说脏话，不顾及家长的形象。

夫妻没有不吵架的，无论是原则问题，还是为鸡毛蒜皮的小事。夫妻吵架，大多是床头分床尾合，有时甚至能增进夫妻双方的感情。不过，当夫妻成为父母之后，吵架就不只是两个人的事情了，因为在我们的身边多了一个"第三者"——孩子。我们当然不应该当着孩子的面吵架，这是不管在什么情况下都应该避免的。对孩子的这种感情和心理的安全需要，任何妈妈都不可以掉以轻心。

但如果父母真的在孩子的面前吵起来了，事后要怎样来弥补呢？

1. 首先要安抚受惊的孩子

鼓励孩子把当时的感受说出来，弄清楚孩子害怕的是什么，是父母吵架时的腔调和表情，还是怕父母分开之后不要自己了。作为妈妈可以适时使用肢体语言，比如拥抱或者亲吻来传达对孩子的关爱，同时向他保证父母不会不要他，让孩子安心。

2. 父母双方最好再当着孩子的面来和好

可以向孩子说明，吵架的事情已经过去了，爸爸妈妈以后不再吵了。然后要向孩子解释清楚，你们当时是因为一时冲动，没有控制住自己的情绪才吵架的。尽管孩子对这些解释并不完全懂，但是当他看到爸爸妈妈在一起和往常一样心平气和地讲话，自然就会平静很多。时间久了，只要你们不再吵架，孩子就会渐渐淡忘掉。

3. 让孩子了解父母吵架和他无关

父母在吵架之后应该告诉孩子，大人吵架的事情和他无关，不要让孩子认为是自己不好才让父母吵架的，避免孩子产生自责心理。并且要让孩子知道，不论父母是否在争吵，都会非常爱他。

父母之间的恩爱、和睦的家庭氛围能够让孩子对生活持有乐观的心态，也让孩子有更大的生活热情和信心。如果孩子在一个紧张压抑的家庭氛围中成长，会逐渐变得抑郁不安、性格内向，严重的还会形成心理障碍。在良好的家庭氛围的影响下，你的孩子一定可以健康、茁壮地成长。

远离俄狄浦斯情结——男孩归爸爸，女孩归妈妈

岚岚在老师眼里是个懂事、听话的孩子，她学习成绩好，还多次被评为三好学生。可是，岚岚的妈妈却满腹烦恼，因为岚岚在家里经常会做出一些叫人无法理解的行为。

岚岚从小就和爸爸感情特别好，爸爸也很宠她，一有空闲就带着她玩。很小的时候，岚岚就认真地对爸爸说："爸爸，长大了我要嫁给你。"爸爸妈妈听了也没放在心上。但是岚岚总喜欢对爸爸撒娇，而很少理会妈妈。

开始的时候，妈妈也没有在意，认为岚岚是孩子气，长大了就懂事了。但是岚岚现在已经上初一了，仍然没有任何改变，并且对妈妈更加仇视了。

妈妈对岚岚的种种行为深感困惑，这孩子是怎么了？是幼稚、没长大，还是出了其他问题？长期这样下去，岚岚和自己的关系岂不是会越来越僵？

一位母亲去为儿子做心理咨询，问："我儿子乐乐今年已经上初三了，但还是跟我的关系亲密异常，也十分依恋我。以前自己也没觉得有什么，可是最近听了一些关于心理学方面的广播节目后，心里开始恐慌。因为儿子对自己总是什么事情都说，晚上散步的时候也一定要跟我一起去，有的时候甚至班上哪个女孩子给他写了信，对他有好感，甚至对某个女孩子的评价，全部都会告诉我。我现在很担心：我儿子他是不是有俄狄浦斯情结，他现在这么大了对母亲还是这么依恋是不是不正常？我爱人有时候也很生气，说儿子总是长不大。医生，你告诉我，我们究竟该怎么做，才能让他长大起来呢？"

岚岚有明显的亲近父亲、反对母亲的情绪和行为，而乐乐与她相反，

他亲近母亲，反对父亲。

"俄狄浦斯情结"是一种性心理障碍，也称作性心理倒错。一般源于孩子在 3～6 岁的时候没有得到正确的关爱和适当的教育。这一时期被称为"俄狄浦斯期"，孩子开始注意性别差异，对性产生好奇心。这一时期男孩依恋母亲，嫉妒父亲；女孩亲近父亲，嫉妒母亲。弗洛伊德认为，这是一种本能的异性爱的倾向。父母习惯上把这看作亲情问题，很多父母觉得孩子喜欢哪一方都无所谓，尤其那些感情较好的夫妻，常常觉得孩子亲谁都一样。其实，这是孩子在进行性别角色方面的认同。因此，在这一时期，男孩子就需要格外亲近具有男性心理特征的父亲，从他那里学习男性特有的性格气质和举止神态，将来才能成为一个被社会所承认的男人；同样，女孩也需要亲近母亲，以便学会如何做女人。

如果孩子的"俄狄浦斯情结"获得正确的解决，儿童会认同父母的价值观念，这既会使自我逐渐形成和发展，也会使孩子形成与年龄、性别相适应的许多人格特征。而相反，如果孩子的"恋母情结"或者"恋父情结"日益加重的话，对孩子的心理和生理健康都会造成消极的影响，甚至会导致孩子的性别角色认同产生问题，同时，这对和睦的家庭关系来说也是很大的打击。

在养育孩子的过程中，妈妈一定要善于观察孩子的心理状态，如果儿子过分依赖你而疏远爸爸，或者女儿和你不亲密的话，你应该想办法引导孩子回到合理的既爱爸爸又爱妈妈的状态中来。你可以让被疏远的一方增加与孩子单独相处的时间，多给孩子关爱，也可以让被喜爱的一方对孩子进行"洗脑"，告诉他爸爸（妈妈）其实更爱你。但是，使孩子顺利度过"俄狄浦斯期"的最好办法是：将夫妻关系放在最重要的地位，其次才考虑孩子。这是很难做到的，但是从心理学的角度看，这样做又是必需的。因为孩子天生有一种倾向：牺牲自己，来平衡父母的关系。如果父母关系不和谐，孩子会做出一些异常的举动来平衡这个关系。例如，妈妈常常被爸爸欺负或者是冷脸相对的话，儿子通常会更加疼爱妈妈，想要给妈妈更多保护。表面上，儿子是有"俄狄浦斯情结"，但实际上，这是对父母糟糕关系发出的信号。

父母必须摆脱"爱孩子，轻老伴"的心理，要让孩子知道："妈妈（爸爸）才是爸爸（妈妈）最爱的人，我不是。但即使如此，爸爸妈妈依然无条件地爱我。"当孩子不必承担那些过于沉重的负担时，他就可以安心地做一个快乐的孩子了。

还有重要的一点，男孩跟父亲认同，女孩跟母亲认同。如果颠倒过来，就容易形成孩子的"性身份障碍"（个人对性别身份的内在信念与其生物学性别不一致），也有可能使孩子发展为排斥甚至仇视异性，严重的可能是孩子形成同性恋的潜在内因。所以，男孩归爸爸，女孩归妈妈，并让孩子在夫妻恩爱、家庭和睦的气氛中成长，是孩子健康成长的重要一步。

第五章

"懒"妈妈未必不是好妈妈

一个真正疼爱孩子的妈妈应关注的是孩子将来是否能自己应付外面的世界。想使孩子成功地走入门外的世界，必须从小培养他的自立与自信。改变妈妈替孩子做所有事的习惯，便能达到这一目的。

做个身懒心不懒的妈妈

有个上小学四年级的女孩，习惯于睡懒觉。每天早晨，她妈妈几次催她起床，她总是不情愿地说："我再睡会儿。"如果真迟到了，她就会抱怨妈妈没把她叫起来，害得她受老师批评。妈妈觉得不能再这样下去了，于是她告诉女儿："上学是你自己的事情。从明天开始，该几点起床你上好闹钟。如果闹钟响了你还赖着不起，你就赖吧，肯定没人叫你，一切责任自己负！"女孩不以为然，结果，第二天早晨，闹钟响了，她还在床上赖着，父母都没有管她，那天女孩上学迟到了。妈妈知道：在老师、同学那里孩子还是很在意自己形象的，岂敢总迟到？果然，第三天早晨，闹钟一响，女孩腾地跳下床来。五六年过去了，女孩早晨起床上学再也不用大人叫了。有时候，父母还在睡觉，女孩早已经骑车上学去了。

每天早上如何让孩子按时起床，相信是大多数妈妈的烦恼。大多数孩子都有赖床的毛病，妈妈总是一次次地催促孩子起床上学，她们或者温柔叫唤，或者直接掀开孩子的被子，逼迫他们起床刷牙。孩子总是满腹牢骚，他们讨厌妈妈打扰他们的睡眠、破坏他们的美梦，因此经常妈妈越催促，孩子越不愿意起床。妈妈也许会抱怨孩子怎么那么懒呢。其实不是孩子懒，而是妈妈太勤快，剥夺了孩子的体验。

孩子有闹钟以后，他自己决定起床的时间，自己为自己的迟到负责，有了属于自己的体验，他自然会自觉地遵守规则。所以，妈妈与其逼迫孩子起床，不如让闹钟自动提醒孩子，给孩子一个宽松的环境，让每个孩子都能从生活中获得体验，学会自己为自己的事情负责。

从上述事例中这个女孩的变化可以看出，孩子的潜力很大，可以做很多事情，只是妈妈的包办剥夺了他们自立的能力。譬如，孩子的学习也是他们自己的事，靠自己认真听讲、认真思考、认真复习和预习，独立完成学习任务，才能真正掌握学习本领。大人陪读、陪写，甚至帮写、帮计算，都是在帮倒忙，是在辛辛苦苦培养懒孩子。

因为惰性是人天性的一部分，如果妈妈过于勤快，把孩子的事情都一并包揽，等于是剥夺了孩子锻炼的机会，等于是助长了孩子的惰性，妈妈好心反而做了坏事，这是极其不明智的。而很多妈妈都会被母爱冲昏了头，不知不觉中成了勤快过头的妈妈，养出"懒"孩子。所以，妈妈要时刻提醒自己不要过界，要做一个称职的"懒"妈妈，最关键的一点就是要做到"身懒心不懒"。怎样才能成为"身懒心不懒"的称职"懒"妈妈呢？你可以从以下几个方面做起。

首先，要和孩子划清"界线"。妈妈要让孩子清楚地知道什么是自己的事，什么是妈妈的事，同时通过谈话、讲故事、做表率等方式，使孩子知道"自己的事情自己做"的道理，让孩子懂得劳动是光荣的，依赖大人是没有出息的，从而培养孩子独立做事的自觉性和积极性。

其次，妈妈要创造有利于孩子独立做事的环境，在孩子能力所及的范围内，妈妈不要插手帮孩子做事。另外，妈妈还可以引导孩子从身边的小事做起，由易到难，循序渐进。如妈妈可让他帮大人扫地，到邻居家借东西，下楼买日用品等，不让孩子因为负担过重而讨厌做事；而当孩子做得好时，妈妈可以给予适当奖励，让孩子体会到做事情的满足感，以鼓励他再接再厉。

再次，妈妈一定要对孩子有信心和耐心。妈妈不要担心孩子做不好，或怕孩子添麻烦帮倒忙，就自作主张帮孩子做事；没有人是天生就会做事的，所以妈妈要给孩子进步的时间和空间，对孩子要多表扬、多鼓励，少埋怨、少指责，循循善诱，这样才能促进孩子的进步。

最后，妈妈要制定严格的要求，并持之以恒地严格遵守。只有先制定好规则，孩子才有做事情的方向和准则。而一旦有了要求，就一定得严格遵守，这样孩子才能养成良好的习惯和自觉性。孩子自理能力和自觉性的增强，不是一朝一夕就能实现的，所以，妈妈应长期坚持对孩子的引导和要求。

为了孩子自立，藏起一半爱

一个孩子生下来，需要阳光、空气、食物、水，更需要妈妈的爱和关怀，但过多的爱往往会变成溺爱，给孩子造成伤害。正如花儿的生长离不开水的滋养，而如果水分过多，花儿的生长就会受到影响，严重的话花儿甚至会被淹死。所以，爱是一种养料，太少不行，太多也不行，恰到好处才能促进孩子的成长。为了孩子的健康成长，有的时候，妈妈需要藏起一半爱。

藏起一半爱，要求妈妈在孩子的成长道路上，该放手时就放手，让孩子自己去尝试，自己去体验。适度放手让孩子去行动，他就能发挥自己的主观能动性和创造力，这才是真正的爱。

作家毕淑敏曾经做过许多年医生，但是有一次，在儿子感冒发烧的时候，她狠了狠心，让儿子自己去医院看病。她在《教你生病》一文中，记述了当时的经过：

"你都这么大了，你得学会生病。"我说。

"生病还得学吗？我这不是已经病了吗？"他大吃一惊。

"我的意思是你必须学会生病以后怎么办。"我说。"我早就知道生病以后怎么办，找你。"他成竹在胸。"假如我不在呢？""那我就打电话找你。""假如……你最终找不到我呢？""那我就……就找我爸。"

也许这样逼问一个生病的孩子是一种残忍，但我知道总有一天他必须独自面对疾病。既然我是母亲，就应该及早教会他生病。

"假如你最终也找不到爸爸呢？""那我就忍着。反正你们早晚会回家。"儿子说。"有些病是不能忍的，早1分钟是1分钟。得了病以后，最应该做的事是上医院。""妈妈，你的意思是让我今天独自到医院去看病？"虽然在病中，孩子依然聪明。"正是。"我咬咬牙，生怕自己会改变主意。"那好吧……"他扶着脑门说，不知是虚弱还是在思考。

"你到外面去'打的'，然后到医院。先挂号，记住，买一个本……"我说。"什么本？"他不解。"就是病历本。然后到内科，先到分号台，护士让你到几号诊室你就到几号，坐在门口等。查体温的时候不要把人家的体温表打碎。叫你化验你就到化验室去，先划价，后交费。等化验结果的时候要竖起耳朵，不要叫到你的名字没听清……"我喋喋不休地指导着。"妈妈，你不要说了。"儿子沙哑着嗓子说。

儿子摇摇晃晃地走了。我内心经历了一个艰难的过程，我后悔、责怪自己，忍耐着时间慢悠悠地向前滑动。

终于，走廊上响起了熟悉的脚步声，只是较平日有些拖沓。我立刻开了门，倚在门上。"我已经学会了看病。打了退烧针，现在我已经好多了。真是件麻烦的事。不过，也没有什么。"儿子骄傲地宣布，又补充说："你让我记的那张纸，有的地方顺序不对。"看着他，勇气又渐渐回到心里。我知道自己将要不断磨炼他，在这个过程中，也磨炼自己。

爱分很多种，孩子们需要的无疑是心灵的共鸣和满足。文中的儿子并不会因为妈妈的"残忍"而认为妈妈不爱自己，相反，这种为了锻炼孩子而采取的特殊方法会让孩子变得更加坚强，孩子自然能理解妈妈的一番苦心，并能在妈妈伟大的爱中更健康地成长。

对于妈妈来说，藏起一半爱比给孩子尽量多的爱困难得多。其实妈妈给孩子爱，也是满足自我需求的一种方式，当妈妈能够爱孩子的时候，她是幸福的，而要她藏起一半爱，就是让她克制自我需求的满足，她是不愿意的，但为了孩子的未来，称职的妈妈都会选择有所收敛，因为孩子需要妈妈给他空间来磨炼自己的生存能力，自己的独立生活能力。

所以，为了孩子自立，请妈妈藏起一半爱。但是，藏起一半爱并不是减少一半爱，而是将爱融化在对孩子的培养中，融化在孩子渐渐变得更自立、更自觉、更坚强的过程中。

不要为孩子安排好一切

莉莉的出生给爸爸妈妈带来了无限欢喜，爸爸妈妈都是高干子弟，而且晚婚晚育，年近四十才生了莉莉，所以，他们对莉莉千般宠爱、万般呵护。妈妈四处向专家咨询，给莉莉精心制定了营养的3餐；她对每一件给莉莉买的衣服或是玩具都细心检查，生怕质量不过关影响孩子的健康。莉莉上的是最好的双语幼儿园，她从3岁起就被送进画室学画画。为了让莉莉有更多的时间来学习和学画，妈妈不让她做任何家务活，甚至连莉莉的鞋带都是妈妈帮忙系的，书包也是妈妈帮忙背的。总之，妈妈帮莉莉安排好了生活和学习的一切，莉莉只要照着做就行。但是，娇生惯养的莉莉并没有比其他孩子出色多少。她在学校时总是有些畏畏缩缩，体育课上要跳高，她吓得大哭；老师让她起来回答问题，她总是害羞得说不出话；同学们下课打扫卫生，她总是支支吾吾不知所措；家里的娇小姐就这样在学校里慢慢地变得逊色，和同学们的距离也越来越远！

这是目前中国家庭教育中极为常见的现象，妈妈为孩子安排好一切，却忽视了对孩子独立生活能力的培养。某省的一份调查报告显示，孩子每周从事家务劳动的时间极少，18.72%的学生根本不参加任何家务劳动；47.78%的学生只参加1小时以下的家务劳动；60.12%的学生不会洗衣服、做饭；54.75%的学生上下学时需要家长接送；41.19%的家长是把洗脚水端到孩子面前的。

于是，生活能力低下，缺乏正常的与人交往、克服困难的能力，成了时下许多孩子，尤其是独生子女的共性问题。正是妈妈不肯放手让孩子锻炼，不让孩子自己做决定，久而久之，孩子就养成了依赖妈妈的习惯，缺乏自理能力，也缺乏自我意识。

孩子一旦习惯了"饭来张口，衣来伸手"的生活，他们有大脑而不需要用，有手脚而不需要动，主观能动性就会丧失，养成懒惰、好逸恶劳的性格，习惯了接受照顾，而不会照顾别人，不会为别人着想，缺乏同情心和社会责任感。这样的人，进入社会，肯定不会受欢迎。

因为当今社会，需要的不仅仅是有知识、有文化的人，更需要德智体美劳全面发展的人，温室里成长的花朵再娇美，遇到社会的风浪终究也会被摧残，而只有能屈能伸的坚毅杂草，才能"野火烧不尽，春风吹又生"。所以，培养孩子的才能重要，培养孩子的生活能力更重要。而孩子的生活能力，就是在他一点一滴的生活中磨炼出来的。因此，妈妈，让孩子自己感受生活吧！不要代劳孩子安排他的生活，他的人生终究要自己负责。

为了孩子的成长，妈妈们不妨做做"懒"妈妈，对待孩子时，记得以下几个"不要"：不要替孩子做一切家务活，剥夺他锻炼独立生活能力的机会；不要把自己的意志强加于孩子，剥夺孩子做自己的权利；不要对孩子监护过度，剥夺孩子的自由；不要给予孩子过度的保护，折断他应对挫折的翅膀；不要逼迫孩子追求成绩或是功名，把世俗功利的思想植在他的心上；不要满足孩子不合理的消费要求，从而让他远离自制和节俭的美好品格；不要过早地给孩子准备资产，剥夺他自我创造的动力；不要替孩子解决一切困难，阻碍孩子坚强意志的生长壮大……

总之，不要为孩子安排好一切：对妈妈来说，这是一种解脱；对孩子来说，这是一种恩赐！

过度的保护妨害了孩子的自立

贝贝今年7岁，她喜欢到小区公园里和小朋友玩，但是妈妈不放心她一个人去，总是跟在贝贝身后，谨防她受伤。贝贝想和小诗一起玩荡秋千，两人商量好互相给对方推秋千，可是妈妈不同意："不行，你帮小诗推的话，会推不动而且容易被秋千撞到，小诗帮你推的话，你容易掉下来，还是妈妈来给你们俩推吧！"贝贝和小诗安静地坐在秋千上，让妈妈大力点把秋千推高些，但是妈妈不同意，她害怕孩子掉下来。

每一次玩荡秋千，都是妈妈帮贝贝轻轻推，但有一次妈妈没在家，贝贝一人来跟小朋友玩，大家用猜拳的方式来决定谁推秋千，贝贝输的时候，她根本不会推秋千，不仅力气太小而且经常被秋千打到，而她赢的时候，坐在秋千上紧张得要命，她不习惯秋千飞得那么快那么高，她哭着喊："妈妈，我害怕啊！"小朋友们都取笑她，那么胆小还玩什么秋千啊！

有些家长，对孩子处处不放心，不放手。本来孩子可以自己做的事，妈妈也替他做了。这就剥夺了孩子自己的亲身体验，剥夺了孩子发展能力的机会，也剥夺了孩子自信心。

"关爱孩子"是每个妈妈的本能。不少妈妈对孩子百般呵护，她们都是慈母，为了孩子，自己可以牺牲一切，包括金钱、面子、时间和个人利益，然而，这样的慈母很可能是残忍的母亲。

两位妈妈，趁假日带孩子外出游玩。两个孩子争着去放风筝，女孩用力一扯，风筝破了，男孩很生气，一巴掌就扫过去，女孩立刻哭了。这时，男孩的妈妈脸色一变，就像触电一样从座位上弹起来，女孩的妈妈连忙把她拉住。男孩的妈妈急得脱口而出："你真残忍！"女孩的妈妈却笑着说："你才残忍！"

到底谁"残忍"呢？男孩的妈妈说："你眼看着孩子被打，哭了，身为母亲，不去呵护，还阻止我去干预，这不是很残忍吗？"

女孩的妈妈却说："孩子争吵算什么？被打一下，也没受伤，为什么不让他们自己去解决呢？"

两位妈妈这时望向孩子，只见他们一同跑过来，说："妈妈，风筝破了，你能把它做好吗？"

女孩的妈妈对"爱孩子"的理解是：提供机会让孩子学习与人相处及解决问题的能力，使她以后能独立生活，所以要提供她面对困难、亲自解决难题的空间。相反，给孩子太多干预，替他安排一切，帮他解决一切难题，这样一来，孩子失去了学习的机会，将来怎么做事？怎么生活呢？所以对于孩子，过度表达慈爱并非真爱，而是"残忍"。

这是有心理学依据的。孩子们在一起，争争吵吵是家常便饭，但是他们很快就会自己解决。孩子们就在这种争争吵吵、哭哭笑笑的历练中不断成长，学会了处事和做人。

有些妈妈可能要质疑这个说法，认为："这不是抛开孩子不管吗？在孩子有困难的时候，让他失去依靠，让他感到孤立无援，哪个妈妈忍心啊？"

这就是上面两位妈妈的争论：谁才是"真残忍"的问题了。为什么呢？让孩子在遇到困难的时候，立刻感到"失去依靠""孤立无援"，不正是身为妈妈的你造成的吗？妈妈没有让孩子养成面对困难，独立思考解决困难的能力，他习惯了"依靠"，习惯了"被保护"，将来在现实生活中失去了妈妈这根"支柱"时，他会立刻陷入"孤立无援"的境地，因为没有了解决问题、自我保护的能力，你叫他怎么办？这种不顾及孩子未来发展的"爱"，不就是"害"吗？

美国人给这类"真残忍"的妈妈取了个好听的名字，叫"直升机妈妈"。因为这类妈妈就像坐在一架直升机上，一直在孩子的头顶盘旋，只要看到孩子发生什么事，就立刻空降在他面前，替他解决一切困难。这些直升机妈妈怕孩子受累受苦，怕孩子吃亏上当，所以总是抢在第一时间来替他排忧解难。这样做的结果，孩子当前是无忧无难了，以后长大了怎么办？台湾人给这类孩子也取了个很好听的名字，叫"草莓一族"。新鲜的草莓，嫣红可爱，但一磕碰就皮伤肉烂，惨不忍睹。

的确，对孩子过度的保护会成为一种伤害。孩子在成长的过程中，必须经历一些磨难，这是一种规律。"酸甜苦辣都是营养，生活百味都要体验。"如果把磨难和体验全部省略了，一切都替他包办，看上去是顺利了，是舒适了，结果却使他软弱而闭塞，胆怯而无能。现在有一种人，叫"30岁儿童"，这种人都到了而立之年，凡事仍不能自立，甚至没有长辈陪在身边就惶惶不可终日。相信所有的妈妈都不希望自己的孩子出现这样一种成长状况，那您就切记：关爱不要太多，保护不能过度。

自觉既成就了孩子，又解脱了妈妈

菲菲已经是小学二年级的学生了，是一个可爱的小姑娘。但是，这个可爱的小姑娘却非常粗心，她做作业的时候从来不检查，总是把很简单的题目都做错。菲菲每次写完作业，就对着妈妈叫道："妈妈，我写完了！"然后，把作业本、文具盒往桌子上一扔，就匆匆忙忙离开桌子，打开电视或者跑到外面去玩。接着，菲菲的妈妈就帮菲菲收拾书桌，把课本、文具等收拾到书包里，然后，再将菲菲的作业从头到尾检查一遍，用铅笔把错误的题目勾出来，再叫菲菲来改正。对于妈妈指出的错误，菲菲从来不问为什么，想一下就拿起笔来改。因此，她改过的题目还是经常会出现错误。这时，菲菲就会不耐烦地嚷道："妈妈，到底应该怎么做呀？"妈妈见菲菲不肯动脑筋，一边抱怨菲菲不自觉认真学习，一边只得把正确答案告诉她。

生活中有很多像菲菲一样的孩子，他们好像傀儡一样，不会独立检查作业，不会独立收拾自己的书包，也不会自己思考错题的改正方法，好像没有自己的思想一样。妈妈们会抱怨他们不自觉，但其实应该是孩子抱怨妈妈管太多。因为妈妈把检查作业、收拾书包的工作都代劳了，才养成孩子不自觉的习惯。

孩子刚出生的时候，生理心理的各项功能都还没有发育成熟，他无法独立生存，需要依靠他人的照顾。但随着孩子身心发育的健全，他学会了爬行，学会了走路，学会了说话，学会了自己出门，学会了与人交往……孩子学会的东西越来越多，他能学的还有更多，但是，在许多妈妈心里，孩子再大也是自己的孩子，她们已经习惯了无微不至地照顾孩子：给孩子喂饭，帮孩子洗脸，收拾书包，做作业……基本上能帮的都帮了。在这种情况下，孩子能学会自觉吗？他从未尝试过自己做自己的事情，怎么会平白无故地学会自觉呢？即使他一时兴起自觉做了某件事，但是习惯于依赖妈妈的他自然会觉得做事情很费劲，还不如让妈妈做好。久而久之，孩子越来越依赖妈妈，越来越懒散，而离自觉就越来越远。

实际上，不自觉对于孩子的成长是很不利的。对于孩子的终身素质来说，独立性是最重要的素质之一，而不自觉的孩子完全依赖于妈妈，四体不勤，无法独立生活。所以，明智的妈妈应该从孩子的长远发展来看，让孩子从小就做一些力所能及的事情，注意从生活的各方面来培养孩子的独立性，对孩子进行自觉主动的自主教育，逐渐养成孩子的自觉意识和习惯。

自觉主动的自主教育的内容是从孩子的实际情况出发，调动孩子的内在积极性，发掘其潜能。美国著名教育心理学家赫施密特指出："自觉主动的自主教育实现的是受教育者和教育者的合一，使教育的对象成为主体，由于自身掌握了主动权，个人将在发展的过程中拥有无穷的力量和智慧。如此，不仅使受教育者的潜能得以极大的开发，而且使教育者得以身心的解脱。而这里的关键在于，教育者必须掌握以一驭万，能够真正诱发受教育者主动性的策略。"

然而，自主教育中的教育与被教育的关系并非固定不变的。在自主教育的前期，妈妈是主要的教育者，到了后期，当孩子已经掌握了方法并将之应用到自己的生活中，孩子就发生了转变，从实质上变为了自主教育的自觉者。这时，他们会自觉主动地去求职学习，在某些时候，他们的独特见解和新的发现甚至会影响妈妈，反过来使作为教育者的妈妈受到启发。

所以，激发和引导孩子自觉主动，妈妈不需要付出太多时间和精力，就可以培养出成功的孩子，就可以更轻松地成为成功的妈妈！

妈妈不帮忙，孩子才能学会自己照顾自己

有的妈妈抱怨说，我家孩子就是太懒了，什么事情都不愿意动手。说这种话的妈妈，往往是什么都已经替孩子做好了的。正是因为有这些"太勤劳"的妈妈，才有了"太懒惰"的孩子们，这些孩子不知道照顾自己，上大学了才第一次洗袜子、叠衣服，把小时候该流的眼泪，全流完了。妈妈不松手，孩子怎么独立呢？几米说："大人一边嘲笑别人的孩子是温室的花朵，一边又把自己的孩子培养成温室的花朵。"什么事情都帮着做完了，孩子还能做什么！

小蜗牛爬到妈妈身边问："妈妈，为什么我们一生下来就要背负这个又硬又重的壳呢？"

它的妈妈答道："傻孩子，因为我们的身体没有骨骼的支撑，只能爬，

但又爬不快，所以需要用这个壳来保护自己！"

小蜗牛不解地问："那毛毛虫哥哥也没有骨头，也爬不快，为什么它不用背这个又硬又重的壳呢？"

它的妈妈说："因为毛毛虫哥哥能变成蝴蝶，到那时天空会保护它啊！"

小蜗牛还是忍不住问道："可是蚯蚓弟弟也没有骨头，也爬不快，也不会变成蝴蝶，它为什么不背这个又硬又重的壳呢？"

它的妈妈耐心地答道："这个啊，因为蚯蚓弟弟会钻土，大地会保护它啊！"

小蜗牛听到这里哭了起来："妈妈，我们好可怜，天空不保护我们，大地也不保护我们！"

它的妈妈笑着安慰它："孩子，所以我们有壳啊！我们不靠天，也不靠地，我们靠自己来保护自己。"

孩子必须知道，不依赖别人，自己保护自己才是生存之道。当孩子不愿意靠自己的时候，不妨把小蜗牛的故事讲给他听，让他开始思考自己要做一个怎样的人。

有个年轻人去微软公司应聘，而该公司并没有刊登过招聘广告。见总经理疑惑不解，年轻人用不太娴熟的英语解释说自己是碰巧路过这里，就贸然进来了。总经理感觉很新鲜，破例让他一试。面试的结果出人意料，年轻人的表现很糟糕。他对总经理的解释是他事先没有准备，总经理以为他不过是找个托词下台阶，就随口应道："等你准备好了再来试吧。"

一周后，年轻人再次走进微软公司的大门，这次他依然没有成功。但比起第一次，他的表现要好得多。而总经理给他的回答仍然同上次一样："等你准备好了再来试。"就这样，这个青年先后5次踏进微软公司的大门，最终被公司录用，成为公司的重点培养对象。

年轻人以自己的努力和机智争取到了就业机会，成为公司的重点培养对象，靠自己的拼搏走上了事业成功的道路。有多少孩子能够像这个年轻人一样，一直坚持到第5次呢？很多孩子都是受了一点气，就委屈地走了，在家里发一通脾气，弄得大人莫名其妙，不知道孩子出了什么问题。妈妈平常让孩子养成凡事依靠自己的习惯，自己收拾、打扫房间，摆好自己的衣服，吃完饭收拾和洗碗；学习上遇到了困难要开动脑筋、多思考，不要动不动就去问别人；妈妈工作忙的时候要学会做饭等。生活中的点点滴滴，都可以当成锻炼自理能力的机会，不能再事事由妈妈出面解决。

让孩子独立做事情，并不会让孩子产生妈妈不爱他的想法。如果是力所能及的事，孩子其实是愿意尝试的。如果他表现出畏难的情绪，妈妈先不要替他做，而是多多鼓励他，让他尽快尝试做第一件事情，那样他就能很顺利地独自做完一件事情了。不要再事无巨细地给孩子做事情，让他们自己动手吧，那样他们才能成长。

孩子的前途不用你规划

对于孩子来说，最幸福的事情，不是妈妈为他的人生安排好一切，而是他们可以不在妈妈干涉的情况下做自己喜欢的事情。孩子不是妈妈的私有财产，他们也有自己的个性，有自己的思想，做妈妈的不能把自己的意识强加给孩子，这样只能让孩子在痛苦中丧失自己。一个聪明的妈妈更不能让虚荣的心控制自己的言行，为了自己的名誉去教养孩子，甚至设计孩子的人生道路。

在现实生活中，很多妈妈却常常对孩子感兴趣的事情不屑一顾，甚至大泼冷水。她们总是勤奋过头，越俎代庖地替孩子决定他们的兴趣，他们的人生。这样的妈妈，常常压制了孩子的天赋和特长，使得孩子的生活和自己的生活都不尽如人意。而如果妈妈能够体谅孩子的心，让他全身心地去做，那么他一定能给家长带来巨大的惊喜。

有一位黄女士，现在她的一儿一女都在美国读博士后。在谈及教育子女的经验时，她说最大的体会是：不要带着虚荣和功利的心去教育孩子，不要按照自己的喜好替孩子规划前途，要多陪孩子做孩子喜欢的事情，注意尊重孩子的个性的发展。

她的女儿小时候喜欢天文，对星座尤其感兴趣，所以她常常半夜陪女儿看星星。对此，许多父母不以为然，这么晚了还不睡觉，看什么星星！但是，她不管多困，多累，一定会亲自陪女儿出去，并耐心注视着星空给女儿讲解，有时和女儿谈一些日常琐事和人生哲理。她的女儿后来拿到高能物理博士这一头衔，其中就有她的一份功劳！

黄女士的儿子到美国念地球物理后，她想办法经常做一些儿子喜欢的事情。虽然不在一起，但她希望儿子能感觉到她的支持。每当黄女士发现报刊上有与地球物理相关的报道时，便剪下来，传真或者寄给儿子。

黄女士是一个令子女骄傲的妈妈，她用最朴实的行动支持着孩子做自己喜欢的事情。

在养育孩子的过程中，妈妈要摆正自己的心态，不要为了教育成功而教育，那些被虚荣摧残的花朵，不会正常地开放，而会过早地凋谢。不要为了自己的喜好，强加给孩子一个他不喜欢的人生，这样被束缚的孩子，不会健康成长，而更易被摧毁。妈妈只有尊重孩子，让孩子做自己喜欢的事情，才能培养出优秀的孩子。妈妈要培养孩子的兴趣，陪他做他喜欢的事情，去发展他的兴趣，如此孩子才能走上一条快乐的人生之路。

第六章

孩子的成长 99% 来自对妈妈的模仿

在对孩子的教育和品德培养中，妈妈的作用至关重要。因为妈妈是培养孩子的第一人，也是时间最长的人，她的一言一行都会成为孩子模仿的对象。可以说，孩子是对妈妈"依葫芦画瓢"，妈妈"长得好"，孩子才会"画得好"。

孩子的成长从模仿开始

在饭厅里，一个大人抱着一个几个月大的婴儿。婴儿看到了一幅画了许多水果的画，他一边看着画，还一边做出吃东西的样子。这个婴儿还是在吃奶的阶段，他怎么知道水果要怎么吃呢？

牛牛是一个只有 15 个月大的男孩。有一天，他拿起妈妈的梳子一下一下地梳理着自己的头发。他的妈妈看到这个举动吓了一跳："我从来没有给我儿子梳过头。他的头发又细又直，即便不梳理也很整齐。当我看到他拿着我的梳子熟练地梳理头发的时候，我感到很吃惊，看起来他好像天生就会梳头。我也很纳闷，他是怎么学会的呢？"

当然，婴儿不是天生就会吃水果的，牛牛也不是生下来就会梳头的，他们很有可能是通过观察妈妈的一举一动而学会的。对于1岁的孩子来说，模仿是他们学习各种技能和语言非常有效的方法，也是孩子逐渐产生自我意识的一个途径。

一个小孩看见大厅里的芭蕾舞者雕像后，立刻跳起舞来，因为孩子曾经看过别人跳舞的样子，所以他知道雕像的姿势就是跳舞的动作。这就是孩子天生的模仿和学习能力。孩子正是这样得以进步和提高的，他们的智能也是这样得以开发的。所以，父母一定要学会敏锐地察觉孩子的需要，只有这样，才能及时给予孩子帮助。

实际上，从孩子降生的第一天起，他就开始模仿父母了。首先是模仿父母的面部表情和发音，然后是肢体动作和话语的模仿。初学语言的孩子，一开始就是模仿和重复周围人对他说的话。研究发现，如果平时和孩子说话的人大多数是语音标准的人，那么孩子的发音就会比较好；如果周围的成人说话都不太标准，那么孩子的发音则会带有方言的语音语调。孩子不仅会模仿成人的语言、神态，也喜欢模仿成人的行为。如果孩子被允许做"大人"的事情，他会非常高兴，比如拿扫帚扫地。

2岁以后，大部分孩子开始对成年人如何使用物品感兴趣，比如，孩子想学习使用手机、餐具和电视遥控器等物品。对爸爸妈妈动作的模仿表明孩子的认知能力已经有了一个重大的跳跃，也就是说，孩子能够意识到他所模仿的动作是带有一定意义的。

3岁以后，孩子已经知道自己是男孩还是女孩了。这时，他们开始模仿同性成人的行为和举止。比如，女孩喜欢穿着妈妈的高跟鞋，或者自己亲自照料娃娃。在性别角色的模仿过程中，孩子会学习那些同性成人的行为方式，并且认同那个人或那种角色，这对孩子以后的行为发展起到重要的作用。

模仿不仅发生在日常生活中，在游戏中也会有模仿。孩子经常在玩耍中扮演某些成人的角色，比如老师、医生、司机、厨师等。这时的孩子不会看到什么就模仿什么，而是会选择熟悉的人和事，把自己感兴趣的行为通过游戏表现出来。这类游戏被称为"装扮性游戏"，对孩子各方面的发展都十分有意义。在装扮性游戏进行的过程中，孩子并非纯粹地进行模仿，而是会在实际游戏情境中进行创造，比如为游戏角色打扮，准备游戏道具，在游戏中安排模仿对象的行为和工作等。这时，孩子的创造行为也不知不觉地发生了。

孩子不仅模仿与他亲近的父母或爷爷奶奶，而且还模仿其他小孩子。他会通过模仿改变自己的行为而去迎合周围其他小朋友的行为。所以，这时候，孩子一对一的游戏方式就能够使他们有更多的模仿机会。也就是说，一个孩子喜欢和另一个站在他旁边的小朋友一起玩，而不是一群孩子相互之间一起玩。没过多久，你又会发现你的孩子甚至开始模仿陌生人、电视里的人物，或者他在动物园看到的动物了。

孩子是靠模仿学习的。孩子通过模仿学习说话，学习语言，学习为人处世的态度，学习形成自己的价值观与个人的行为方式。有些习惯甚至都是通过模仿形成的。

要鼓励和帮助孩子模仿，因为这是他成长的中间站。孩子不仅仅是模仿，他也会出于自己的愿望而这样或那样去做。他通过每天看见父母刷牙和穿上外衣而逐渐学习这些技能。一旦孩子意识到"我自己能做！让我再试一次"，那么他就逐渐变得独立起来了。确切地说，模仿成了孩子迈向独立的中转站。

另外，孩子的一些模仿会超出他的能力，因此，妈妈需要警惕孩子的安全问题。如果不存在危险的因素，那么就等孩子要求帮助的时候再帮他一把。失败是孩子学习过程中不可缺少的一部分，妈妈要时常鼓励孩子自己再去尝试。那么，孩子才会在第一次失败之后再去效仿别人的成功做法，一次又一次地尝试，直到自己成功。

为孩子提供一个良好的模仿环境，
并且做他模仿的好榜样

既然孩子的行为方式是通过模仿周围人形成的，作为妈妈你对孩子的学习有相当大的影响，你是孩子的第一个榜样。孩子的模仿能力与他的生长发育和认知能力有很大关系。而妈妈所要做的是为孩子提供一个良好的模仿环境，并且做他模仿的好榜样。

想让孩子成为怎样的人，妈妈首先要做好榜样，孩子会学习父母的一举一动。当丈夫在家时，你却对打来电话的人说他不在，你就教会了孩子说谎；如果你吃饭时狼吞虎咽，那么你就教会了孩子吃饭时要快速；如果你整日看手机，那么你就教会了孩子整日玩手机；如果你大喊大叫着人们的名字，那你也教会了孩子对人没有礼貌；如果你对孩子动怒，孩子就会对别人动怒；如果你对抢占停车位的那个人说了些脏话，你则教会了孩子去说脏话。

如果妈妈给孩子留下了一个虐待他人的印象，那是一件可怕的事情。你怎样虐待孩子，孩子日后也会怎样虐待你。为人妈妈的你动辄用武力，怒气冲冲地打孩子一顿，天长日久，在孩子的心中就会形成一种印象："妈妈就是以这种方式来对待她的孩子的。"当孩子长大成人后，他也将以此种方式对待他自己的孩子。

相反，如果你能心平气和地讲话而不是怒气冲冲，则教会了孩子怎样在被激怒的情况下保持冷静；你对自己说的脏话道歉时，则教会了孩子怎样对所犯的错误负责；你对自己的怒气负责，便教会了孩子对自己的怒气负责；你彬彬有礼，则教会了孩子彬彬有礼；你能事事与大家分享，则教会了孩子事事与他人分享；你能与人为善，那么你的善良也传授给了你的孩子；当你全力以赴做事时，你的孩子也会学着专心致力于所做的事情；你常常读书，则培养了你的孩子对待读书的正确态度；你吃健康的食品、积极地健身，那么你的孩子也会紧紧地跟从；如果你以一种负责任的方式行事，那么你的孩子也将会以一种负责任的方式行事。

因此，妈妈需要格外注意自己的一言一行。如果你希望孩子能够总是把"谢谢"和"请"挂在嘴边，那么你必须自己先这样做，自己经常说这些礼貌用语才行。另外，孩子对待周围人们的方式也是通过效仿父母而学到的，所以，必须让孩子亲眼看到妈妈的友善、慷慨和富有同情心，而且，一旦孩子有了这些好的行为，妈妈一定要给予鼓励。

孩子会从妈妈那儿学会许多自己的行为方式，所以妈妈必须成为孩子的一个好榜样。孩子也会从身边的环境中学习，所以妈妈应该为孩子创造那些能培养他优点，鼓励他自律、负责的环境。

孩子身处的环境包括他周围的人以及周围的环境。孩子周围的人包括父母和其他家庭成员，以及小伙伴、邻居、同班同学、老师；周围的环境包括餐厅、操场，还有电视、电影、书刊、音乐等宣传媒体。孩子的行为是融合在他身处的环境中的，如果环境鼓励他嬉闹，他就会玩；如果环境鼓励他踢球，他便会踢球；如果环境鼓励他成为一个团队中的一员，他就会加入团队。

环境具有强大的影响力，不要小看耳濡目染、潜移默化的力量，就像不同的环境中青蛙的体色是不同的，孩子在不同的环境中会长成不同的个性。成功的早期教育一定要给孩子适宜的生活环境和条件，这是孩子快乐进取的物质基础。每个妈妈都想让孩子在好的环境中健康成长，但该如何给孩子营造一个有利于成长的环境呢？

1. 人际环境

孩子是家庭中平等的一员，对待孩子妈妈既不要娇宠溺爱，也不要冷落。一家人要做到互相关爱，分工劳动，遇事商量，共同享受生活的乐趣；一家人还要互相赞美对方良好的行为表现，运用礼貌和幽默的语言进行交流；一家人可以经常开故事会、朗诵会、运动会，表演各种节目，还可请亲戚、朋友、小伙伴来家里玩，尽情享受亲情和友情。

2. 智慧环境

妈妈要给孩子准备好小书桌、小书柜、玩具柜、科技百宝箱、大地图、地球仪、科学实验器具，再给孩子一个植物园、动物园就更完美了。孩子的生活环境要有色彩鲜艳的图案、美丽的风景画、优美的书法作品。当然别忘记给孩子设立一个锻炼身体的环境。一家人要经常读书、讨论，一起动手做玩具，做小实验。对于2岁半以后的孩子，妈妈可以每天设立20分钟的"静悄悄"时段，各人在自己固定的位置专心做事情，不打扰对方，事后评定孩子的表现情况。

3. 意志环境

养成孩子良好的行为习惯，妈妈可以和孩子一起制订作息时间表，确定早起、早锻炼的时间。制订作息时间表有利于孩子养成有规律的活动习惯。妈妈也可以培养孩子按时吃饭、洗漱、排便、睡眠、劳动、看电视的习惯，逐步做到不催促、不提醒，培养孩子的责任感和坚持力。3岁以后，孩子看什么电视，父母要事先与孩子商量好，以儿童节目为主，在规定的时间内不多看也不少看。3岁以前，孩子每天以10分钟为宜，3岁以后每天20～30分钟为宜。当孩子逐渐长大，还要教给他怎样用钱、怎样节约、怎样存放，鼓励他买书和智力玩具、援助他人等。

小心，别让孩子在模仿中学坏

新年前，一个妈妈带着3岁的孩子去采购。停车的地方挤得水泄不通。她兜了好几圈也没找到个停车位。妈妈心里很烦，最后她好不容易看到另一个人要开车离去，逮了个空。妈妈赶紧向前开车，打出信号，示意自己要把车停在那儿。就在那人倒车时，另一辆车却乘虚而入，挤到了她的前面，占了车位。妈妈气极了，摇下车窗对着那司机吼着粗话，彼此都愤怒地瞪着对方互不相让。最终这位妈妈只好怒气冲冲地继续去寻找停车的地方。

大约 20 分钟后，母子俩走进大厅。此时的妈妈已平息了怒火，母子俩一起谈论着买些什么样的礼物，在这位妈妈毫无准备时，儿子突然抬起头问："妈妈，能告诉我什么是 ××× 吗？"

妈妈顿时觉得尴尬，弯下身来没好气地对孩子说："小孩子别管大人的事，你别管这句话是什么意思，反正小孩子不能说！"

生活中很多时候妈妈可以成为孩子的好榜样，而当妈妈所犯的错被孩子发现时，做妈妈的总有一种防范、虚荣的心理："别管那是什么意思，反正你别让我听见你说这样的话，否则……"

作为妈妈，如果你经常用这种办法来应对孩子的话则就大错特错了，因为这种方法反而会让孩子更加好奇和叛逆，同时也关闭了你与孩子沟通的大门。这样做也相当于告诉你的孩子，大人可以说脏话而他不能，那么孩子到学校做的第一件事很可能就是开始问全班同学那个脏字是什么意思。

漫画家几米有一本漫画，叫作《我的错都是大人的错》，其中有很多话一针见血地说出了现代家教的矛盾：

有些父母喜欢教训孩子：吃得苦中苦，方为人上人。

但她们自己吃尽了苦头，也没有变成人上人……

大人喜欢吹牛，

却要求小孩诚实。

所有的孩子都爱吹牛，

说他们的爸爸从来不吹牛。

大人喜欢对小孩说：

永远永远不要放弃梦想。

但为什么放弃梦想的都是大人？

这些既简单又直白的语言，把大人问得哑口无言了。对啊？为什么家长总是在做自相矛盾的事情，一边说着这样的话，一边又做着那样的事。父母都希望自己能有一个称心如意的孩子，但是很抱歉，几米又说出了一个真相："我知道我不是一个完美的小孩，但你们从来也不是完美的父母，所以我们必须互相容忍，辛苦坚强地活下去。"

很多孩子的不完美，都是从大人的身上映射过来的。比如我们常说孩子没有什么自尊心，不知道害羞，脸皮太厚。是不是因为他的自尊心被父母伤得太严重了，产生了"抗体"？或者是他们没有从父母的身上找到自尊的感觉，从来不知道自尊是一种怎样的东西。现在孩子身上反映出来的种种问题，都是大人教育思想或者教育行为的后果。

有的妈妈说孩子不爱学习，但是她自己也从来没有在家中翻阅过一本正经的读物，也从未认真学习过，就算是报名参加了一些课程，在听课的过程中从来没想过要记笔记。

"妈妈，今天你们都听了些什么？"一般孩子也会像妈妈一样，好奇对方学了些什么内容。

这时候，如果妈妈能拿出来一本笔记本，一条一条说今天的学习内容，孩子马上就能知道，做好笔记很重要。但很少有妈妈能做到这样，甚至连讲了些什么都忘记了。

更有甚者，回家之后向孩子抱怨："今天听课真是白搞了，啥也没记住，往后再也不去听了。"这不是在告诉孩子听课没意思吗？

其实，好妈妈会这样做：

回去之后，兴奋地对孩子说："妈妈今天听课，感觉收获特别大。"然后亮出自己的笔记本，"下次我早点去坐到第一排，听清楚些。"

学习是多么令人愉快的事情！这一点不会因为你是妈妈就变得无趣，也不会因为他是孩子就变得有趣。学习带来的快乐是相通的，如果你能表达出这种快乐，孩子也就会去努力体会这种快乐。

和孩子一起模仿——在模仿中进行良好的亲子沟通

当你喂小孩子吃饭时，把小勺递到孩子面前，孩子自然地张开了嘴，等着品尝美味。那么你呢，你的嘴是否也张着？你们俩谁先张开嘴？到底是谁在模仿谁？阿姆斯特丹大学的社会心理学教授艾普·迪叶特斯特解释说："在 4/5 的情况下是孩子看到伸过来的勺子后先张嘴，然后父母才模仿孩子的动作；余下 1/5 的情况是父母先演示，孩子再模仿。"

艾普教授告诉我们："如同水中的鱼群群居群嬉一样，人也时时参照周边的人们，互相观察、互相模仿。我们需要一种归属感和获得认可、接受的愿望，而模仿可以满足我们的这种愿望。"

这个简单的喂饭的例子说明了，模仿不是单向的，模仿其实可以理解为妈妈和孩子交流的一种方式。

很多妈妈都知道，在很小的婴儿面前做吐舌的动作，宝宝也会模仿。新手妈妈也可以和自己刚刚出世的宝宝来做一个特殊的游戏：妈妈在宝宝面前做出亲吻的嘴形，看看宝宝是否也会模仿同样的姿势。有研究者在刚刚出生不过 42 分钟的婴儿身上就观察到了这种行为。

一个 6 个月的婴儿在得到一面小摇鼓时，会立刻意识到，他不仅可以将它攥紧，也可以松手扔掉。因为这么大的孩子开始有意识地抓住东西，想怎么玩就怎么玩。因而宝宝突然意识到，他可以"有所作为"影响什么了。于是他开始非常热情地练习，将事物与目的结合起来。此时，模仿可以起很大作用。例如当你把礼品纸揉成一团发出声音时，孩子会好奇地学着尝试，看自己是否也可以用手和纸制造出同样的音响效果。

当人们模仿他人表情时，他们理解他人的情感也就更容易了。神经生理学者发现，大脑具有使人拥有模仿能力的神经细胞——镜像神经元。它不仅在做动作时活跃，如用手抓玩具摇鼓，而且在观察别人如何拿起摇鼓时也变得活跃。大脑会模仿该动作，同时还会设想他人大脑中的意图：

他想拿起摇鼓晃动发出声响。镜像神经元能让人通过模仿推己及人从而更加体谅他人。再简单一点说，通过对周围的人表情的模仿，孩子学会了善解人意。

不仅孩子对妈妈的模仿有很大作用，妈妈对孩子的模仿也会产生很大影响。

如果孩子因为肚子痛而整夜睡不安稳，第二天早上，妈妈的情绪通常会有些烦闷，这是人之常情。但假如宝宝这时冲着妈妈笑，所有的妈妈都会不由自主地喜笑颜开，疲劳也会被笑容驱赶得无影无踪。这是因为妈妈在模仿孩子的笑时，大脑通过面部肌肉的运动传输了愉悦的信息，立即分泌出营造快感的激素。

妈妈在和小宝宝说话时会不自觉地用"儿语"，她们改变了通常讲话的节奏，几乎像唱歌一样和孩子说话。而且她们的语速相对缓慢，句子之间停歇较长，经常重复所说的话。当妈妈模仿孩子的方式与孩子进行交流时，如果你仔细观察宝宝的反应，就会发现宝宝在"密切注视"并"回答"你，尽管他可能还不会说话。宝宝大一点后模仿的能力更强了，比如他还不会说话，可已经能学着妈妈拿起电话听筒煞有介事地"打电话"了。孩子每一次模仿都会促进语言的发展，同时加强妈妈与孩子间的联系。

有的妈妈全天候24小时为这个小小的"大人物"服务，忙得焦头烂额，担心自己支撑不了多久。宝宝却有能力让你坚持下去，就像他自己一样保持旺盛的精力：不停地挥舞手臂，趴着时不断向前爬。孩子的这种耐力、耐心和集中注意力恰好是妈妈应当效仿的。可以说，孩子引导妈妈尽全力去生活，尽力过好每一天。

妈妈和孩子可以一开始就通过模仿互相交流。你可能会感到，当孩子模仿你时，你的面前似乎有一面镜子，你做什么，孩子也做什么。孩子模仿你，是因为妈妈是他的偶像，他对妈妈的爱是无条件的，他对妈妈的信任是毫无保留的。当你把宝宝抱在怀里时，他同时也抱着你，贴在你身上向你表达他的爱，如同你对待他的一样。

对于新生的婴儿来说，不存在昨天或明天，只有现在。当你给孩子穿衣、洗澡、哺乳时，对他而言只是你正在做的事情是重要的。你可以在宝宝观察你的时候，望着他，用两三分钟来营造一个小小的永恒，一段美好的时间。而且你要将动作的节奏调整到宝宝的频率上来，"慢动作"有时候恰好是合适的。这些都有助于宝宝的时间感和记忆的形成。

对于孩子的模仿行为，如果妈妈每次都给予微笑和赞扬，那么他就会因为得到了你的鼓励而继续努力做得更好。另外，如果妈妈和孩子一起唱歌跳舞或做游戏，那么妈妈和孩子之间就可以相互模仿了。事实上，妈妈模仿孩子是表扬和认可孩子的一种很好的方式，当妈妈模仿孩子的时候，孩子会感到自己得到了别人的尊重和认可。

身教重于言教，因为身影重于声音

"你怎么把邻居家的娃娃拿回来了？别人的东西不能拿。"

"可是他又没有看见。"

"没有看见就更不应该了，那就是偷了！"妈妈说着就赶紧把娃娃送回去了。孩子低着头，嘀咕着："可是妈妈还拿人家的梨呢。"原来，妈妈带孩子去买水果，趁卖主未看见，拿了几个梨放在自己提兜里，孩子看到了这一切。

孩子是站在妈妈的肩膀上的，妈妈有多高，孩子就有多高；妈妈能走多远，孩子就能走多远。妈妈对于孩子具有天生的权威性，同时又是孩子最亲近、最热爱的人，她的所作所为容易被孩子认为是自然合理的；并且，孩子由于知识经验贫乏，辨别是非能力差，对妈妈的言行会不加选择地模仿。因此，妈妈对孩子的心理发展具有潜移默化的影响作用。例如，他们不仅模仿妈妈的动作，而且模仿感情的控制和观点，就连发脾气的方式、样子也像他的妈妈。妈妈长期和孩子在一起，怎样为人处世，孩子都会记在心上。

苏联教育家马卡连柯指出："父母自身的行为在教育上具有决定意义。不要以为只有在你们同儿童谈话、教训他、命令他的时候，才是进行教育。你们是在生活的每时每刻，甚至你们不在场的时候，也在教育儿童。你们怎么样穿戴，怎样同别人讲话，怎么样谈论别人，怎么样欢乐或发愁，怎么样对待朋友和敌人，怎么样笑，怎么样读报，这一切对儿童都有着重要的意义。"这就充分说明了父母以身作则的重要性和必要性。例如，要求孩子孝敬长辈，自己首先要敬老；要求孩子讲文明，懂礼貌，自己就要谈吐文雅，不讲粗话。

儿童教育家孙敬修也说过："孩子的眼睛是录像机，孩子的耳朵是录音机，孩子的头脑是电子计算机。母亲个人的范例，对于未成年人的心灵，是任何东西都不可能替代的最有用的阳光。"这就需要妈妈以良好的形象发挥其独特的榜样作用。所以，妈妈应该多从孩子的特点出发来检点自己的言谈举止。

很多人都知道，身教胜于言教，巴金说："父母们的榜样力量非常大。在我小时候，父母的脾气都好，父母从未打骂过孩子。想来想去，我想不出从他们身上学到什么坏的东西。今天有些年轻的父母高兴时把孩子当作'小皇帝''小公主'，动了气就打骂不休。不多久，他们的坏脾气全让孩子学到了，孩子们只会学长辈们做出来的行动，不会学他们嘴里讲的道理和心里想的理想。"

但身教为何重于言教呢？因为对孩子来说，身影重于声音。尤其是对于人生刚开始的孩子，可以说只有身教，没有言教，妈妈的身影便是最好的教材。孩子这个时候需要的是身影，而不是声音，因为孩子这个时候还不懂得声音的意思，却懂得妈妈的行动对他的直接影响。在人生最初的几年里，妈妈对孩子来说意义极为重大，妈妈的照顾不仅让孩子更健康，同时这种照顾本身也是最好的教育。妈妈是孩子成长中最重要的一个因素，妈妈的存在就是孩子教育环境的一个部分。

身教重于言教，这是古训，也是我国传统家教的重要经验，很值得我们发扬光大。可是，有不少妈妈忽视身教，有的甚至只重视言教，这会产生负面效应。古人云："其身正，不令而行；其身不正，虽令不从。"有些妈妈常抱怨孩子不听话，其实她们对孩子的要求往往连自己都做不到。妈妈不能总是以命令的口气让孩子干这干那，自己做不到的，就不要勉强孩子去做，否则便会失去威信，自然无法得到孩子的尊重。

在要求孩子做到诚实、可靠的时候，家长却不诚实、不可靠，这不是说话不算数吗？大人说过的话，一定要兑现，这样才能让孩子相信你、服从你。否则，孩子养成了说谎的习惯，也对妈妈产生了不信任。

如果一个人连自己的妈妈都不信任，那他怎么能信任别人呢？这样的人势必是多疑、心思细腻的人，总是缺乏安全感，很难和别人友好地相处下去。

妈妈是孩子的老师、朋友、知心人，这么重要的角色怎么能敷衍对待呢？

妈妈的风度，决定孩子未来的高度

"风度"这个词我们并不陌生，我们经常听人用"绅士风度"来形容一位男士的行为举止。这样就给人一种印象，似乎风度是专门用来形容男士的，其实不然，"风度"是一个人内在实力的流露，女士也会有自己的风度。

那么妈妈怎样才算是有风度呢？到底什么才是有风度的举止呢？有风度绝不是矫揉造作，风度是一种忘我的境界，在这个境界中，你自然、朴实无华的举止会处处流露出高雅。有风度的举止，是利用外在的一举一动来传达我们内心对别人的尊重和影响力的一种方式，它源于对事理、人情的通达。

一个有风度的妈妈，不单单会爱，还懂得感恩，她是一个拥有感恩之心的人。感恩之心会给我们带来无尽的快乐，为生活中的每一份拥有而感恩，能让我们知足常乐。感恩不是炫耀，不是停滞不前，而是把所有的拥有看作是一种荣幸、一种鼓励，在深深感激之中进行回报的积极行动，而且感恩的人会与他人分享自己拥有的。感恩之心使人警醒并积极行动，更加热爱生活，创造力更强；感恩之心使人向世界敞开胸怀，投身到仁爱行动之中。没有感恩之心的妈妈，永远不会懂得爱，也永远不会得到别人的爱。

感恩是美的字眼，它是一种深刻的感受，能够增强个人的魅力和风度，开启神奇的力量之门，发掘出无穷的智慧。有感恩风度的妈妈，才会教育出有感恩之心的孩子。妈妈是孩子的领路人，具有感恩之心的妈妈必然会把这种行为举止传达给自己的孩子，教育子女要在生活中懂得感谢周围的每一个人，包括自己的亲人、师长、朋友、同学。

生活中有很多孩子把享受别人给予的爱看作是天经地义的，而感恩就常常在这样的理所当然中被轻看、被忽略、被遗忘。

让孩子学会感恩，就是让子女意识到别人为你的付出，包括父母无私的奉献，都是需要回应、需要赞赏的。在孩子成长的过程中，有许许多多人为他们的成长奉献着、付出过，孩子应该永远记住那些人和事、那些爱和恩，并为此承担一份责任，为回报而努力。即使施恩者不需要即时回报，也该提醒孩子要把感激埋进心里，并试图"去回报那曾和我一样需要帮助的人"。

因此有风度的妈妈是值得称赞的，一个懂得感恩的妈妈举止是有风度的，她们的风度影响着自己的孩子，在自觉和不自觉中潜移默化地影响着孩子成为一个风度翩翩的人。一个有风度的妈妈，内心要有风度，行为举止也要有风度。

行为举止在心理学上称为"形体语言"，是指人的肢体动作是一种动态中的美，包括手势、坐姿、站姿、走姿等，这些也是风度的具体体现。在某种意义上，妈妈的举止对孩子的影响绝不亚于口头语言所发挥的作用。

"站如松，坐如钟，卧如弓，行如风。"这 12 个字生动地概括了正确的站姿、坐姿、卧姿和走姿，十分形象。一个有风度的妈妈只有做到了站有站相，坐有坐相，走有走相，才能对孩子有一个良好的引导，让孩子在不知不觉中形成有风度的举止。

一个人的行为举止、风度仪表是展现他外在影响力的主要方式之一。一个内心充满感恩的妈妈彰显了内在的风度和魅力，一个注意自己言行举止的妈妈显示了她外在的影响力。只有这样内外兼修的妈妈，才能把她特有的风度在与孩子的相处中默默地传递给了孩子。此外风度的培养来自不断的实践和观察，就像其他良好习惯一样，要想把子女培养成有风度有影响力的人，你必须不断地实践。在教养实践中让子女形成习惯，就能为他们的未来增加竞争的资本，并为他们的人生增添无限光彩。

中篇

育子秘诀

——如何雕刻孩子这块璞玉

第一章

早期教育成就孩子的一生

小孩子的智力水平和学习能力，往往会被大人忽视。到了学龄再教育，其实已经迟了。错过了孩子智力发展最迅速、学习最敏感的时期，即使用上九牛二虎之力也很难将孩子的潜能开发到他原本可以达到的高度。

教育真正重要的时期是无限接近零岁的时候

曾有一个专家做了一个实验，他把刚刚生下来且同样体重的小白鼠分成两组：一组放于较大、光线充足的空间，里面提供丰富的声响，也有滚筒、滑梯等玩具，让小白鼠自由追逐玩耍；另一组小白鼠，则分别被关在没有光线的笼子里，没有玩具，没有同伴。它们虽然被提供同样的食物营养，不过经过 19 天的测试，智力的表现却大相径庭。

结果显示：前一组小白鼠机敏灵活，人抓不住它们；后一组小白鼠则呆滞迟缓，即使人去抓它们，也不知逃跑。抽样解剖发现：前一组小白鼠因常接受丰富的刺激，它们的大脑生出了许多突触并产生紧密的连接；而后一组小白鼠则因受到的刺激少，脑组织竟呈现萎缩状态，脑重量及体积也相对变小。

这个实验的结果，主要是用来印证早期教育的重要性。他认为，在婴幼儿成长的过程中，一旦错过了生长发育期的发展，脑组织结构就会趋于定型，潜能发展也将受到限制，即使拥有优越的天赋，也无法获得良好的发展。

早期教育的重要性受到世界各国教育专家的认同，而早期教育应从多早开始呢？现在越来越多的教育家、科学家认同零岁教育的理念。著名生理学家巴甫洛夫有句名言："婴儿降生第三天开始教育就迟了两天。"日本儿童教育家井深大认为，过去的教育都是从孩子懂话的时候开始，但是这种教育已经迟了。因为在孩子会讲话之前，他就已经获得了比利用语言传授的知识更多的东西。因此，教育孩子的最好时机，既不是上幼儿园的时候，也不是 3 岁，真正重要的时期是无限接近零岁的时候。

另外，孩子婴幼儿阶段发展的特殊性也决定了早期教育从零岁开始的必要性。这些特殊性表现为：

①大脑发育的可塑性。大脑的可塑性是大脑对环境的潜在适应能力，是人类终身具有的特性。年龄越小，可塑性越大。3 岁前，尤其是出生的第一年，是大脑发育最迅速的时期，零岁时受到的外部刺激，将成为大脑发育的导向。早期形成的行为习惯将编织在神经网络之中，而将来若要改变已经形成的习惯就会困难很多。

②从幼儿的生理上看，2 岁时大脑已基本具备了它的主要生理特征。7 岁时已达成人脑重的 90%。脑神经细胞的 70%～ 80% 是在 3 岁前形成的。因此，进行早期教育已有牢固的生理基础。

③研究表明，在大脑发育过程中，有一系列关键发展期或敏感阶段，也称学习的关键期。虽然人类的学习关键期可从出生延续到青春前期，但人类最基本的情感、行为、技能的学习关键期却开始于出生之后、3 岁之前。

④婴幼儿时期是智力发展的最佳时期，如果把 17 岁时所具有的普通智力水平看作百分之百，那么 4 岁时所获得的智力将达到 50%，头四年所获得的智力等于后 13 年的总和。因此，早期教育在发展幼儿智力上有

着关键性的作用。

⑤婴儿一出生，就要学会适应外界环境，如要学会呼吸、吃奶，以后还要逐步学习语言，认识事物，掌握各种动作，学会各种能力，等等。所以婴幼儿时期是一个人心理发展最迅速的时期，一个人一生发展的基础往往是在婴幼儿时期奠定的。

孩子的这些特性，使0岁教育成为可能和必要。细心的家长只要观察孩子的表现，就会发现0～3岁孩子的学习能力特别强，如能及时进行教育，让孩子的潜能得到最大限度的发挥，孩子就会在起跑线上就拥有有利条件，自然他的发展就会更好。

也许有人会质疑，对那么小的孩子进行教育，让孩子的大脑吸收过多内容难道不会对孩子有伤害？不会给孩子带来太大压力？

其实，完全不用担心这些问题，因为人的潜能非常大。心理学家有个研究，说一个人在生命结束时，他的脑细胞只用了5%，科学家只用了10%。这说明大脑实际上是一个装不满的知识仓库，不用担心早教会给孩子的大脑带来超重负荷。另外，婴幼儿都具有本能的自我保护本能。婴幼儿用脑不是外部压力起主导作用，而是他由本能的好奇、兴趣、精神生活的追求决定的。外部的信息一旦超过他的负荷，或者枯燥乏味，他会立刻关闭"注意"的门户，从而把自己彻底保护起来。

早教不仅不会伤害孩子的大脑和身体，而且对孩子的身体发育是有利的。资料显示，美国研究人员曾对549名天才儿童做了37项2200次的精密身体测量，结果显示，这些儿童不仅在身高与体重上优于常态儿童，而且在各种生理品质上也有此种趋势。例如，他们的肺活量，握力，臂部、腰部及肩部各种宽度都比常态儿童要好。

所以，科学的早期教育，不但不会伤害孩子的大脑，反而能促进大脑的发育和身体的健康。妈妈们可以放心大胆地对孩子进行早期教育，也许你也可以创造出一个天才！

儿童的潜能存在着递减法则

"哈佛女孩"刘亦婷的母亲刘卫华坚持早期教育，使女儿的记忆能力明显超过了常规孩子。以"认生"——婴儿第一次表现出记忆能力——为例，刘亦婷3个月大就开始认生，比平均水平提早6个月，6个半月就出现了"理解记忆"（即明白词汇与物体的关系），而50%的婴儿则是在10个月大时出现的。当她长到1岁1个月时，记忆力的发展又出现一个飞跃。在记忆方式上，她已不再仅仅依靠人类3岁以前所特有的"模式记忆"，而是提前萌发了3岁之后才有的"分解记忆"能力。在女儿满1岁半时，妈妈就试着教她背唐诗，刚开始是两个字一段地教她，没过几天，女儿就可以流利地背诵"朝辞、白帝、彩云……"虽说她并不懂诗的含义，但唱歌一样的朗诵，却能使她感悟到诗歌韵律的美妙。自那以后，刘亦婷的学习热情一直很高，姥姥教她背了一首诗："雄鸡一唱天下白，千家万户把门开……"在从工厂的路南区到路北区的路上，她看见一只公鸡就把诗背了一遍。

经过妈妈的不懈努力，对女儿的教育结下了满意的果实。刘亦婷聪慧过人，成绩优异，轻松考入哈佛大学。

成功专家罗宾曾说："每个人身上都蕴藏着一份特殊的才能。那份才能犹如一位熟睡的巨人，等待着我们去唤醒他。"事实上确实如此，每一个孩子身上或多或少都有一些将来可以成就大器的潜质。不仅那些反应敏捷、聪明伶俐的孩子是这样，即便是那些相对木讷，甚至看起来有些愚钝的孩子也有这样的潜质。一旦有人将他们的潜质打开，凭借这种热忱的力量，原先人们在他们身上看到的那种"愚钝"也会慢慢消失。

而儿童虽然具备潜在能力，但这种潜在能力不是一成不变的，而是遵循一定的规则在变化。杰出的日本儿童教育家木村久一总结出儿童潜能的递减规律：生来具备 100 度潜能力的儿童，如果从一生下来就给他进行理想的教育，那么就可能成为一个具备 100 度能力的成人。如果从 5 岁开始教育，即便是教育得非常出色，那也只能成为具备 80 度能力的成人。而如果从 10 岁开始教育的话，教育得再好，也只能达到具备 60 度能力的成人。这就是说，教育开始得越晚，儿童的能力实现就越少。

根据儿童的潜能递减规律，儿童智力发展的最佳期非常关键，它对人一生的智力发展都起着决定性作用，妈妈们千万不要错过。妈妈教育孩子的第一要旨就是要杜绝这种递减，避免错过孩子发展其潜在能力的机会。因此，教育孩子的最重要之点就在于要不失时机地给孩子以发展其能力的机会，也就是说要让孩子尽早发挥其能力。

我们都知道，有可能长到 30 米高的橡树，实际上很少有长到 30 米的，这是由于受到生长环境的影响。如果阳光、水肥充足，再加上精心培育，橡树就可能长到 18 ～ 21 米，甚至更高可达 24 ～ 27 米。但一般橡树只能长到 12 ～ 15 米，要是环境不理想，就只能长到 6 ～ 9 米。同样的道理，具有 100 度潜能的孩子，如果放任不管，就只能成为具有 20 度或 30 度能力的人。也就是说，他的潜能只发挥出了一小部分。但如果对他进行适当的教育，他的能力就可以达到 60 度、70 度，甚至是 80 度。也就是说通过教育，就可把他的潜能大部分发挥出来。

那些神童也好，早慧儿也好，都只不过是他们的妈妈从小对他们进行了科学的早期教育，使他们的各种潜能得到了充分的开发，也使他们的潜质转化为了强大的学习能力，这样他们自然在后续教育中就占有极大的优势，也总是跑在同龄人的前面。

格莱斯顿也说过："最有意义的事情莫过于把一个孩子内心潜藏的热忱激发出来。"每个孩子都有自己的闪光点，作为妈妈，要做到认清自己的孩子，了解孩子的长处和短处，挖掘孩子的潜能，因材施教，扬长避短，这样的话，每个孩子都能成材。

所以，妈妈要努力发现自己孩子的与众不同之处，相信孩子的潜能，及早对孩子的综合潜能进行正确评估，及早开发。这对孩子的健康成长大有裨益。

早期智力教育不等于知识教育

斯托夫人这样描述她对孩子的早期教育："我从训练五官开始对女儿教育，首先使她学会使用耳、目、口、鼻等，而在这当中首先应该发掘听力。因为对婴幼儿来说，最重要的是听到母亲轻柔悦耳的歌声，可我感到为难的是自己不会歌唱，因此就对孩子朗读诗歌，我朗诵的是《艾丽绮斯》，这是维吉尔的诗，结果发现效果很好。在我轻轻地朗读时，小维尼雷特很快安静下来，听着听着就睡着了。这个方法我后来在别的孩子身上试验过多次，效果都很好。有时候摇篮曲并不能够催婴儿入睡，可是《艾丽绮斯》屡试不爽。因此，在我看来这部出色的叙事诗同时也是一首了不起的摇篮曲。"

斯托夫人热爱音乐，而且她天才地把颜色和音乐联系在一起，以此来开发小维尼的感官功能。她给七音分别标以不同颜色，在墙壁上用三棱镜制造出美丽的虹光，还教授她弹奏乐器。小维尼长到十来岁时就可以自己写曲了，并以此自娱自乐，陶冶情操。为了让孩子辨认节奏，她还教小维尼和着诗歌的节拍舞蹈。舞蹈可以塑身强体，同时也增强了小维尼对于文学和音乐的通感才能。

维尼雷特还有各种各样的小球和木片，这些玩具五颜六色，很适宜孩子玩耍，她的布娃娃都穿着色彩鲜艳的服装。斯托夫人就是借用这些玩具尽力发展女儿的色彩感觉。

蜡笔也是不可缺少的工具。斯托夫人经常和女儿做一种"颜色竞赛"游戏。游戏一般是这样进行的：她先在一张大纸上用红色蜡笔画一条3厘米左右的线，然后让女儿用蜡笔平行画出一条同样的红色线，接着她用蜡笔在自己的红色线之后接上一条青色线，再让女儿模仿自己用青色蜡笔画出一条线，游戏就这样进行下去。要是女儿没有用和自己线条相同颜色的蜡笔，女儿就输了，游戏就终止。

斯托夫人对女儿进行训练，没有任何勉强的成分。因为她知道孩子的天性，她的目的是要使孩子的潜能得以发挥。她进行各种引导，就是为了不使女儿的某种潜在素质被埋没。与此同时，孩子在这样的教育中，总会有事可干，不会因为闲得无事犯常见的毛病，比如咬手指头、哭叫。

以上感官的开发使小维尼在学习知识前已蓄势待发，在正式开始学习语言和其他知识时，便如鱼得水。

斯托夫人的女儿3岁就开始写诗歌和散文，4岁能用世界语创作剧本，到了5岁，她的诗歌和散文开始发表在各种报刊上，并且她已能够熟练地运用8个国家的语言。不仅如此，她女儿其他方面（比如数学、物理、体育、品质等）也都明显比其他孩子优秀。这一切成就，有斯托夫人早期教育的很大功劳。

斯托夫人对孩子所进行的早期教育涉及很多方面，唯独没有在知识教育上下功夫。因为她知道，早期智力教育并不是知识教育。早期教育应注重开发多元智能，本着感兴趣、需要的原则对孩子实施启蒙教育，应创造条件使幼儿的各项潜能得到最大限度的发挥，使孩子体格强健、智力发达、品质和个性良好。

卡尔·威特认为，从出生到3岁之前，孩子的大脑对事物的记忆不是对其特征进行了分析之后才记住的，而是在反复的观察中，将整个事物印象原封不动地做了一个"模式"印进了大脑之中。在最初，他的大脑还处在白纸状态，无法像成人那样进行分析和判断，因此，可以说他具有一种不需要理解或领会的吸收能力。如果不把你认为正确的模式，经常地、生动地反复灌入幼儿尚未具备自主分辨好坏能力的大脑的话，他也会毫无区别地大量吸收坏的东西，从而形成人的素质。所以，早期教育最主要的不是给孩子灌输知识，而是应该根据婴幼儿的心理发展规律和年龄特点，把重点放在发展小儿的智力和个性品质培养上。因此，婴幼儿时期的早教内容应是以下几方面：

1. 促进孩子语言和思维的发展

科学研究证实，婴幼儿 1 岁半左右是学习语言的最佳时期。此时，小儿学说话最容易而且学得快，故妈妈应及早与孩子说话，不断与小儿进行语言交流，这样可以诱导、启发和促进孩子的语言发展。

2. 锻炼孩子的感知觉

婴幼儿感知觉器官的功能，需有相当多的刺激输入和锻炼，才能得到发展。妈妈可以向斯托夫人学习对孩子的感官功能的培养方法，利用声音、语言玩具、实物等刺激其听、视、触、嗅觉等，促使他们在看、听、闻、摸、尝的过程中获得各种印象，让孩子对客观世界有正确的初步认识，这对婴幼儿智力发展有着重要意义。

3. 呵护孩子的好奇心

婴幼儿时期，孩子对周围的一切都感到新奇，妈妈应珍惜孩子的这种求知欲望，一定要耐心而热情地倾听，认真简要而正确地回答小儿提出的每一个问题，从而满足他们的要求。

4. 对孩子进行正确的价值观传输

小孩子不会分辨大人对他说的话是好是坏，他只会照单全收、不加筛选地进行记忆。所以，妈妈一定要注意对孩子的思想教育，要经常将真善美的品德告诉他，虽然他不懂其中的意思，但他在记忆中会慢慢形成这样的价值观，这对孩子的一生有着积极的意义。

音乐是启迪儿童智慧的"心灵体操"

大家都知道爱因斯坦是一位伟大的科学家，而不知道他还是一位出色的小提琴家。其实，爱因斯坦之所以能对人类做出巨大贡献，与他学习小提琴有着密切的关系。因为音乐无处不在的张力能使人的想象力和理解力发挥到极致。

母亲的音乐熏陶开启了爱因斯坦的智慧之门，因为爱因斯坦的母亲是一位很有修养的女性，她爱好音乐，在钢琴和小提琴上都有很深的造诣。她是爱因斯坦的小提琴老师，也是他的音乐启蒙老师。6岁时，爱因斯坦学拉小提琴，他的妹妹玛雅学钢琴。稍后，爱因斯坦也学习弹钢琴。随着时光的流逝，爱因斯坦对音乐渐渐入迷。7年之后，当他懂得了和声学和曲式学的数学结构时，当他学会了演奏莫扎特作品的技巧，明白了其中的奥妙时，琴弦和心弦就共鸣了，他的科学和艺术生涯也就开始了。

母亲的音乐教育不但开启了爱因斯坦的音乐之门，给了孩子一个多彩的童年，也为他开启了一扇智慧之门。爱因斯坦是伟大的，他的母亲也是伟大的，他母亲的伟大就在于用适当的方式对爱因斯坦进行早期智力的开发，为爱因斯坦的成功奠定了根基。

一位哲学家曾经说过："音乐往往能够造就出天才。"当然，他所说的天才已经超出了音乐的范畴。但值得肯定的是，音乐可以改变一个孩子的气质，因为孩子在接受音乐教育中不仅为他成为音乐家提供了可能，也为其他方面的发展创造了极佳的条件。

孩子与音乐似乎天生就有不解之缘，而音乐又是启迪儿童智慧的"心灵体操"。聪明的妈妈可以充分挖掘孩子与音乐的"缘分"，使他在音乐艺术美的熏陶中，获得一生受用不尽的财富。

音乐是表情达意的艺术，孩子恰恰具有喜形于色、感情外露的特点，他们很难用言语表达他们内心的情感和体验，而音乐中强烈的情绪对比、鲜明的感情描写正抒发了孩子的内心感受，所以孩子发自内心地喜欢音乐，以至于常常情不自禁地随着音乐手舞足蹈。

天真活泼的孩子对音乐天然的热爱和向往让我们确立了这样的信念：每个孩子都需要音乐，每个孩子都有接受音乐文化的愿望和要求。音乐的启蒙就是激发孩子对音乐的兴趣，发现和培养孩子的音乐才能。孩子需要音乐，那么音乐对于孩子的生活和成长又有什么意义呢？

一直以来科学家们不断研究音乐，认为它是一种心智体操，如玩乐器、练唱、听音乐等可增强身体协调性，对时间的敏感和专注的能力、记忆的技巧、视觉听觉的发展以及对压力的控制也都有帮助。音乐与右脑有关，而右脑掌管情绪与感觉，所以玩乐器、唱歌、听音乐有助于宣泄情绪。当我们听到好听的音乐，情不自禁就会手舞足蹈，这是因为音乐刺激了我们的脑神经，使我们活跃起来。日本著名的音乐家和教育家铃木镇一，在自己的教育法著作《早期教育与能力培养》一书中特别强调了兴趣对于孩子的重要性。他提出的用音乐开启孩子"天才教育"的大门的理念，曾轰动全世界，而且他用实践证明才能不是天生的，任何一个孩子，只要教育得当就能成功。

音乐对心智发展的积极效果，从很多实践中都可以看出来。实验证明，音乐会刺激新生儿的活动。美国耶鲁大学小儿科仙思教授的一项研究指出，接受有规律的音乐刺激的新生儿，他们的智商比未接受刺激的高出27～30个点。

在生活中，只要运用恰当的方法，在恰当的时间引起孩子的注意，一定会让孩子为了快乐而欣赏音乐。培养孩子去欣赏音乐，因为懂得欣赏音乐的人是幸福的。但是妈妈该如何让孩子跟音乐进一步接触呢？

①要为孩子创造一个音乐环境：随着人们生活水平的提高，现代化的视听设备逐渐进入了家庭生活，这为培养孩子的音乐素质提供了物质条件。妈妈可以充分利用音响、卡拉 OK 机和电视机对孩子进行音乐教育，此外妈妈还可以带孩子参加一些音乐会、文艺晚会，或者利用茶余饭后的空闲时间，让孩子表演一些音乐节目，也可以亲自为孩子演唱、演奏一些音乐。孩子稍大一点，妈妈还可买一些乐器，让孩子学习演奏。

②让孩子在音乐伴奏下做动作、跳舞：在音乐伴奏下做动作或跳舞，可以发展孩子的节奏感，陶冶性情。妈妈可以教孩子按音乐节拍、速度和情绪做动作，通过运动神经去感知和表现音乐艺术美。

③教孩子唱歌。妈妈教孩子唱歌，应当从教唱歌谣开始。让孩子从掌握语言的韵律节奏，逐步过渡到掌握音乐的韵律节奏。

总而言之，就像诗人歌德说的："为了不失去神给予我们对美的感觉，必须天天听点音乐……"因此，让孩子接触音乐是很重要的。虽然不能让每个孩子都成为音乐家，但至少可以培养孩子的气质，也丰富了他们的艺术生活。

天才是天生的，更是要培养的

爱因斯坦小时候，智力水平看上去不如一个普通同学，诺贝尔奖获得者也未必都像居里夫人那样聪颖早慧。孩子的天分是妈妈无法决定的，人脑的复杂性也是和多用性远远超过任何一台电脑，关键在于妈妈如何来挖掘。

经过研究，我们发现，天才的秘密就是智力潜能比一般人开发得多一些早一些而已。所有天才的诞生都因为他们的幼年生活丰富多彩，并获得了较好的心灵阳光。莫扎特出生在一个音乐世家，很小的时候就听他父亲演奏音乐，在他的周围有许多乐器。他5岁时就拉小提琴并为小提琴作曲，8岁时谱写了他的第一部交响曲。那么，怎样利用环境开发孩子的潜能呢？如何为孩子的心灵生活布置充足的阳光，培植健康的情感世界，让孩子始终有个好心情？

也许我们都有这样的经验，在镜子前对自己笑一笑，心情马上就会变为轻松愉快。对大脑的潜能开发也一样，如果能不断输入积极的意识，让意识通过潜意识对大脑提出要求，潜意识就会调动体内的潜能发挥作用。比如有一道题苦思冥想都没有做出来，在睡前将有关的条件、信息输入大脑，第二天早上起来，说不准答案就出来了。

1960年，哈佛大学的罗森塔尔博士在加州一所学校中做过一个著名的实验。新学年开始了，他让校长把3位老师叫进办公室，对他们说："根据过去3年来的教学表现，你们是本校最好的老师。为了奖励你们，今年我们特别挑选了全校最聪明的学生给你们教。这批学生的智商比同龄人都要高，希望你们能有更好的成绩。"

老师们表现出掩饰不住的喜悦，临出门时，校长又叮嘱他们："要像平常一样教他们，不要让孩子或者妈妈知道他们是被特意挑选出来的。"

一年之后，这3个班学生的成绩是整个学区中最优秀的，比平均分数高出两三成。这时候，校长才告诉老师们真相，这些学生并不是刻意选出来的，而只是随机抽选出来的普通学生。3位老师万万没有想到事情会是这样的，只好归功于自己教得好。而校长又告诉他们，其实他们也是随机抽选出来的。

这就是因为暗示发挥了重要作用，这三位老师觉得自己很优秀，充满了自信与自豪，工作中自然就格外卖力，学生知道自己是个好学生，肯定会努力学好，结果就真的全部变得优秀了。

所以，妈妈在开发孩子智能的时候，要给予孩子积极的暗示，不断给他输入积极的意识，如此才能激发孩子的正面能量。尤其是越小的孩子，就越需要妈妈的鼓励和认同，需要的妈妈的信心来增强自己的自信。

爱因斯坦既是一位思想家，也是一位科学家，同时还是一位脑袋里充满符号和公式的数学家，他也是个左脑发达、逻辑思维极强的人。但是，爱因斯坦的思想，首先来自图像和形象，之后才把它们翻译成词句和数学符号。他创立相对论不是通过他的理性思维，他没有坐下来用纸用笔一步步算出这个理论，最后得到符合逻辑的结论。理论的诞生是在一个夏天的下午，当时爱因斯坦躺在长满青草的山坡上，透过微闭的眼睑，凝视着太阳，玩味着透过睫毛而来的光线。这时他想知道沿着光束行进会是什么样子，接着他就像进入了梦境一样，躺在那里，让他的思想随意遨游，幻想着自己正沿着光束行进。突然他意识到这正是刚才所探求的问题的答案，这个意识正是相对论的精髓。

孩子的想象力总是无穷无尽，这是多么宝贵的资源，妈妈千万不要遏制孩子的想象，而是要支持甚至引导孩子积极遐想，也许，你就能培养出下一个爱因斯坦！

我们经常从照片上看见以万里晴空为背景的冰山景观，相信每一个人都会由衷地发出赞叹："啊，多美啊！"而我们所看到的，其实只不过是浮出水面的一部分冰而已。到底是什么造就了冰山之美呢？是那部分隐藏在水底下的冰山。堆积在水底下的冰山，渐渐地会将某一部分瑰丽地呈现在水面上，在这里"呈现"是不可预料也不好控制的，而"堆积"是完全可以通过计划实现的，而事实上，实现了"堆积"，"呈现"就会不清而至。"堆积"要计划，包括有目的、有计划、有准备、有措施、有安排、有步骤、有反复、有效率、有节制、有效果。

所以，激发孩子的潜能，妈妈还需要计划，应该给孩子的心智发展提供良好的渠道和方法，使其充分发挥自己的潜力。

总之，天才之所以是天才，不仅仅是因为他有天生的智能，更是因为他后天得到了更早更好的开发。卡尔·威特认为：孩子的天赋当然是千差万别的，有的孩子多一点，有的孩子少一点。没有一个孩子生下来就注定会成为天才，也没有一个孩子注定一生庸碌无为。一切都取决于后天的环境，取决于后天的培养和教育，父母则是其中最为直接和关键的因素。所以，只要妈妈早期教育培养方法得当，每一个孩子都可能成为天才。

第二章

男孩要"穷"养，女孩要"富"养

从来富贵多淑女，自古纨绔少伟男。"穷养儿子富养女"不仅仅是家教古训，更是一种有科学依据的教育方法。科学研究发现：染色体、大脑结构、荷尔蒙，这三大生理因素决定了男孩女孩天生不同。妈妈们也应该尊重性别差异，因材施教，只有这样才能培养出优秀的孩子。

男女天生就有差异，要采取恰当的教育方式

人常说，生男生女都一样。可真一样吗？单从生理上来说，由于男女生理结构及头脑发育等方面的差异，男孩女孩会体现出很多不同。

现代研究证明，男孩与女孩大脑发育的差别，早在胎儿时期就开始显现出来了。他们的差别在相当程度上是由生理基础决定的。在大脑的构造上，男女就有不同，女性联结左右大脑半球的神经纤维束比男性的多，这是男女行为有别的基本原因。同时，男女在出生时的体型就有差异，男婴平均比女婴重10%，这就是男孩生来就比女孩更健壮的原因。另外，男孩的雄性激素要比女孩的雌性激素多，因此，我们发现男孩的精力更旺盛，而女孩则大多显得更安静。

随着男孩女孩的成长，这种差别将会对他们的学习生活产生越来越

多的影响。

女孩大脑的语言区域比男孩更加发达。这可以解释为什么女孩通常比男孩说话要早，而且表达能力也更胜一筹。在学龄前阶段，女孩会比男孩更熟练地说句子，直到上小学的时期，女生的阅读和写作成绩也往往要比班上的男生好很多。

但是，男孩的空间思维能力比女孩出色得多，因此相对于小女孩来说，男孩的数学成绩要好很多。大脑中有一片负责空间感知能力的区域，这片区域的发育程度决定了立体思维和空间思维的水平。这片区域的发育男孩普遍优于女孩，所以男孩的立体思维能力也要比女孩强。在学校里，一般来讲男孩的数学成绩比女孩要好，男孩尤其擅长几何。

男孩的空间感比较好，他们会比女孩早3～4个月学会奔跑和跳跃，所以男孩比较擅长运动。但是在精细动作的学习上，男孩要比女孩慢很多，所以女孩显现出心灵手巧的特征，画画、写字这些活动都是她们的强项。

男孩女孩不仅在学习生活中有很多差别，在情感上二者各自的特征也很鲜明。在女孩大脑中负责处理复杂感情（比如忧郁或幻想）的区域更发达，相对而言，男孩的大脑中负责处理简单感情（比如愤怒）的区域更发达。所以我们时常看到同样的一件事情会让女孩感到万分沮丧，但男孩则表现得无所谓。正因为如此，女孩通常会表现得更加善解人意，甚至在很小的时候就会把问题考虑得很周到。相反，男孩更容易在争斗中被激怒，表现得更加直接和对抗，他们经常会放弃口头表达而选择肢体动作来解决问题。

女孩比男孩更能承受长期压力，所以当女孩遭遇父母离异等痛苦时，表现出来的适应性也更强。对于男孩来讲，他更能适应短期的阶段性压力，比如面对期末考试，男孩就会比女孩表现得更好。同时，男孩和女孩在面对失败时的态度也有很大差别，如果一次考试失败了，女孩会觉得是自己的能力不行，男孩则还是会满怀信心，并认为自己只是没有准备好而已。

正因为男孩女孩存在着天生的差异，所以妈妈在教育男孩和女孩的过程中有必要根据他们的性别行为差异选择教育方式。从宝宝出生以后，就要进行区别教育了。

1岁前，男孩管，女孩宠。这段时间里，孩子还没有什么意识，所以父母需要提前对他们的性别性格有所界定。比如父母可以经常对男孩说"不哭"，而对女孩子要像对待"小公主"般宠着。

1～2岁，男孩能说20个单字就行。男孩语言能力发育较晚，通常，女孩在1岁左右时，就能说出很多单字和双字；而男孩可能只会说些单字。一位教育学家认为，这是因为男孩的语言中枢神经长得比较慢，所以在1～2岁时，他能说20个单字就行。

2～3岁，男孩多防传染病，女孩多防免疫疾病。这个年龄段的宝宝有了一定的性别意识，男孩子会更加冲动，女孩子则更加细腻。此时不要过于约束其行为，顺其自然。此外，2岁半到3岁的孩子易生病，男孩易得传染病，因此要少去人多的地方；女孩患免疫性疾病的可能比较大，家长应多注意这方面的信号。

3～4岁，男孩多做智力游戏，女孩多做体育运动。此时性别特征更加明显，男孩一般会特别淘，女孩子则变得胆小内向。这时家长就不能再听之任之了。男孩子应多接触有挫折感的智力游戏；女孩子则应通过体育活动增加安全感。

4～5岁，加强女孩自我保护意识。这一时期，家长应对女孩加强性生理教育，提醒她们"不能让别人看自己的身体"。平时家长要教育她们注意卫生——上厕所后洗手，也要教育她们不要分开腿坐，别穿太紧的衣服，以免给私处留下健康隐患。

每一个阶段，男孩女孩都有新的差别显现出来，所以妈妈们要跟上孩子的成长步伐，进行针对性的教育，确保孩子能够更健康全面地成长，也使得妈妈能够更加了解孩子的特性，从而进行有效的亲子沟通。

孩子从小就需要分清楚男女

盛夏午后的一场大雨，将闷热的气息一扫而光。骤雨后的空气，显得格外清新。凉爽的天气，让人顿感轻松惬意。

妈妈匆匆地从菜市场买菜回来后，就进入厨房开始准备晚饭。一向淘气的小伟今天却格外安静，妈妈从厨房出来拿晾在阳台上的围裙，路过自己的屋子时，却不经意地发现，9岁的小伟正在屋子里用化妆品为自己"梳妆打扮"，只见小伟那白皙的脸上涂着眼影、腮红……红的、绿的、紫的，涂得满脸都是，宛若彩绘的大地。

说起小伟，妈妈可是伤透了脑筋，毕竟小伟已经上小学3年级了，却老是喜欢打扮成女孩子的样子。原来，小伟从小就长得白白净净的，特别像小姑娘，再加上爸爸特别喜欢女孩，所以家人偶尔会把小伟打扮成女孩，给他穿一些漂亮的小裙子，结果，外人一见到小伟都以为他是个小女孩，都夸小伟漂亮，家人听了心里也美滋滋的。于是，他们经常给小伟穿一些女孩的衣服。后来，家人慢慢地发现，小伟竟然喜欢上了做"女孩"的感觉，上幼儿园时还经常跟家人嚷嚷着说要穿裙子。原本，家人以为等小伟上小学之后就不会这样了，谁知道小伟却喜欢上了这种女孩子的打扮。

小伟这种偏爱女性打扮的现象，我们可以称它为"性别倒错"。所谓"性别倒错"，心理学家把它定义为：男孩子表现出过分温柔，缺乏男子汉气概的行为，而女孩子则出现过多的男性装扮和行为。

根据研究，我们可以大致归纳出发生性别倒错的几种原因：

①遗传内分泌的影响。男孩子雌性激素太多，或者女孩子雄性激素太多，都会有异性化的行为。

②父母的角色期望。有些父母特别喜欢某类性别，如有的父母特别

喜欢女孩，却生了一个男孩，于是，把男孩当成女孩子来养，把男孩打扮成女孩的样子，久而久之，这种行为也会导致性别倒错的发生。

③教养方式不当。如果男孩子温柔、胆小的一面被父母过分鼓励，就会表现得女性化；反之，如果父母对女孩过分强调阳刚的一面，也会造成性别倒错的现象。

④缺乏同性认同对象：有的家庭由于父亲早逝或者父母离异，家中缺乏男性角色，致使男孩完全以母亲为认同对象，从而导致了性别偏差。

此外，父女或者母子关系异常亲密，使孩子失去了与同性相处、接触的机会，也有可能导致孩子的性别认同出现偏差。

其实，无论是男孩或是女孩，在幼儿期不会对自己的性别表示出多大的关注。因而，孩子出现性别认同偏差的原因多半是受了周围环境的影响，父母和家庭的影响最为直接，其次就是影视、报刊等传播媒介对孩子的影响。

人类学家认为：人的生理性别是天生的，而心理性别则在于后天的教育，尤其是成人对儿童的影响和教育。所以，妈妈应该从孩子出生以后就开始进行性别角色的教育，让不同性别的孩子展现出与性别相应的特点，即符合"原型要求"——男孩子就要体现出阳刚之气，女孩子就应该表现出阴柔之美。

在日常生活当中，妈妈可以很自然地给予孩子性格方面的指导，比如：妈妈可以给女孩穿粉色的衣服，给男孩穿蓝色的衣服；妈妈应把男孩称为"大胖小子"，把女孩称为"小毛丫头"；当男孩摔倒了的时候，妈妈鼓励他自己爬起来，当女孩摔倒了之后，妈妈则应把她抱起来。通过这些提示让孩子明白自己是男孩还是女孩。

性别教育，能够让孩子明确自己的性别角色，也能让他明白在这样的一个角色下要成为什么样的人，应该承担什么样的社会责任，怎样尊重异性以及和别人交往合作。相反，如果孩子在幼年的时候没有受过好的性别教育，而是遭遇性别的认同障碍，对性别的认同出现模糊，长大之后他的性取向就很可能出现问题。

所以，孩子需要一张明"性"片，需要有正确的性别认同。为了让孩子有正确的性别认同，妈妈要付出较多的时间来陪伴子女，同时，爸爸要给男孩、妈妈要给女孩提供模仿的机会。

当然，一些性别认同出现偏差的孩子和同性的大人在一起时，可能会有排斥的现象，但是无论如何，都得坚持下去，同时要表达自己的关心和爱心。

一旦孩子表现出符合其性别的行为时，妈妈应该马上给予口头上的赞美，以鼓励他再度表现出类似的行为。此外，对于孩子的一些不符合性别的行为，妈妈应该及时地进行提醒，告诉他那样的行为是不对的，亦即经常给孩子一些督促，让他能更好地了解男女之间的行为差异。

尽早对孩子进行性别教育，及时纠正孩子的"性别倒错"倾向，对孩子形成正确的性别认识和性取向都有着至关重要的影响。所以，妈妈们责无旁贷，别以为孩子小就不用分男女，到时候孩子真分不清男女的时候就后悔莫及了。

再富也要"穷"儿子，富裕的生活容易毁了儿子

有一个商人有两个儿子。父亲宠爱大儿子，想把自己的全部财产都留给大儿子。但是母亲很可怜小儿子，她请求丈夫先不要宣布分财产的事。商人听从了妻子的劝告，暂时没有宣布分财产的决定。

有一天，母亲坐在窗前哭泣，一位过路人看见了，就走上前来，问她为什么哭得这么伤心。她说："我怎么能不伤心呢？我很疼爱两个儿子，可是我的丈夫却想把全部财产留给大儿子，而小儿子什么也得不到。我请求丈夫先不要向儿子们宣布他的决定，但是我到现在也没有想出更好的办法。"过路人说："这个问题很容易解决。你只管让丈夫向两个儿子宣布，大儿子将得到全部财产，小儿子什么也得不到。以后他们将各得其所。"

小儿子一听说自己什么也得不到，就离开家到别的城市谋生去了。

他在那里学会了许多手艺，增长了知识。大儿子一直依赖父亲生活，父亲去世后，大儿子什么都不会干，最后把自己所有的财产都花光了。小儿子在外面学会了挣钱的本事，变成了富翁。

这个故事告诉我们，孩子摆脱了对父母的依赖，反而更可能成为拥有智慧又能维持生计的人，他以后的人生才会走对路。

很多妈妈热衷于为儿子创造最好的物质条件，而不是教给他们自力更生的能力。有智慧的妈妈不会给儿子留下财富，担心他们会坐吃山空，丧失谋生的能力，这样的做法是为儿子的一世着想。聪明的妈妈们会把谋生的本领传授给儿子，"一技在身，胜过家财万贯"。

其实，妈妈给孩子最好的礼物，不应该是限量版的耐克或芭比娃娃，比有形的财富更重要的是妈妈在保护的前提下给予让他前进、尝试的环境。这对于现在生活富裕的孩子来说尤为重要。

现在的社会，工业化、数字化、信息化的进程过快，导致现在的青少年心智成熟较缓慢。也可以说是经济基础决定了孩子的心智成熟缓慢。美国的专家做过这方面的研究：20年前美国的青少年心智成熟是在15岁，而现在美国的青年要到25岁至30岁心智才成熟。为什么会出现这样的倒退呢？很重要的一个原因就是工业化的进程太快，孩子的物质条件太优越，动手实践的机会大大减少了，实践能力也越来越弱。所以越是富裕的地区，孩子的心智成熟越慢。而穷人家的孩子则不是，他们的生活压力大，要做很多家务劳动和其他事务。所以，"穷人的孩子早当家"，这些从贫困中奋斗出来的孩子，最终会成大器。

在顺境中的人容易受诱惑，他们往往贪图享受，不思进取，不知道苦难为何物，所以没有志向。没有进取心的人，又怎么会有成就呢？而身处逆境中的人则不同，他们饱受磨难，一次次与命运和苦难做斗争。人如果没有动力就不知道奋进，这正是处于顺境中的人所不具备的。当然，穷的含义并不只是家庭经济这一个方面。贫困的意义很广，只要陷入了困境，就都算得上是一种贫困。

也许是中国的妈妈曾经受过很多苦，当她们日子好起来时，便把所有的宠爱都给了儿子，借以补偿自己童年的缺失。像这样在"溺爱"的环境中长大、没有任何自理和自立能力的儿子，在成年之后，会遇到很多本该在青少年时遇到的问题，但适应能力又不如青少年时期好。

许多男孩一直过着饭来张口、衣来伸手的生活，只要有需要，就可以毫不费力地从妈妈那要到钱。但对于这些钱是怎么来的，他们从来没想过。而且儿子往往认为，妈妈的金钱就像蘑菇一样被取走以后自然就会长出新的，这样的误解让儿子不懂得感恩，也不知道节俭。失去感恩和节俭意识的人，也就失去了很多快乐。

妈妈不妨带儿子到自己的工作场所去参观一下，这样妈妈可以让他知道钱是从哪里来的，了解钱的来之不易，了解钱在生活中扮演的重要角色，他才会反思自己的消费行为和消费习惯，也才会主动想着去挣钱，而不是随时伸手向妈妈要钱。

而现实中有些妈妈尽管自身有许多困难，如身体上的等病痛，但她们总是竭力在儿子面前掩饰，错以为这是爱儿子，却不知这是在害儿子。生活中有苦才有乐，妈妈不要刻意去掩饰生活的另一面，而应让男孩从小学会分担你的痛苦艰辛，理解生活的不易，长大后他才会珍惜眼前的生活，才会以真诚之心关爱别人。

生活并不是一帆风顺的，是有艰辛的。作为妈妈，当遇到不如意的事情时，应该把实际情况实实在在地讲给儿子听，让儿子明白生活的艰辛，让儿子直接面对，并和家长共同承担起家庭责任。妈妈也可以趁此机会通过活生生的事实告诉儿子，生活就是这样，它既会造就幸福，也会带来痛苦，而我们生活在这个世界上，唯有直面人生，尽自己最大的努力，才能掌握命运，创造美好的未来。妈妈要教育儿子从小懂得这些，这才是对儿子最大的关心和爱护。

"富"的真实内涵：培养女孩灵魂上的富足感

"富养"，并不等于简单的物质上的满足，即让女儿"吃香的、喝辣的、穿金的、戴银的"。"富"的真实内涵，是培养女孩灵魂上的富足感。只有精神上的充实和独立，才是真正的富有。充实女孩的内涵，造就自尊、自爱、自信、自立、自强的完美女孩，是"富养"的意义所在。因此，"富养女"，其实是一种教育投资，是一种教育的富足。

这种教育，为的是培养出身心健康的女孩。这种教育培养出来的女孩见多识广、独立、有主见、明智，很清楚自己要的是什么，也清楚什么是自己真正追求的东西，从而能够坚守自己的信仰而不被外界势力所左右，失去真我。

富也是"丰富"的意思，"富养"即开阔女孩的视野，丰富其见识。懂得美，懂得欣赏，懂得辨别，女孩也就懂得了自我保护，而不会被外界的种种所诱惑。

"富养女"是一种智慧的育女哲学，但需要教育者掌握好教育的尺度和方向。真正的"富养"，能培养出内涵丰富、精神独立的女孩，而片面强调物质的"富养"，则可能毁掉女孩的一生。

养育女孩，并不是满足女孩生活上的一切需求就够了，哪怕拥有无数财富的家庭，也不能保障一个女孩能够终身幸福，受人尊重；养育女孩，也不是仅仅满足女孩的一切需求就可以了，为女孩在错误的道路上披荆斩棘，只可能通向悲剧。

所以，富养女孩不是要给女孩提供多么丰厚的物质条件，而是要在精神上使其富足，在人格上使其独立。

富养女孩20载，女孩必定温柔美丽而又贤惠善良，善解人意而又纯真诚实，富养女孩20载，女孩必定自尊自爱而又平易谦和，彬彬有礼而又乐于助人，尊敬师长而又爱护老人，有同情心而又会体谅人；富养女孩

20载，女孩必定活泼而不放荡，稳重而不呆板，有内涵而又不吝啬，有自知之明而又不忘乎所以。富养的女孩除了具有以上特点之外还有以下的优秀品质：头脑灵活，虚心好学，谈吐不俗，热情开朗，不缩手缩脚、忸忸怩怩、羞羞答答，事业心较强，不矫揉造作，不叽叽喳喳于大庭广众之下，不搬弄是非于朋友同事之间。女孩需要富养，但是富养更需要学问。

"穷"出胆识，"富"出优雅

"男孩穷养，女孩富养"，但是不能片面地理解"穷"与"富"。"富"与"穷"的内涵，是一种对于不同性别的孩子进行不同教育的方法，即在教育目的上有所侧重，绝不停留在"富"与"穷"的金钱意义上。

然而这种内涵并没有被广泛地接受和认可，对"男孩穷养，女孩富养"的理论，很多妈妈都存在误解。有的妈妈认为，"富着养"就是让女孩子从小过奢华的生活，让她弹钢琴，看画展，吃穿精致，日用奢华，把她当成小公主来伺候，她们认为这样长大的女孩自然就拥有了高品位、高审美和高贵的气质。

于是许多妈妈挖空心思地满足女儿的各种要求，生怕女儿有一丁点不如别人娇贵。其实，这是对"富养女""穷养男"的一种误读。"富养女"，并不单单代表金钱的充裕、物质生活的绝对满足，相反，"富"没有绝对的标准，只有相对每一个具体家庭而言的富足。让女孩感到安稳、宁静，通过正确的教育让女儿变得乖巧快乐，变得优雅温柔，陶冶女孩的性情和培养她高尚的品格，才是真正地让女孩富有。

一位家庭经济条件一般的妈妈，非常看重对女儿的品格与气质的培养。她为女儿编织各种适合她体型的衣服，严格要求女儿保持爱卫生、有节制的习惯，每个月都陪女儿去图书馆。妈妈从来不在女儿面前表现出窘迫、邋遢的样子，对待爷爷奶奶非常耐心，家里也收拾得井井有条。在妈妈的调教下，女儿可爱的天性得到保护，成为她天然的气质，让人怜爱。

在理解"穷养男"上，妈妈又以为就是要让男孩尽量地多吃苦，不管条件如何都要衣着朴素、粗茶淡饭。其实，"穷养"也是一种教育上的投资，是对男孩的性格、职业、人生的投资。它不仅需要狠下心来让男孩自己去体验，还要有把握尺度的智慧。而很多妈妈只看到了前者，忽视了后者。

为了不忘过去最困难的日子，日本一所学校给孩子们做了"忆苦饭"，结果，孩子们面对当年大人吃过的糠菜号啕大哭，拒食3天。校方毫不动摇，第4天，孩子终于咽下了这顿忆苦饭。在日本的许多孤岛或森林里，人们常常可以看见日本小学生的身影。他们在无老师带领的情况下，在自然界，安营扎寨，寻觅野果，捡拾柴草，寻找水源，独立生存。一位孩子从荒岛归来后，感慨地对老师说："我以前以为我们享受的一切现代化设施都是本来就有的，荒岛的历险才使我明白，人生来是两手空空，一切都是劳动创造的。过去老师讲劳动光荣，我们感到很空洞，如今才真正理解了这个词的含义。"

日本人重视孩子的性格教育，让他们自己去面对困难，这一点值得我们学习。男孩们长大了早晚要离开父母独自去闯一片天地，与其让他们那时面对挫折惶恐无助，不如让他们从小磕磕绊绊，"穷"出应对人生的能力和本事。妈妈要做的就是培养男孩这样一种适应压力的能力，让他变得积极进取、有主见、有雄心、理智、自我依靠，只有掌握了这一点，男孩才能掌握自己的人生。

所以，"穷养"和"富养"并不是经济范畴内的意义，它们的真实含义是思想上的高尚。一个是勇敢进取、独立自主；一个是优雅温柔、性情高雅。虽然二者大不相同，但是没有高低贵贱之分，妈妈如果将这两种高尚情操相应地赋予到男孩和女孩身上，那必定是孩子们一生受益的财富。

教育孩子，先走入男孩女孩们的情感世界

好动、喜欢冒险是男孩的天性，男孩好像天生就喜欢冒险，没有任何理由。他们需要广阔的空间和自由的行动来满足自己好动的欲望。

一个刚刚学会走路的男孩，喜欢从较高的地方往下跳；他喜欢把自己藏起来，让全家人找不到他；他会尝试所有没吃过的东西，不管是不是食物，甚至是药片，他都会往嘴里塞；他喜欢玩火，喜欢玩小刀；他会故意惹恼老师，看到老师很生气的样子，他会表现得很开心。

当男孩长大有了自己的玩伴之后，他仍喜欢一切富于冒险性的事物。他们喜欢玩滑板，喜欢去郊外的山谷蹦极，喜欢在海上扬帆滑翔，甚至热衷于飙车！有一位儿童心理学家说得好：任何一个男孩，在他小的时候一定或多或少受过外伤，如果一个男孩在小的时候没有受过伤，那简直是个奇迹。

也许正因为如此，古希腊的哲学家柏拉图写道："在所有的动物之中，男孩是最难控制对付的。"

男孩喜欢冒险，是与生俱来的，需要妈妈用几分欣赏的眼光来看待。大多数男孩为了冒险，摔跤、挨打都不怕，这样的一种勇敢精神是值得肯定的；他们喜欢搞破坏，会把电动汽车拆得乱七八糟，这种创造能力也是值得肯定的；也许是为了自己的朋友，他们想通过打架的方式来替朋友讨回公道，最后总是把自己弄得伤痕累累，这样的正义感也是值得肯定的。既然对男孩的行为感到无可奈何，那就来欣赏他吧。因为男孩除了冒险之外，还有一个英雄情结，这一点让喜好冒险的男孩显得尤为可爱。

男孩天生是个小冒险王，他们崇拜英雄，喜欢竞争，这是他们的天性。和男孩相比而言，女孩的天性是什么呢？

艾利姆夫妇在《养育女儿》这本书中很明确地解答了这个问题：女

孩更注重人与人之间的关系。无论走到哪里女孩总是最先关注这些问题：

我们之间的关系如何呢？

在这个圈子里，我的地位怎样呢？

我要怎样做才能保持与人的关系最融洽呢？

雌性激素使得女孩温柔、有很强的同情心，她们天生懂得体谅和关心他人，她们的情绪天生就是变化无常的。女孩被称为"最具感情的动物"，获得这个称号，她们当之无愧。

情感对女孩来说具有非同寻常的意义。她们在与人交往过程中所获得的美好体验，会让她们幸福感十足。

女孩不像男孩那样富有攻击性，她们希望人与人之间的关系更加和谐稳定。这也使得女孩把友谊和家庭看得比成就和机会更重要。当男孩思考怎样才能打败对手的时候，女孩就已经开始衡量她与周围的关系了。女孩小的时候，接触最多的就是爸爸妈妈，她渴望得到爸爸妈妈更多的爱和关注。

当女孩还在摇篮里的时候，就强烈地希望妈妈与她交流。因此，当一个女婴感受不到妈妈对她的爱的时候，她就会哭闹不止。当妈妈凑过来逗逗她的时候，女婴就会停止哭泣，继而高兴地挥动着手脚。她因为得到了妈妈的关注而兴奋不已。

稍大一点的女孩最喜欢玩过家家的游戏，她会为自己的布娃娃们组织一个家庭：有爸爸，有妈妈，还有宝宝，然后一家人一起吃饭，一起看电视，一起做游戏。看上去这"一家人"其乐融融，很温暖。实际上，这也是女孩在表达她的梦想：她希望爸爸妈妈永远爱她。

女孩在成长的过程中离不开爱，妈妈应该让女孩能够时时感受到妈妈对她的爱。只有沐浴在爱和关注之中，女孩才能更快乐地成长。

男孩女孩不仅生理结构不同，情感世界也大不一样。所以，妈妈养育男孩和女孩时，不应该"一视同仁"，而是应该根据孩子的不同情感诉求给予不同的爱，让每一个男孩女孩都顺应天性地健康地成长下去！

男孩发育比女孩晚，应该晚入学一年

孩子几岁入学好呢？这是妈妈们经常思考的问题。有些妈妈希望孩子能提早上学，尽管自己的孩子还没有到规定的年龄，还是千方百计地将其塞进学校。还有一些妈妈与此相反，担心孩子太小而无法承受学习压力，到了规定的年龄也不把孩子送去上学。实际上，过早教育和过晚教育对孩子而言都是不利的。

而同龄的男孩女孩同时入学，对男孩来说，也是不利的。

学习是一种脑力活动，因此评判受教育的最佳时期，应该以大脑的发育状况而定。根据科学家的研究，儿童在 6 周岁的时候，大脑已经生长到 1200 克，达到成人脑重量的 90%，智力的发展水平也已经达到 17 岁智力发展水平的 70%。因此，这个年龄就是孩子入学的最佳年龄。

在这个年龄时期，孩子在能力以及心理发育方面也日趋完善。这时的孩子已经可以对形状、颜色、大小做出准确的判断，而且对数字和文字的判断能力也较强，记忆力迅速发展，可以做简单的运算。此外，这时的孩子已经养成一定的自制力，习惯了集体性的游戏，有一定的求知欲和学习兴趣。6 岁左右的孩子，已经完全具备了进入学校正规学习的条件。

所以当孩子长到六七岁的时候就到了入学的年龄。一般而言，男孩的发育比女孩要晚 6 ～ 12 个月，而且不擅长做一些精细的动作，比如拿钢笔和使用剪刀。同时，这一时期的男孩活泼好动，很难长时间安分地坐在课堂上。由于男孩支配完成精细动作的运动神经以及认知技能的发育都迟于女孩，因此让男孩比女孩晚入学一年对他们大有裨益。

有位学者走访了世界的很多教育机构，他发现，澳大利亚的很多学校和欧洲的一些大型国际学校，男孩的入学年龄基本上是往后推迟一年。但是在当地，所有儿童在入学之前都应该上幼儿园，无论是男孩还是女孩，他们都需要在幼儿园这样的环境中体验与同伴合作的经历。

男孩在幼儿园的时间应该更长一些，这样的话，当男孩入学之后，他会比同龄的女孩大一岁，这时的男孩在智力上已经和女孩处于同等水平了。

当然，也没有必要刻板地来遵守这一点。毕竟很多妈妈在教育孩子方面所持的观点是让孩子尽早入学，赢在起跑线上。一直以来，男孩到底该什么时候上学就是一个存在争议的话题，并不是一个依靠理论就能决定的问题。作为妈妈，还是要视男孩的实际能力而定。同时，如果是女孩发育迟缓，同样也可以推迟入学年龄。

妈妈帮助孩子找对最佳的入学时间，能有力地促进孩子智力的发展，也有利于他的身心健康。

一位医院儿科的主任医师说，规定6岁入小学有其科学依据，因为这是综合儿童的心理、生理等诸多因素而定的。如果小孩的年龄与规定入学年龄相差3个月左右应该没有什么问题，但是如果上学过早，则会对视力、脊柱等的发展产生不好的影响。

以前教育部规定儿童的入学年龄应该是在6周岁半，而现在改成了6周岁，已经提前了，如果孩子的年龄距离国家规定年龄太多，是不适宜的。无论什么样的教育，都要遵循人的认知发展水平来开展。因为如果儿童上学过早，就是相当于将不符合他智力水平的内容强加给他，多数情况下，他们是学不好的，而且这样的孩子容易产生挫败感，这极不利于孩子今后的成长。

其实，妈妈判断孩子最佳入学时间也是有窍门的。妈妈可以从以下4个方面入手，观察孩子是否适合上学：

第一，观察孩子的接受程度是否和同龄孩子的水平相当，比如算数、识字等能力。

第二，观察孩子的注意力能否保持较长时间。在儿童时期，注意力的集中时间是随着年龄的增长而增长的，年龄过小的孩子注意力就不容易集中。一般来讲，小学老师讲授一个知识点需要 10 分钟左右，那就要求孩子的注意力也能坚持 10 分钟左右。

第三，观察孩子是否有足够的自制力。小学课堂不同于幼儿园，要正规很多，孩子在课上不可以随便说话、随便玩耍，也不能经常走神。如果孩子还没有足够的自制能力，就会严重影响听课的效率。

第四，观察孩子的身体素质如何。有的孩子经常会生病，上了小学之后，如果经常请假，会耽误学习。

孩子入学是个可大可小的问题，在把孩子送进学校之前，妈妈最好还是多做些功课，为你的孩子选择最佳入学时间，让他有一个好的开始！

第三章

跟上孩子成长的脚步

孩子一刻也没有停止过长大，而妈妈却往往对此后知后觉。与其说是妈妈忽视了孩子的成长，不如说她不舍得孩子因羽翼日渐丰满而疏远自己，或者是不知道如何处理孩子青春期的叛逆和疑问。然而，孩子终究是要长大的，妈妈只有跟着长大，才能引导孩子更好地成长。

"青春期叛逆"不可硬碰，要巧妙应对

最近一段时间，丽群的父母正在为养了一个叛逆的女儿而烦恼呢。自从上了初中后，丽群就越来越不听话了，经常顶撞父母，有时候父母说多了，她甚至理都不理他们，一副大义凛然的样子，随他们怎么说，自己依然我行我素。

丽群活泼好动，讲哥们儿义气，她特别喜欢打乒乓球，一有空闲，就会和几个小伙伴一起去体育馆打球。

丽群的父母对她寄予了很大的期望，希望她现在一心学习，以后能考上好的大学，有出息。因此，他们平时对丽群要求很严格。

丽群上小学的时候比较听话，爸爸妈妈不让她玩耍，她只好忍着。但她在课下喜欢上了乒乓球运动，偶尔征得父母的同意才去打打球。

上初中后，父母为了让她能够考进重点中学，对她的管教更严格了。但是，丽群觉得自己打球并没有影响学习，慢慢地，她与父母的矛盾越来越大，而且还常常闹情绪，打乒乓球的次数反而越来越多了，学习成绩也是直线下滑。

这天，丽群放学后打了一会儿乒乓球才回来，一进家门，父亲就质问她："你又去打球了？"

丽群只是看了父亲一眼，没吭声，径直朝自己的房间走去。

"我跟你说话呢！你这是什么态度？真是越大越不懂事了！"

"我怎么了？不就是打了会儿球吗？小时候我什么都听你的，可现在我长大了，我有自己的主见，你别再干涉我，行不行？"

"你还有理了？看看你的学习成绩，直线下降，还不都是因为天天打球？"爸爸越说越气。

"我打球从来就没耽误过做作业，也没有影响到学习！"丽群理直气壮。

"还不承认，那你的成绩怎么越来越差了？"

"还不是你们整天这不行，那不许的，我心情不好，学不下去！"说完，丽群走进了自己的房间，重重地关上了门，门外是目瞪口呆的父亲。

孩子在成长过程中，大都会经历一个青春叛逆期，这一时期的孩子一方面缺乏适应社会环境的独立思考能力、感受力和行动能力等，另一方面，初步觉醒的自我意识又会支配他们强烈的表现欲，即他们处处想体现自己，想通过展示自己和别人不同来证明自己的价值。所以，这一时期的孩子喜欢打扮得与别人不一样，喜欢做一些引人注目、与众不同的事情，也爱说一些令人吃惊的话，希望别人能够对他们另眼相看，这都是他们想要的效果。如果了解到这些，妈妈们就不难理解孩子这一时期的叛逆表现了。

此外，妈妈的教育方法不当，也是孩子产生叛逆的主要原因。比如有的妈妈不尊重孩子的人格，随意对孩子进行讽刺、挖苦、辱骂，甚至殴打，这些都伤害了孩子的自尊心，从而使孩子对妈妈产生对抗情绪。

有的妈妈对孩子的期望值过高、要求过严，当孩子不能达到妈妈的要求时，妈妈就大发雷霆，甚至打骂孩子。

还有一些妈妈由于缺乏心理学知识，不按照孩子的心理发展规律施教，说话过头，爱摆长辈的架子等，这些妈妈的行为，都会导致孩子产生逆产情结。

同时，有压制就会有反抗、就会出现叛逆，反抗是孩子成长的轨迹，是孩子正在顺利成长的标志。当孩子出现反抗言行时，做妈妈的应放心：孩子在顺利成长呢。

可是令人遗憾的是，很多妈妈一遇到孩子反抗，马上就发起火来："怎么能对妈妈这样，真是不听话的坏孩子。"

反抗，是与自我成长同步出现的自然表现，对于孩子的发展来说是不可欠缺的重要一环，所以，美国等西方国家非常重视孩子说"NO（不）"，在叛逆里不会反抗的孩子才是令人担心的。

对于孩子的反抗和叛逆，妈妈不要与之对抗，而要巧妙地应付。

这时妈妈最好能记住4个关键词：一是"无知"，二是兴趣，三是放权，四是温柔地坚持。这是许多心理学专家共同的认识。

所谓"无知"，就是装傻，不要老觉得自己懂得孩子的一切，总是告诉孩子怎么做，而应启发他，放手让他自己做，让他体会到成功的喜悦。有的妈妈事业非常成功，这会给孩子压力，你不如装傻，让孩子受到他自己的成功，对超越妈妈更加有信心。

所谓"兴趣"，就是不要只对孩子的学习感兴趣，要学会对他生活中的所有细节感兴趣。比如他爱唱歌，你要学会欣赏他。赏识是孩子健康成长非常有效的法宝。

所谓"放权"，就是适当地让"权"。在孩子慢慢长大时，他需要在家庭里寻找自己的空间，这时候妈妈要学会闭嘴。比如孩子有自己的生活方式了，和原来你给他的生活方式发生冲突了，你不要那么快就做出反应，可以用"等待的艺术"。

所谓"温柔地坚持"，就是有时候对原则性的问题要坚持，但要讲究方法。比如孩子早恋或者整夜泡网吧，这时候你就要温柔地坚持，说这样做对你是不好的。记住，是对他不好。不要强制他不出去，但只要他出去，你就用这种方式来提醒他，这些行为对他的身体、品行和人生发展，都可能会造成很大的负面影响。

妈妈们应记住，4个关键词的核心是平等。

叛逆期的孩子是最难"对付"的，不过妈妈不必担心，孩子就是在反抗中逐渐长大，完善自我意识，形成独立人格，为将来适应社会打下基础的。你只要巧妙地应对孩子的叛逆，帮助他们化解青春期可能会遭遇的危险，让他们少走点弯路，就是对青春期孩子最好的照顾了。

给孩子上性教育课，让孩子正视身体发生的变化

张老师正在讲台上滔滔不绝地向同学们讲述八国联军侵华的史实，却发现林扬有点心不在焉，完全没有在听讲。课后，张老师将林扬在课堂上的表现告诉了班主任秦老师。秦老师也发现了，最近两个星期，林扬上课经常走神，脸色也不是很好，还经常因不舒服请假。秦老师几次关心地询问林扬是不是生病了，要不要去看医生，每次林扬都涨红了脸，连连摇头。秦老师觉得很奇怪，以前他可不是这样的，最近是怎么了？秦老师决定找林扬的父母谈谈。

林扬的父母跟老师说了一些林扬在家的反常表现：经常锁着房门不让父母进去，甚至还自己洗床单、被套，这在以前可是从来没有的。细心的秦老师似乎明白了什么，追问道："你们是否发现林扬有过遗精的现象呢？"林扬的父母愣了一下，不好意思地说："上个月我给他叠被子时，

发现床单上有块污渍，就告诉了他爸，他爸还笑他早熟呢。"

"那当时林扬怎么样？"秦老师又问。

"很不好意思，什么话也没说。唉，现在的孩子，才12岁，就……"妈妈觉得不可理解。"那他锁门，洗被子是不是那次遗精以后的事情？……"

在秦老师的追问下，林扬的母亲才意识到儿子最近一段时间表现异常的原因了。

"那你们给他讲过这方面的知识吗？"秦老师问。

"这还要讲啊？以后慢慢地不就知道了。再说，这些事怎么对孩子讲啊？"秦老师愣住了。

其实，父母不知道的是，最近一段时间，林扬已经陷入了深深的自责之中，他为自己的行为感到很愧疚，有一种罪恶感，甚至，他觉得自己很下流……

生活中，很多青春期的男孩可能都有过林扬的这种困惑和烦恼，包括一些青春期的女孩，她们也有自己的苦恼和困惑。

青春期是儿童发育到成人的过渡阶段，是人体成长发育的最后阶段，伴随着青春期的到来，孩子们的身体快速发育成长，他们会产生一连串的疑惑、烦恼、惶恐，甚至伴随着严重的焦虑，而这些会影响他们的日常学习和生活。青春期的烦恼与焦虑的产生正是由于缺乏适时、适当的性教育。

据调查，很多家庭中妈妈从来不对孩子进行性教育，当被好奇的孩子追问时，妈妈不是躲躲闪闪，引开话题，就是自作聪明地欺骗孩子。对孩子的生长发育、身体变化进行因势利导的性教育，这原本是十分自然的事情，但在很多家庭却被忽视了。林扬第一次遗精后，爸爸竟然笑话他早熟，这使得他产生了强烈的耻辱感，似乎性的发育是他的罪过。试想，如果林扬的父亲不是嘲笑（当然，这种嘲笑并无恶意），而是拍着儿子的肩膀说："儿子，爸爸恭喜你，你已经是个男子汉了。"同时，再给他讲一些相关的知识，那么林扬的心态就一定不是罪恶感、挫折感，而可能会是骄傲感和成就感，更不会产生一系列烦恼、困惑和焦虑了。其实，不仅仅是青春期孩子需要性教育，性教育应该开始于儿童和少年时期，妈妈应积极参与性教育，使孩子从小就得到正确的性教育。

心理学家认为，要根据孩子的年龄对孩子进行不同内容的性教育。5岁前的孩子，性教育主要是解决性别认同问题。妈妈应在洗澡、睡前很自然地让孩子认识自己的身体，不要有意地把女孩扮成男孩或将男孩扮成女孩，以免孩子从小对自己和他人形成性朦胧意识，从而影响孩子的性取向。

6～10岁，这期间妈妈要对孩子进行较系统的性知识教育。此时，可借助自然现象、童话、寓言故事，采用比喻的手法把性教育内容穿插其中。家长可以从植物开花结果讲起，接着联系到人的性与生殖。可以这样说：一位漂亮的姑娘在春天把西瓜种子种到地里，之后她每天都给种子浇水、施肥，种子慢慢长出绿色的叶子。到了夏天，叶子上结出了小花，花谢了就变成了小西瓜，小西瓜越长越大就变成熟透的香甜可口的大西瓜，这个时候就可以摘下来吃了。妈妈在肚子里也种了一粒种子，在妈妈的精心哺育下，这粒种子慢慢长大，十个月后就变成了一个小人，然后妈妈就把他摘下来，于是这个世界上就出现了活蹦乱跳的宝宝。

11～15岁，这期间妈妈应主动关心询问孩子的性困惑。有一位男孩睡觉时遗精，他认为自己是生病了，非常担心，又不好意思告诉妈妈，自己在书摊买来不健康的书籍想从中找到答案。一日，在妈妈整理他的房间时，发现孩子在看一些不健康的书籍，妈妈这才意识到该告诉孩子一些正确的性知识了，但是妈妈都不好意思向他讲性知识。最后，这位妈妈买来有关青春期性知识的书籍放在孩子的桌上，并通过书信的方式与孩子交流。

需要强调的是，对孩子的性教育要及早开始，要有系统、循序渐进地进行。另外，性教育的重点，并不只是传授与性有关的知识，更要培养对性的正确认识和健康的性心理，包括可以正视自己身体的变化，大方、坦然地讨论与学习，要及早让孩子明白，性并不神秘，更不污秽。

正确看待孩子青春期对异性的好感

无论在老师还是在父母心中，楠楠都是一个聪明、文静、听话的女孩。从小学三年级开始，楠楠就开始担任班长。班主任老师夸她有写作天赋，她的每一篇作文都被老师当作范文在班上朗读。不仅如此，楠楠其他各门功课的成绩也很优秀，楠楠还很乐于助人。班主任老师经常夸她是老师不可多得的好帮手。但是，自从班上转来一个帅气阳光的男孩后，楠楠似乎发生了一些微妙的变化。

楠楠变得爱打扮了。以前一直梳着马尾辫的她开始经常变换自己的发型，一向穿着朴素的她每天都要换一套衣服。而且，任课老师也反映，最近一段时间，楠楠上课总是走神，经常一个人发呆，最严重的是楠楠的学习成绩出现了明显的滑坡。

让人感到奇怪的是，楠楠以前很讨厌上体育课，也不喜欢运动，还经常找各种各样的借口逃避体育课。但是最近一段时间，每次体育课，楠楠都很认真，并且经常去操场做运动。

班主任老师对此感到很纳闷，一面找楠楠谈话，一面把情况反映给了楠楠的父母。楠楠的父母最近也发现她有些反常，经老师这么一说，更觉得吃惊。经过一番观察，父母得出了一个结论：楠楠早恋了。

于是父母对楠楠进行了一次严厉的"审问"，并且毫不留情地翻看了楠楠的书包、书柜、书桌等，终于在一个抽屉里发现了"罪证"——一本厚厚的日记。在日记里，楠楠用细腻的笔触描述了她对新转来的男孩子的爱慕之情以及她现在面临的烦恼。

楠楠的父母在看完这篇类似"情书"的日记之后，大惊失色，又气又恨："你小小的年纪，怎么写出这种东西！我们都替你感到害臊！"一向温顺听话的楠楠这次一反常态，涨红了脸申辩道："我做错了什么？我就是喜欢他！他是我心中的偶像！"说完，跑进了自己的房间。

早恋是青春期性成熟过程中，两性之间出现的一种过度亲密的互相接近。现在大多称早恋为"交往过密"。少男少女因为性发育开始成熟，本能地产生互相爱慕的情感。有的人表现为独自的单相思，有的人突破了羞涩的束缚，递纸条、约会、互相倾吐爱恋之心，借口互相帮助，形影不离，个别人则还会发生进一步的两性接触。

异性相吸是自然界中的普遍现象，处于青春期的孩子，随着性意识的渐渐觉醒，朦胧中对异性产生了渴望和爱慕，这也是一件很自然的事情。每个妈妈都是从青春期走过来的，回忆一下我们的青春时代，就该知道中学生这种情愫的萌发是多么正常。所以，妈妈在孩子情感发育时，为什么不可以给予更多的理解呢。

确实，早恋是令妈妈头疼的一个问题，并且有低龄化的趋势。妈妈不闻不问吧，总觉得会耽误孩子的学业；妈妈过问吧，又怕逼急了，孩子离家出走，甚至走向极端造成不好的后果。很多妈妈就是想阻止孩子早恋，却用错误的方法推了孩子一把，使孩子不由自主地掉入旋涡中。

有的妈妈小题大做，把孩子的正常交往，如相聚聊天、结伴游玩、一块儿看书、做作业等误认为是早恋，从而加以指责；有的妈妈错误地认为，男女同学在一起就必定是"早恋"，因而忧心忡忡，疑神疑鬼，不让孩子随便出去，平时也不让孩子与异性同学结伴回家；有的妈妈发现孩子跟异性有一些接触后，竟然对孩子冷嘲热讽或者破口大骂，甚至带有侮辱性字眼。这些妈妈用成人庸俗的观念，把孩子们一些原本正常的行为恶俗化了，人为地制造了孩子的罪恶感。她们本想阻止孩子早恋，殊不知这样做很可能把孩子推向了早恋的深渊。

因为人是容易受到暗示的，如果一个人总是被别人暗示他的品性有问题、行为不端正，他就会不断地自我否定，认为自己就是这样的"坏"人，久而久之，他也许就真的变成人们所说的坏人了。

所以，妈妈千万不要认为孩子的早恋很可怕，不要破坏孩子内心的纯洁。妈妈应该相信自己的孩子。在一般情况下，男女同学的接触是很正常的，不敢接触才是不正常的。如果妈妈发现孩子与某一异性交往过密，就应该巧妙地加以引导，让孩子懂得异性交往不要太集中于某一个人或一个小范围，否则会失去与多数同学、朋友接触的机会。

孩子的早恋往往与生活单调、没有目标有关，因此，充实孩子的生活，帮助孩子寻找生活的意义，可以有效地转移孩子对早恋的注意力。

此外，妈妈应该多和孩子沟通、交流，也应该组织一些家庭集体活动，这样既能帮助妈妈增进与孩子之间的感情，以便能及时了解孩子的心理和情绪变化，及时教育，同时也能增强家庭对孩子的吸引力和妈妈在孩子心目中的威信，避免孩子过多地从外界寻求关怀与理解。

和早恋孩子讨论一下什么是爱情

处于青春期的孩子容易情感冲动，十分脆弱，情绪又不稳定，考虑问题简单，很少顾及后果，这种心理状况使早恋好像天边的浮云一样变幻莫测，早恋者的情绪也会随之波动起伏，彼此之间感情往往反复无常。

长期以来，妈妈都把早恋视为洪水猛兽，过于担心早恋会影响孩子的学习和成长，所以只要一有点风吹草动便会全家出动制止，尽管采取种种措施严加防范，但早恋还是不期然地走近了正处于花季的少男少女。

有些妈妈从不与孩子讨论有关爱情的话题，对其讳莫如深，似乎"爱情"两个字是病毒，是细菌，捅破了这层纸，孩子就会被感染，失去抵抗力。可是，妈妈越是遮着藏着，孩子越是容易出问题。其实，这就是妈妈忽视对孩子进行"恋前"教育的结果。

但是，要和孩子谈"爱情"这个话题时，妈妈多少会面临尴尬，主要原因大多是"不习惯"。一位妈妈面对早恋的宝贝女儿，突破了"不习惯"的局限，语重心长地告诉孩子妈妈眼中的爱情：

"女儿，听别人说你谈对象了，呵呵，其实这并没有什么不正常，但我需要提醒你的是，现在还不合时宜。因为你目前正处于人生的关键时刻，正需要投入全部的精力在学习上，所以就不妨等过了这一关再说。

"况且，人是要经历不同的人生阶段的，而阶段最多、变化最快的恰恰是这五六年光景。随着学习环境和工作环境的变化以及你自身素质的提高，你对异性的认识和审美也会发生变化，所以现在如果过早投入就有着很大的盲目性。当然，我不是否认初恋的纯真和圣洁，关键是当它影响了你现在的学习进程时就应该注意这个问题了。

"我们再说说择偶标准吧，先说我们的态度，我和你父亲一样会尊重你的选择，但是我们会给你提出一些建议以供你参考。但可能你会被男孩英俊的外表所吸引而忽略了他内在的修养，这是比较危险的。因为英俊是暂时的，外在的，时间一久你的审美也会疲劳的。当两个人真正走在一起的时候便会更在意对方的脾性是否会乎自己的意愿，而脾性的层次则是由修养的程度所决定的。

"随着人生境界的转换，每上升一个层次你都会发现并结识更好的异性，而这时你最早的初恋就可能会因为时间和空间的转换而成为你感情的牵绊。所以，作为母亲我建议你把目前可能存在的爱情淡化为友情先珍存起来，等到你学业有成、工作稳定，特别是等到你的情感世界丰盈成熟时再来审视这份感情，如果依然难舍就再续前缘，如果感到似过眼云烟那就让它随风散去吧……"

困惑、羞涩的女儿，听到这些脸上露出了真诚的微笑，似乎明白了很多……

这位妈妈用诚恳的话语点拨处于爱情幻想中的女儿，让女儿对人生与爱情有了新的认识。这位妈妈的做法很值得借鉴，妈妈们应该像她一样，多和孩子沟通、交流，了解孩子的心理和情绪，及时帮助孩子找到解决问题的方法。适当的时候，妈妈可以和孩子讨论一下什么是爱情，以帮助他形成正确的爱情观。

另外，当发现孩子早恋的时候，妈妈不应该大惊小怪，反应过激，要知道，青春期的孩子对异性产生好感是再自然不过的事情，对异性有好感，并不意味着一定会早恋，一定会有什么恶果。

有些妈妈错误地认为，男女同学走得近一点就是早恋，所以她们不让孩子与异性同学一起结伴上下学，更不让孩子出去跟异性同学玩，经常打电话追问孩子的行踪，有异性同学打电话来也不让孩子接……妈妈们的做法势必会对孩子的心灵造成伤害，孩子觉得自己没有受到尊重，自由也被剥夺了，于是对妈妈产生反感。

其实，早恋是防不胜防的，妈妈不可能24小时都控制住孩子，而且有的孩子因为厌恶妈妈的控制，故意反叛地早恋起来。所以，对待孩子与异性同学的接触，妈妈应该给予引导而不是盲目禁止。当妈妈发现孩子与某个异性同学交往过密时，应该处变不惊，巧妙地加以引导，让孩子把注意力转移到其他方面上来。

有一位妈妈的做法就十分高明：

一次，这位妈妈偶然发现女儿早恋，对此，她不仅没有斥责女儿，反而比过去更加关心女儿，知道女儿喜欢语文，便鼓励她去参加年级朗诵组，还启发女儿写日记，因此女儿的写作水平得到了迅速的提高。

于是，女儿的习作频频出现在班级的墙报上。女儿开始由一对一的交往转向了集体，常为班级做好事，而且在一次班干部选拔中被同学们推荐当了生活委员。

期末考试时，女儿的成绩比以往有了很大的进步，进入了年级前5名，还被评为了三好学生。

现在，学习、集体活动几乎成了女儿的主要活动，当初对异性的爱慕心理也渐渐平息、淡化。

早恋是令妈妈头疼的一个问题，也是妈妈需要用智慧来面对的事情。妈妈置之不理，或者反应过激，都是对孩子不负责的表现。妈妈们摆正自己的心态，适当地和孩子讨论一下爱情，是引导孩子形成正确爱情观的最佳途径。

"异性效应"对培养青春期孩子是有益的

心理学家曾做过一个有趣的试验：将男女中学生按性别分成两组劳动，发现两个小组的纪律都比较松散，劳动效率低，男生追打现象严重，女生懒散无力。后来将男生、女生混合分为两个小组，情况就大有改观：两组同学劳动热情高涨，互帮互助，还自发开展了劳动竞赛。劳动结束时，同学之间还打趣地说："今天的活儿干得可真快啊！"

这就是心理学中所讲的"异性效应"，也就是我们平常所说的"男女搭配，干活不累"。与异性朋友结交，在一定程度上可以激发一个人的潜能，使其更敏捷、更活跃。有男女一起参加的活动，一般人会感到心情更愉快，表现得也更起劲、出色。

所以，妈妈并不要过度排斥男女一起参加活动，反而要顺势利用"异性效应"来培养孩子。因为"异性效应"对培养青春期孩子是极其有益的，具体表现为以下3个方面：

1. 利用"异性效应"取长补短，丰富完善个性

进入青春期的男孩往往性格开朗、勇敢刚强、果断机智，不拘泥于

细枝末节，不计较点滴得失，好问、好动、好想。当然也有的男孩粗暴骄横，逞强好胜。女孩往往文静怯懦，感情细腻丰富，举止文雅、灵活，语气委婉。与异性同学交往，孩子往往易于发现对方的长处和自己的不足，更有利于他们相互学习、取长补短，丰富完善自己的个性。

2. 利用"异性效应"提高学习与活动效率

男孩在思维方法上偏重于抽象化，概括能力较强；女孩在思维方法上多倾向于形象化，观察细致，富有想象力。男女同学在一起学习，就可以相互启发，使思路更加开阔，思维更加活跃。思想观点互相启迪，往往能触发智慧的火花。

3. 利用"异性效应"提高自我评价的能力

青春期，由于性意识的发展，孩子们往往会非常留心异性同学（特别是自己喜欢的异性）的一颦一笑、一举一动，喜欢对异性同学评头论足，同时也很重视异性对自己的评价。某班的宿舍卫生总是搞不好，不少学生不叠被子，床铺弄得乱七八糟。老师想了个办法，每个学生都在自己的床上贴上名字，检查卫生时，男学生检查女生宿舍，女学生检查男生宿舍。由于谁也不想在异性同学面前丢丑，因此宿舍卫生大为改观。

由于"异性效应"，青春期的男女学生都希望引起异性的关注，都希望能以自己的某些特点或特长受到异性的青睐。这种相互激励就成为男女同学发展的动力和"促进剂"。如果妈妈意识不到与异性交往的这种积极作用，一味地将异性交往认定为有害的、可耻的行为，不仅会伤害孩子的心灵，而且也不利于孩子的发展。所以，当孩子与异性同学交往时，妈妈不妨顺势利用异性效应的积极作用来培养孩子，同时，也向孩子传输正确的异性相处观，让孩子坦然地、正当地、很好地与异性相处。

青春期"坏孩子"不是扶不上墙的烂泥

进入青春期的小栩让妈妈非常头痛。初一那年，他迷上了电脑，每天放学回家就坐在电脑面前，妈妈不让他玩电脑，他就趁妈妈不在的时候玩，或者跑到网吧去玩，妈妈对他管得越严，他就越想方设法跑出去玩，甚至有的时候他不上晚自习，悄悄跑去网吧玩电脑，妈妈知道后，火冒三丈，跑到网吧把小栩揪出来，破口大骂："你这个不争气的孩子，你是想气死我啊！不好好学习，居然敢逃课来玩游戏，这到底是有什么好玩的？""妈妈，我不是玩游戏，我是在学东西！你不要污蔑我！"小栩又气愤又委屈。"还敢不承认，要不是玩游戏，你会这么痴迷吗？走，回家去！以后再也不准玩了。"俗话说：上有政策，下有对策。妈妈不让小栩玩电脑，小栩还是会想尽一切办法偷偷玩，妈妈很伤心，感慨怎么以前那么乖、那么爱学习的孩子现在这么坏、这么贪玩呢？

5年后，小栩在反抗妈妈的过程中长大了，考上了全国最好的动画设计专业，他的作品获得了很多奖，而妈妈也终于知道了原来孩子真的不是在玩电脑，那个"坏"孩子不是真的坏！

青春期的孩子都会表现出较强烈的叛逆来，不听妈妈的话，什么事都要自己来，追求自己喜欢的东西而不是妈妈给他安排的东西。这是正常的，也是妈妈应该为之高兴的。因为孩子在逐渐摆脱对妈妈及重要亲人的依赖，走向独立。但是，有些妈妈却认为叛逆的孩子不听话、不好好学习，就是坏孩子，就是没有前途的孩子。这绝对是错误的，实际上孩子在该叛逆的时期叛逆是件好事。因为如果孩子以正常的速度走完这个叛逆期之后，他们在18岁左右时会形成一个完整的"自我"，有了这个"自我"，他们就会有较强烈的欲望，明白自己想要什么不想要什么，从而不需要监督也能有很强的动机去追求一些人生目标。因此，这些孩子长大后往往会取得很多惊人的成就，也会过上更精彩的生活。

所以，青春期"坏孩子"不是扶不上墙的烂泥，相对应的就是，青春期"好孩子"不一定是真的好！

如果妈妈把孩子管教得太死，一直让孩子按照妈妈的安排来学习和生活，压制孩子的叛逆，就会导致孩子的青春期就没有一个正常的"叛逆期"，这样看上去妈妈是培养出了"好"孩子，却不知道这些"好"孩子身后潜伏着三大恶果：

①叛逆期推迟，叛逆更严重。18岁以前没有叛逆表现的孩子，不是说明他不会叛逆，只是说明他的叛逆被压制推后了，长期被压制的叛逆一旦爆发，往往会造成更严重的后果。

②缺乏生命力，缺乏生活的热情。"好孩子"的学习生活都是妈妈安排好的，他们不用也不能选择自己的人生，他们做什么事情都只是为了妈妈开心而不是为了自己快乐，所以，什么事情都不能让他们兴奋，他们自然缺乏生活的激情。

③缺失自我，庸庸碌碌过一生。青少年只有经历叛逆期的痛苦磨炼，才能甩掉对妈妈的依赖，形成独立的人格，思考自己的人生，从而追求自我的实现，生命才变得完满；而那些没有叛逆的孩子，错过了对自己人生的思考，找不到自我，于是只有随波逐流，庸庸碌碌地过一生。

所以，孩子进入青春期后，妈妈不要再把"乖""很听话"当作优点来看，也不要把"不听话"的孩子当成"坏孩子"，更不要认为青春期"坏孩子"无可救药，也许，他们才是充满生命力、充满能量的潜力股，只要妈妈有足够的耐心和宽容，给予正确的指导和帮助，他们一定会给你巨大的惊喜！

青春期易患焦虑症，妈妈控制不如教孩子自控

晚上 12 点了，爸爸妈妈都已经睡觉了，而果果还在灯下苦苦进行"题海大战"。有个题目她无论如何就是想不出来。她一时气不打一处来，紧皱了眉头，咬着笔杆，抓着头发……终于忍不住了，把手中的笔使劲地摔在桌子上。

果果心里突然产生了强烈的怨恨：都怪老师不好，一点都不体谅我们这些做学生的，布置这么多作业，我做得完吗？外面的人也太缺德了，这都晚上几点了，还制造这么大的噪声，还让人休息吗？讨厌！还有，爸爸妈妈也是，根本就不应该把我送进这所学校里面来……总之，一切都很令人生厌！

过了半个小时，终于安静下来了，外面也不吵了，果果洗洗脸，准备冷静一下再重新想想这道做不出来的题目，可是，墙上的钟表却一直"滴答""滴答"响个不停，烦人！"这个钟表的响声也太大了啊！扰乱了我的思路，真讨厌。算了，我还是去睡觉吧。"可是无论怎样就是睡不着，于是她使劲地踢被子，床上发出"嘎吱""嘎吱"的声音。

"我要准备朗诵比赛，还要准备数学竞赛，这个周末还有考试，每天作业又这么多，想起来就觉得头都炸了啊。但是，现在我什么也不能做，连觉也睡不着，到底要怎么办才行啊？"

焦虑是人人都会有的情绪，但是，青少年更容易产生焦虑且暴躁的情绪。那是因为青春期是焦虑症的易发期，在这个时期个体的发育加快，身心变化处于一个转折点。随着第二性征的出现，有些孩子对自己的体态、生理和心理等方面的变化，会产生一种神秘感，甚至不知所措、好奇和不理解，他们往往会出现恐惧、紧张、羞涩、孤独的情绪，甚至会因此而自卑和烦恼，还可能出现头晕头痛、失眠多梦、眩晕无

力、口干厌食、心慌气促、神经过敏、情绪不佳、体重下降和焦虑不安等症状。

青春期焦虑症会危害青少年的身心健康，如果长期处于焦虑状态，甚至会使孩子神经衰弱，所以必须及时予以合理治疗。一般以心理治疗为主，下面是几种不错的方法：

1. 暗示疗法

自信是治疗青春期焦虑症的必要前提。妈妈要对孩子有信心，进而让孩子暗示自己树立信心，正确认识自己，相信自己有处理社会性事件和完成各种工作的能力，也坚信通过治疗可以消除焦虑疾患。通过暗示，孩子每天多一点自信，焦虑程度就会降低一点，同时又反过来使自己变得更自信。通过这种良性的循环就可以摆脱焦虑症的纠缠。

2. 深度松弛疗法

自我深度松弛对焦虑症有显著的疗效。让孩子学会自我深度松弛，就会出现与焦虑中所见相反的反应，比如：孩子在深度松弛的情况下去想象紧张情境，首先出现最弱的情境，如此重复进行，慢慢地，孩子会在想象任何紧张情境或整个事件时，都不再有焦虑感。

3. 分析疗法

也许有时孩子会有这样的反应：成天忧心忡忡、惶惶不安犹如大难将至，痛苦焦虑，不知其所以然。此时，妈妈应帮孩子分析焦虑产生的原因，或通过心理医生的协调，把深藏于潜意识中的病根挖出来，必要的时候可以进行发泄，这样，症状一般可以消失。

4. 刺激疗法

如果孩子感觉自己总是胡思乱想、坐立不安、痛苦不堪，那么妈妈可让孩子采用进行自我刺激、转移注意力的方法。如孩子在胡思乱想时，可以读一本有趣的能吸引人的书，或从事自己喜爱的娱乐活动，或进行紧张的体力劳动和体育运动，以忘却其痛苦。

5. 催眠疗法

如果孩子有睡眠障碍怎么办呢？难以入睡或从梦中醒来的时候，如果想恢复平静，可以教孩子进行自我催眠，比如可以闭上眼睛，进行催眠："我现在躺在床上，非常舒服……我现在开始做腹式呼吸……呼吸很轻松……我的杂念开始消失……我的心情平静了……眼皮已经不能睁开……手臂也很重，不想抬了，也抬不起来……我的心情十分平静……我困了……我该睡觉了，我能愉快地睡着……明早醒来，我的心中会非常舒畅。"

第四章

责任感是孩子成长的"维生素"

一个人的责任心常常能填补他在智慧上的缺陷，而智慧永远填补不了责任心上的缺陷。对于一个没有责任心的孩子来说，人生、命运都是非常渺茫，无从把握的。所以父母必须让孩子明白自己的责任，否则即使孩子具备了超强的能力，也很少能获得成功。

一人做事一人当，不要替孩子的过失包揽责任

一个中学生抢了别人的钱，爸爸带着他寻找被抢的小学生，整整找了一个星期。

事情的起因是这样的，小学生李溪放学后走在回家的路上，两名中学生拦住了他的去路："喂，借点钱给我们用用。"10 岁的李溪虽说从来没碰到过这种场面，但也毫不示弱地说："我不认识你们，没钱。"其实，那两个人早就看到他的裤袋里藏了个鼓鼓的钱包，于是干脆抢了就跑。这可是李溪攒了 180 天的零用钱，共 180 元。他哭着喊着去追赶，可哪里还追得上。

一星期后，李溪在班主任许老师的护送下，与同学一起排队走出校门。上次抢钱的一名中学生出现了，不同的是，这次他的身边还站着一

个中年人。他把李溪叫到一边说："对不起，我儿子不争气，抢了你的钱包。你的 180 元钱现在在他同学手里，我马上通知那个同学的家长。"只一刻钟，当时结伴的另一名中学生也赶到了，家长让两个孩子一起向李溪道歉。

原来，这名中学生的父亲得知儿子与同学合伙抢了一名小学生的钱包后，寝食不安，仅凭儿子一句"那个学生可能在某某学校读书"，他便每天在上学放学时，带着儿子到那一带的小学逐个认人，终于发现了背着书包排队出来的李溪……

这位正直勇敢的父亲发现孩子的过错时，严厉地指出并教育孩子，让孩子认识到自己的错误，并学会为自己的错误埋单。

生活中存在这样一种普遍现象：大多数人不认为自己是坏人，即使自己有邪恶的行为，他们也会极力为自己寻找开脱的理由，减轻良心的不安。这就是心理学上的"自我宽恕定律"。我们每一个人对自己的错误，都有回避和推卸的心理倾向，常常是发现别人的错误容易，却不容易看到自己的错误。比如：我们不喜欢被人议论，可是我们自己却喜欢背后议论人；对于自己的自私、善妒等品质，我们总是认识不到，如果别人对我们这样，我们却反应强烈。

一个人如果对自己的错误行为都不能负责，就更难对他人负责。这样的人是可悲的，既很难得到别人的信任，也不会得到社会的承认。做妈妈的都希望自己的孩子是一个有责任感的、能够对自己的行为负责的人，因为每个妈妈都希望自己的孩子能够融入社会，被周围的人所接受。那么，当孩子犯错误时，我们绝不能毫无原则地让步，更不能姑息放任，而要让孩子学会为自己的错误埋单。

孩子的天性趋向于"自我宽恕"，他们并非天生就有承担责任的能力，他们的责任感是随着年龄的增长和心智的逐渐成熟而形成的。因此，妈妈在教育孩子的过程中，应有意识地教育孩子对自己的行为负责，为自己的过错埋单，让孩子明白自己的不良行为给他人带来的严重影响。

　　一些妈妈面对孩子的过失，常常为了面子而否认，说什么"我的孩子不会这样做"，或者是代替孩子出面道歉认错，替孩子承担责任。这样的妈妈只会培养出遇事逃避责任的懦夫。妈妈必须明白：如果孩子做了错事，应让他悔过自省，向人致歉，这对培养孩子的责任感，实际上是一次良好的机会。让孩子直接道歉，有助于深化孩子对错误的认识，养成"一人做事一人当"的习惯。虽然有时妈妈代子女承担责任向别人道歉，亦有其必要性，然而，这也仅限于不具表达能力的幼儿而已；对于已能分辨是非的孩子，妈妈就应该尽量从旁辅助，让他们做一个对自己勇于负责的人。作为妈妈，我们要时刻牢记孩子是一个独立的人，同时又是一个特殊的人，我们不能把孩子看成自己的"面子"，即孩子闯祸我们没脸，孩子很乖我们就得意扬扬。孩子通过错误获得成长，期间需要我们的帮助，而不是我们的纵容。

　　里卡尔达·胡赫说："独自承担自己行为的责任，独自承担这些行为的哪怕是最沉重的后果，正是这种素质构成了人类伟大的人格。"

　　一个有伟大品格的人是善于为自己的行为负责的。成年人要为自己的行为负责，孩子也应该从小养成为自己行为负责的习惯，这样将来才能承担起生活的责任和人生的义务。

孩子学会道歉，是学会承担责任的一种表现

　　小洋坐在靠近门边的书桌前写作业，外面风很大，作业本被风吹得"啪啪"直响。于是小洋不得不一次次跑去关门，每次关上没多久，猛烈的风就又把门吹开了。

　　这时，邻居有事来找妈妈，她没有进门，便和妈妈两人站在大门外闲聊起来。

　　恰巧此时门又被风吹开了，小洋跑过来用力关门，只听外面传来一

声痛苦的叫喊声。

小洋打开门惊恐地看到，门外的妈妈五官痛苦地扭曲在一起，看到小洋出来，妈妈暴怒地冲他扬起了手。原来，刚才妈妈的手放在门框上，小洋突如其来的关门，差点把妈妈的手指夹断。

小洋吓坏了，以为这次免不了一顿暴打。但是妈妈的巴掌一直没有落下来，小洋的脸颊感受到的也仅仅是一阵掌风而已。

事后，手指受伤的妈妈对小洋说："当时我实在痛得厉害，原想狠狠地打你一个耳光。但是，转念一想，是我自己把手放在夹缝处的，错的人是我，凭什么打你？"

小洋的妈妈用自己的行动告诉了小洋一件事情，那就是要勇于承担自己的责任，敢于说对不起。

有的妈妈认为孩子做错事时道不道歉并不重要，只要孩子下次注意就可以了，但是当错误产生时，妈妈如果无原则地让步，对孩子姑息放任，那么就会变相地提示孩子可以不用承担自己的错误。

"对不起"这三个字虽然看起来很平常，却蕴藏着无穷的力量。

试想，你在路边散步时，突然被一个骑自行车的人撞到了，正当你怒发冲冠准备发火的时候，那人轻轻地对你说了声"对不起"，你是不是就"熄火"了。在生活中，当我们和别人发生了什么不愉快的事情时，若能够做到礼貌待人，时时多讲两句"对不起"，那许多大事就可以化小，小事便可以化了了。

而且，更重要的是，让孩子学会说"对不起"，其实是教育孩子要勇于承担自己的责任。一个做错了事而不敢去承担的人，就是一个没有责任感、没有价值感的人，他无法认识到自己在社会中的地位与重要性，也找不到前进的方向，就会失去创造的动力，最终将一事无成。这样的孩子是可悲的，这样的妈妈也是失败的。

一位哲人曾说，犯错是人的惯常行为之一，错误本身并没有可怕之处，最让人担忧的是，当错误已成事实的时候，我们却选择了逃避，而没能从中学到生活的经验。妈妈作为孩子最亲近的人，应该教孩子学会说"对不起"，让他学会承担起属于自己的责任。

责任感并不是每个人天生就具有的，而是在适宜的条件和环境下萌发的，并随着年龄的增长和心智的逐渐成熟而形成。因此说，家庭是孩子责任感赖以生长的土壤，妈妈对待孩子的态度以及教育方法，决定了孩子的责任感能否形成。

为了教育好自己的孩子，妈妈需要注意以下几点：

首先，一定要说对不起。当孩子犯了错误时，千万不要偏袒他们，而应该让他们为自己的行为担起责任。逃避责任，只会让孩子留下人生的硬伤，甚至一错再错。比如：孩子吃饭的时候打翻了自己的碗，要向妈妈说对不起；孩子不小心踩了小朋友的脚，也要马上道歉，说自己不是故意的。

其次，要给孩子做最好的表率。妈妈错怪孩子的时候，也要勇于向他们道歉。比如你发现自己晾在阳台上的衣服不翼而飞了，你以为是孩子淘气藏了起来，便不听孩子的解释把他教训了一顿，当你发现衣服其实是被风吹到了楼底下的时候，不能放不下面子就这样算了，相反，你应该马上向他道歉，孩子便能感同身受，下次自己遇到这样的事情，才会勇于承担。以身作则，是教育孩子的最好方法。

最后，教孩子做一个和善的人。当自己受到冒犯的时候，要原谅别人的错误，学会换位思考。比如在餐厅吃饭，一个小朋友不小心把饮料泼在了孩子身上，这个时候可以教孩子想一想："如果你是他的话，一定已经非常内疚了，我们就不要再责怪他了。"让孩子做一个大气、宽容的人，才能得到幸福和快乐。

把价值观纳入责任感教育中来

一位爸爸对儿子说："今天奶奶在的时候，你真是一个好帮手，我很高兴你能扶奶奶从沙发上站起来。"

"真的？"8岁的金惊讶地看着爸爸，没想到爸爸会注意到他的行为，因为当时他根本没注意到这些小的细节，而爸爸却让儿子知道这些和善、关怀的举动对一个人来说很重要。

这种家庭价值观，可以随时从生活中取得，随时教育孩子，一代传给一代。

有时候，妈妈们可以有选择地指出孩子们可能会疏忽的好行为。比如，女儿刚学会一种新的编织手镯法，她的所有好友都很喜欢这种手镯，于是女儿就开始编织手镯送给她们，并为她们挑选适合的颜色。

对于这件事，妈妈可以表达几种不同的看法。她可以赞赏女儿的艺术天赋——她可以说"你做的手镯真好看"或"你对颜色也很有品味"。她也可以说些比较有商业眼光的话——"这些手镯做得太好了，简直可以卖给那些工艺店了"。但是这个妈妈却充满爱意地说："你真是个善解人意的女孩，能送给每个朋友她们所喜欢的手镯。"妈妈让女儿觉得她特别欣赏女儿的善解人意及一颗为别人着想的心，进而为女儿的价值判断铺路。

当然，不同的家庭有不同的价值观，对事情的看法也各不相同，但重点在于，妈妈应影响孩子，让他们喜欢自己并形成辨别是非的能力及正确的道德观。

即使我们没把话说出来，孩子也会明白我们的意思，但这并不表明他的认知就能和行为画上等号。等他们长大成熟后，他们必然会有自己的风格和价值观。虽然孩子的价值观不一定和妈妈的完全一样，但只要孩子能为自己的行为负责，妈妈都应该感到高兴。

特别是在青少年阶段，隐约出现的压力会逐渐成为影响孩子生活的主要因素。妈妈不可能永远陪在孩子身边，也不能永远为他们做正确的选择，这也就是要教导孩子学会伦理道德方面价值判断的原因。只有这样，当走到十字路口时，他们就会有坚定的信心去做正确的事。

妈妈的行为其实更重要。告诉孩子说谎是不对的，一旦说谎就要受罚，但是孩子们会怎么想呢？把话当耳边风！如果要孩子遵守规范，妈妈们就得先以身作则。希望孩子做自己，有自我形象，绝非取决于别人的赞同与否，他们要一切全凭本事，去判定自己是否成功。

10 岁的罗潮常去隔壁的杂货店买东西，有时候是去帮妈妈买东西，有时候是自己去买饼干、汽水。他发现，店员很忙时，有的小孩会趁机偷东西。有一次，罗潮急急忙忙跑进杂货店买饼干，口袋里却只有妈妈让他买牛奶和鸡蛋的钱。他虽然知道看到过别人趁店员埋头看杂志时偷东西，但不打算这么做。他知道爸妈会因他的偷窃行为伤透了心，正是因为爸妈的不赞同，他的行动力才没那么强。

10 岁的罗潮已将家规融入内在道德，知道偷窃是不对的。虽然环境不断诱惑，但在他内心深处，他是拒绝诱惑，拒绝偷窃的。

打造孩子的责任感，需要做妈妈的能清醒地意识到这一切都应从小事抓起。孩子只有树立了正确的人生观与价值观，才能最终遂着妈妈的心愿健康成长。

所以妈妈对孩子进行责任感教育的时候，不妨纳入对孩子的价值观教育，这样一来，就能更好地促进孩子对责任感的认识。

让孩子在与他们有关的事情上有发言权

在餐厅点菜、买衣服、买鞋帽时，让孩子从小就有发言和选择的机会。妈妈不要一味地把自己的意志强加给孩子："这个味道不错，吃这个吧！""这个更可爱！""这件很适合你，买这件吧！"这样，孩子可能会逐渐失去自己的主见。

　　妈妈担心孩子会做出一些不正确的事情，因此有意无意地把自己的思维强加给孩子。妈妈当然是为自己的孩子好，但她们的这种做法往往得不到孩子的认同和理解。倔强的孩子会在这个问题上和妈妈争辩，相对软弱的孩子则一言不发，却在心底里产生抵触情绪，对妈妈的安排毫无热情可言。

　　还有一些妈妈往往会不自觉地把自己年轻时没能实现的理想寄托在孩子的身上，希望孩子能够帮助自己实现。如果这一愿望与孩子自己的愿望相同，那么这种寄托就会成为督促孩子奋斗的动力。但如果这种寄托并不符合孩子的愿望（这种情况更容易出现），那么妈妈的这种寄托就会成为孩子成长的负累。如果妈妈无视孩子的愿望，将这一寄托强加在孩子身上，那就有可能毁了孩子的一生。

　　一位中考刚结束的学生，在选择高一级学校时，与妈妈产生了分歧。爸爸妈妈是知识分子，希望自己的男孩将来也能像自己一样当个教授或医生什么的，因此他们坚持让男孩上高中。但儿子酷爱艺术，想考音乐学院。最后妈妈占了上风，私自给他在一所高中报了名。妈妈以为给男孩报了名，男孩就会死心，乖乖地在学校念书。然而事情并不像他们想的那样，在上学期间，儿子经常逃课，深夜与其他同学一起翻出学校围墙到网吧上网，最后被学校开除了。

　　被学校开除，男孩显得很高兴。有人问他为什么被开除了还高兴，这个男孩说道："我根本不喜欢这所学校，我想上音乐学院，可妈妈坚决反对，我只好逃课、上网，借此消磨时光。现在我被开除了，他们就得把我送到音乐学院了。"

　　这个故事对我们的家庭教育有什么启发呢？作为妈妈又应该从中悟出些什么呢？

　　其实，道理很简单，那就是在家庭教育中，孩子的事情让他自己决定，妈妈自己只提出参考意见，即不要让男孩一味地跟从妈妈的决定，应让孩子用自己的意志取舍或选择事物，令其有自我决定的机会，并在决定事物的过程中，培养出肩负责任的自主性与积极性。另外，独立性与自律性，也可从中培养。

美国前总统西奥多·罗斯福曾写信给自己的儿子小西奥多。信的大概内容是：

在你做决定的时候，最好的情况是你选择了正确的决定，其次是做出了错误的决定，最差的就是你什么决定都没做。我们每个人都是独立的个体，所以做人要独立，要敢于做出决定。即使失败了，也没关系，因为你已经能做自己的主人了。记住：只要学会独立，总有一天你会取得成功的！

让孩子学会如何做决定。当然，在培养孩子自己做主的能力时，也应注意：

第一，不要给孩子太多的选择。如妈妈要是问孩子"你想穿什么颜色的毛衣？"孩子可能会提出家中没有的东西，若妈妈不能顺从时，孩子反而会对妈妈失去信任。所以妈妈应该问孩子"你想穿这件绿毛衣，还是那件红毛衣？"

第二，不能让孩子选择有害、不安全的事。因为孩子不知什么有危险。例如，冬天一定要穿棉衣，这没有选择的余地，必须执行，但妈妈可给些其他的选择："这棉衣由爸爸给你穿？还是妈妈帮你穿？"而妈妈不能说："要不要穿棉衣。"

第三，孩子做决定时，不要给很大压力。如果孩子的决定不太合理、恰当，大人可给些提醒。如果孩子做决定后，遇到挫折，产生了失败感，妈妈也要给予帮助。孩子做决定的机会不可太多，以免给他太大压力。

第四，根据孩子的愿望，运用大人的经验和知识，帮助孩子做一些决定。这是大人与小孩共同做出的决定，也是帮助孩子做决定的好方式。

如"要下雨了，在图书馆里避雨比操场上好些"，这是大人进入孩子的选择中去。在判断正确与错误的选择时妈妈可说："我们已答应某某去展览馆，不遵守诺言是错误的。"这样便能让孩子知道做了决定就要对其负责任。

我们要让孩子知道，只要尽力做出比较合适的决定就可以了，不一定要十全十美。但如果我们强调可以随意做决定，可以随意犯错误，孩子就会随随便便地做决定。所以我们应该让他知道做决定的后果，这样他才会不断学习，不断提高判断能力。如果小孩坚持穿裙子去操场玩，结果不小心弄破了皮肤，你不应说"瞧，我叫你穿裤子对吗"，而应说"你想一想，如果我们下次再来操场玩，我们怎么保护好自己呢"。随着孩子长大，经验增多，他们做决定的能力与技巧也会渐渐提高。

所以，妈妈若要提高孩子的责任感，另一种做法就是让孩子在与他们自己有关的事情上有发言权。

帮助孩子认识到对他人和社会的责任

王伟是六年级一班的大懒鬼，同学们都不喜欢他，老师也对他很头疼。轮到他们小组值日时，他总是磨磨蹭蹭，敷衍了事，或者偷偷跑掉，把活儿全丢给其他同学；同学们一起去春游，需要带着炊具和食材去野外做饭，王伟专挑轻的东西拿；王伟妈妈出差时，王伟每天都不换衣服袜子，臭烘烘地就来上学了；每次交作业时，王伟不是忘了写就是没有带作业本……他的懒惰事迹数不胜数，大家对他都很有意见。当老师和同学给他提意见时，他总是振振有词："我在家里就不干活儿，我妈妈都不让我干，说我不会做。我不会做怎么能在学校做呢？我怕事情搞砸嘛！"渐渐地，同学们都不愿意和王伟相处了，王伟变成了一个"孤家寡人"。

王伟的问题，其实不只是懒惰的问题，还有责任感的问题。他没有对他人、对集体的责任感，因而招致同学的厌恶。当一个人缺失对他人的责任感时，就会损害别人的利益，给他人带来不便，自然就会引起别人的不快。而一个有责任感的孩子，能够深刻地体会到自己对他人、对社会的意义和价值，会具有更强的生存能力。这个世界需要一种深深的责任感，我们不仅要对自己负责任，也要对别人负责任，正是责任把所有的人联结在一起，任何一个人对责任的懈怠都会导致整个社会链的不平衡。所以，妈妈应该帮助孩子认识到他对他人及对社会的责任，责任感才是孩子今后在社会立足的基本点。

美国女作家，也就是《汤姆叔叔的小屋》的作者斯托夫人，她有自己的教育经验。她认为，一些妈妈在对孩子进行早期教育时，只注意孩子的智力和爱好的发展，重视拓宽孩子的知识面和学习某种技能，而忽略了对诸如责任心等重要品质的培养。这种做法是错误的。

妈妈要培养孩子这方面的责任感，就应该把他们放在具体的社会环境中，让他们自然地学会如何建立与他人的关系，处理好自己的事情。

从幼儿园开始，孩子们就要轮流担任老师的助手，帮助老师组织各种班级活动，以此来锻炼责任感和能力。小朋友们也都很愿意参与，并且会为自己日渐增长的能力感到很自豪。刚开始，妈妈可与孩子一起做，让孩子当助手，分派给他一些简单的很快就能做完的任务，让孩子从中体验到一点成功的快乐。接着妈妈应有意识地将自己和孩子的角色慢慢互换过来，同时，妈妈要教育孩子帮助别人，因为每个人都有需要别人帮助的时候。孩子有麻烦的时候，往往需要他人的帮助，同样，别人遇到困难时，也需要孩子伸出援手，提供帮助。当感受到受助人的感激之情时，孩子会认识到自身的价值，从而提高责任感。

当孩子勇敢而积极地完成任务时，妈妈要给予积极肯定，因为妈妈的表扬与肯定会让孩子体验到成功的喜悦，也会帮助其树立自信心，还会增强其成就感和自豪感，更会使孩子明白自己能做很多的事、自己应该做很多事并且能做得很好。

妈妈的包办行为会使孩子失去责任心。孩子长期在妈妈全力照顾、凡事都准备好的环境中成长，就必然会丧失自己计划、安排的能力和敢作敢当的勇气。要培养孩子的责任心，妈妈就要在孩子的学习、生活中及时纠正他的不良习惯，让孩子学会自己的事情自己做。只有懂得责任，才能具有更强的生存能力，也更能体会到自己对他人、对社会的价值和意义。

怎样训练孩子养成自己的事情自己做的习惯呢？专家建议从小事开始练习。比如，让孩子自己上学下学，如果路途远需要接送，那么至少他的书包应该由他自己来背。特别是要让孩子明白学习是他自己的事，不是妈妈的事。让孩子处理自己的事情，目的就是要让孩子克服依赖的心理，培养其独立性，即让孩子独立思考问题，独立解决问题，独立去处理自己应做的事。

在现实生活中，妈妈要试着把孩子生活中的每一项责任都放到他自己的身上，让孩子自己承担。比如，当孩子遇到麻烦的时候，你应该说"这是你自己选择的，你想想为什么会这样"，而不要对孩子说"你已经努力了，是妈妈没有帮助你"。虽然只是一句话，却反映出了观念的不同。如果你无意中帮助孩子推卸了责任，孩子将会认为自己无须承担责任，这对他以后的人生道路是很不利的。

平时，妈妈在家中应让孩子练习做自己能做的事情，如洗袜子、整理自己的小房间等，这样孩子也慢慢地学会了对自己的行为负责。孩子只有学会了对自己的事情负责，才能逐步地发展为对家庭、对他人、对集体、对社会负责。

有时候，孩子在集体中会吃点小亏，做妈妈的内心也会在爱与公平之间摇摆犹豫，但是不能因为孩子的借口而一味地迁就他的喜好，让他逃避责任。要知道，责任感是孩子今后走向社会的通行证。

第五章

智慧妈妈顺利开启孩子 EQ 之门

生活中，情商高的人往往具有明显的优势，甚至有人说，成功与否80%取决于情商。孩子在学校里可以通过学习各种学科来提高思维水平，但是没有任何一个课堂专门教孩子如何提高情商。所以，这个重任就毫无疑问地落到了妈妈身上。

做孩子健康积极的情绪启蒙老师

楠楠是个刚满月的女婴，她长得白白胖胖，但额头突出，下巴翘起，眼睛有点凹陷，对女孩来说实在是有些不美。由于长得丑，楠楠并不像其他婴儿一样受到大人的喜欢和疼爱，没什么人愿意逗她，也没什么人喜欢抱她，甚至她自己的爸爸妈妈也经常对着她唉声叹气："咱家孩子怎么那么丑呢？"在她面前，充满爱意的笑脸是极其少见的，而诧异、蔑视、嘲弄的表情却经常出现，所以楠楠也越来越少有笑脸，即使有人逗她，她也经常只是呆呆地观察着对方，而不轻易做出反应。对于一些不太友善的表情，她经常一眼就能够看穿，并用哭声表达害怕。

孩子的观察力是极其惊人的，他往往能察觉到对方的情绪变化和心里的真实感情，而对方的情绪也会直接作用到孩子的情绪上。像楠楠一样，如果别人看到她时带有厌恶等负面情绪，她的情绪就会比较低落，婴儿是不会敷衍地挤出笑脸的。看来，孩子的情绪是深受大人影响的，妈妈一定要从一开始就注意做一个孩子健康积极的情绪启蒙老师，不仅自己要保持良好的情绪，对待孩子时更要有好的情绪。因为，妈妈是孩子最亲密的人，她对孩子情绪的影响最大，这样的影响从怀孕时期就开始了。

胎儿在妈妈的肚子里，能听见的声音都来自妈妈：妈妈说话的声音，心脏跳动的声音，呼吸声音，血液流动的声音以及吞咽口水的声音等。如果胎儿在妈妈肚子里透过羊水听见的都是和缓、轻盈、愉悦的声音，那么他出生后，就会有个健康开朗的好情绪。反之，孩子就容易有一个消极灰色的情绪。

当小宝贝来到这个世界之后，他最熟悉的气味和声音自然还是妈妈的，而他对情绪的种种敏感反应也源自妈妈。别以为小婴儿不懂得感受，其实不然，他完全懂得，只是不会表达。例如，当妈妈给孩子喂奶时，不管是母乳喂还是用奶瓶喂，宝宝的小脸蛋都贴着妈妈的胸膛，一面吸奶，一面听着妈妈的心跳、呼吸、血液流动声。这是他最熟悉的声音，所以他安全地吸着，并沉沉地睡着。

可如果在喂奶时，妈妈心里还在为刚才的不愉快生气，心脏怦怦地跳着，呼吸急促，身体还释放着高亢肾上腺素的气味。此时小宝宝贴着妈妈的胸膛，小小的耳朵捕捉了所有的声音和情绪，他发觉不一样了，知道妈妈生气了，他很害怕，很不安全，所以紧张的他不能再好好地消化乳汁，也不愿安静地躺在怀里继续听着让他害怕的声音。于是，他不安地哇哇大哭。

宝宝慢慢长大后，他对妈妈情绪的捕捉已不再限于气味和声音，他学会了察言观色，他喜欢妈妈温柔的笑脸，害怕妈妈严峻的眼神，他知道妈妈是高兴了还是生气了。他通过妈妈的脸部表情、肌肉收缩状况、声音气味来辨识妈妈的情绪，并且对这些情绪做出反应。当妈妈开心的时候，他会跟着妈妈哈哈大笑，因为自己把妈妈逗乐而感到更加兴奋和欢乐；当妈妈不快乐的时候，孩子会感到不安；当妈妈流露出悲哀神情时，孩子也会随之变得忧郁起来。

所以，不是爸爸，也不是爷爷奶奶或外公外婆，是妈妈她才是孩子的情绪启蒙老师。孩子通过妈妈来探索世界，也学习妈妈怎样去表达情绪。妈妈如果希望孩子有健康积极的情绪，那么除了自己要有健康积极的情绪之外，在对孩子表现出任何情绪的时候，都要注意。

孩子的人际交往能力大多来自妈妈

罗恩的妈妈是一个慈善活动家，她时时关照社区的孩子和老人，并且常常带着罗恩参加各种活动。妈妈常常告诫罗恩要做一个诚实、勇敢、富有同情心的人。虽然妈妈的要求都是正确的，但妈妈因为事务繁忙，常常以命令的语气与罗恩交流，她不能容忍孩子有一点点异议，否则就会歇斯底里地痛哭，在孩子面前表现出受伤者的样子。

妈妈的反应让罗恩不敢有一点儿反抗意识，他也不愿意和父亲交流。罗恩的同学常常取笑他是一个古板的人，而且毫无生趣。罗恩甚至连看眼自己喜欢的女孩子的勇气都没有。

很明显，罗恩已经在人际交往上出现了一些障碍，而这不得不归咎于他妈妈错误的教导方式。因为孩子在与人相处的时候心态如何，与他和妈妈相处时候的心态有很大关系。能够与妈妈随时进行有效的沟通、交流的人，从小会在感情表达上比较明确、稳定，这也是决定他能否与他人自如交流的关键。

我们遇到过那种人见人爱的小孩，也见过那种惹人生气的小孩。有的孩子在你还没有开口之前，就已经领会了你的用意，这样的孩子被认为是机灵、聪明的；有的孩子比较被动，有问才有答，但是有问必答，虽然有点羞怯，但也不乏令人怜爱的气质；有的孩子就完全不能或者不愿意配合他人，就像是封闭在自己的世界中的小动物，处处提防，充满攻击性。很多人将这样的区别归结为天性，就像双胞胎中有静如处子的，也有动如脱兔的。但事实上，这些不同的反应都在一个框架里，反映的是孩子的同一种能力，即人际交往智能。

人际交往是每个人必须面对的现实。哈佛大学发展心理学家霍华德·加德纳指出，在社会活动中，人际交往智能的核心是留意他人差别的能力，特别是观察他人的情绪、性格、动机、意向的能力。人际交往智能使人能够了解他人，更好地与他人一起工作。这些属于非智力因素，取决于后天的培养与开发。孩子从一出生就开始了与他人的交往，随着年龄的增长，他们与人交往的意识不断增强，交往策略也不断丰富。

妈妈在儿童早期成长的过程中所进行的精心培养，将促进孩子人际交往能力的发展，也会为儿童将来走向社会，进行工作和学习打下坚实的基础。妈妈在培养孩子与人相处的能力方面，产生的影响尤为重大。

孩子自出生，妈妈就与他有亲密的接触，孩子最初的触摸记忆和声音记忆都来自妈妈，妈妈是与孩子的身体和心灵靠得最近的人。等孩子长大以后，其他的孩子是否接纳他，关键在于他怎样去接纳别人，而这种接纳他人的能力就是从模仿妈妈开始的。当孩子做错事情的时候，妈妈往往会给他安慰和鼓励；对于孩子在学校里发生的不愉快的事情，妈妈也会耐心地倾听并关注孩子的情感。所有这些对妈妈和孩子来说，似乎都是理所当然的事情。如果一位妈妈可以做到耐心地倾听孩子的诉说，让孩子体会到被尊重、被珍视的快乐，孩子也就会模仿妈妈的口气和神态，去分享他人的喜悲，这样的人很容易交到朋友。一般来说，热情的孩子往往有一位温柔慈爱的妈妈；而性格古怪的孩子，他妈妈的性格往往也比较古怪。

结交朋友是孩子人生中的重要内容，要求孩子做到最基本的交往原则，妈妈们首先应该看看自己能否做到耐心倾听、及时回馈赞美等。具体来说，首先要让孩子在家庭中学会沟通，在沟通中学会理解；其次，要尽量支持孩子与同龄人交往，如果孩子有成年人朋友，也千万不要过于担心，不妨看成是证明孩子社交能力强的表现。

孩子的良好情绪，来自妈妈稳定的情绪

莎莎是一个胆子很小的姑娘，她从小生活在爷爷奶奶身边，爷爷奶奶对她呵护有加，关爱备至。那时的莎莎性格活泼，常常逗得爷爷奶奶哈哈大笑。

莎莎6岁的时候回到父母身边生活，妈妈脾气比较暴躁，莎莎在她面前经常吓得什么都不敢说，也不敢做。

一天，家里来了客人，妈妈让莎莎给客人倒水，一不小心，莎莎将茶杯摔在了地上。妈妈当着客人的面劈头盖脸地骂道："你真是个笨猪！"生性敏感的莎莎羞愧得无地自容，眼泪大滴大滴地往下掉。当天晚上，莎莎做了一个噩梦，梦见妈妈恶狠狠地瞪着她，并用手指着她的鼻子大骂。从那以后，莎莎只要看到妈妈就紧张，越紧张越是出错，每当这时，妈妈都会毫不留情地对她加以训斥。莎莎最后患了恐惧症，每天晚上都做噩梦，一点风吹草动就紧张得不行。

莎莎的妈妈是爱她的，这一点毋庸置疑，但是她无法控制自己的情绪，常常以粗暴的打骂来发泄情绪。生活在这样的家庭中的孩子，一般是在父母阴晴不定、时好时坏的情绪中惴惴度日。父母不高兴的时候，可能毫无原因就对他们大发雷霆；父母高兴的时候，又可能有求必应。在这样反复无常的生活中，孩子变得敏感多疑，时刻生活在对父母脸色的察觉之中。于是，他们最早学会的是预测父母的态度，在这个察言观色的过程中，他们也学会了犹豫，以此来观察危险信号。

妈妈在家庭生活中的行为，尤其是情绪，会对孩子的心理健康发育产生重要的影响。研究表明，妈妈在家中情绪友善平和，接人待物谦虚礼貌，这有助于孩子的心理健康发育；而如果妈妈在家里经常情绪恶劣，则会让孩子经常处于紧张和恐惧之中，这对于孩子的心理发育极其不利。

从孩子的心理健康发育角度出发，父母在日常家庭生活中要特别注意情绪控制，谨防因自己的不良情绪影响孩子正常的心理发育。尤其是妈妈，与孩子相处的时间长，所面对的事情杂，更要保持一种积极的情绪。为了孩子的心理健康发育，以下几点情绪控制特别需要妈妈们注意：

1. 不要在孩子面前吵架动粗

爸爸和妈妈在孩子面前任何的吵架动粗，都会让孩子产生紧张心理和恐惧感。父母经常在孩子面前大吵大闹，会让孩子精神高度紧张，心里滋生不安全的感觉。因而，妈妈们必须谨记不要或尽量不要在孩子面前吵架动粗。

2. 不要在孩子面前抱怨或表露颓废的情绪

妈妈是孩子的最大靠山，妈妈对生活的态度直接影响孩子的生活安全感和成长信心。如果妈妈经常在孩子面前抱怨，或者经常表露颓废的情绪，会使孩子过早接触社会或生活方面的压力，会让孩子心里产生不安全感。怀疑或颓废的生活态度可能会因此伴随孩子的成长，会让孩子身心过早地感受到不该承受的压力。因而，特别需要提醒妈妈们的是，无论你暂时遇到多大的困难和挫折，为了孩子的健康成长，请一定不要在孩子面前抱怨或表露颓废的情绪。

3. 不要在孩子面前责骂或批评他人

有的妈妈经常毫不避讳地在孩子面前责骂或批评他人，很多妈妈以为，孩子年幼不懂事，在他们面前责骂或批评他人对孩子没有什么影响。事实上，这不仅是一种非常不好的处世方式，更是一种对孩子健康成长有害的教育方式。这样的行为会让孩子对于妈妈日常的正规教育产生怀疑，也会使孩子学到这种不良的处世方式，扭曲孩子的心灵，使孩子的心理健康受到极大的影响。

4. 不要在孩子面前用偏激的语气来表达对事物的看法

有的妈妈性格比较极端，对于事物的看法也比较偏激，往往会在孩子面前无所避讳地说一些过激的言语。心理专家认为，妈妈过激的言语和情绪会让孩子的心理也往偏激的方向转化，也会对孩子的性格塑造和心理发育产生不良影响。因而，为了孩子的心理健康，不要在孩子面前用偏激的语气来表达对事物的看法。

妈妈的情绪对孩子成长的影响是深远的，妈妈的情绪稳定才能教育出一个乐观、活泼、开朗的孩子。为了孩子的明天，妈妈们应该以一种良好的情绪来面对孩子！

让游戏帮你培养孩子丰富的情感

3 岁的贝贝喜欢自己玩，她常玩的游戏有过家家、打扮洋娃娃、学妈妈出门去上班等。贝贝的妈妈一开始很高兴孩子会自己玩耍，不会打扰大人。但有一次妈妈仔细观察贝贝的游戏模式，赫然发现她反复模仿和演练的竟是妈妈的日常活动：买菜、做饭、梳妆打扮、电话聊天、匆匆忙忙出门去上班等，甚至会边穿衣服边拿东西，嘴巴里还会忙不迭地喊着："来不及了！来不及了！贝贝再见！要乖……要听话……"

孩子惟妙惟肖的动作、表情，令平时忙碌的妈妈哑然失笑，孩子竟然从游戏中体验到照顾他人、安排事情的乐趣。

想要让孩子有更多的情感体验，就需要抽出时间来陪孩子一起玩游戏。妈妈可以在家中模仿幼儿园的教学模式，设置一些特殊的"游戏角落"，并布置玩具。玩具不一定要有多精巧，家中安全的废弃物也完全可以利用起来，比如大纸箱、旧布、坏掉的门把，这些都可以变成孩子的宝贝，在孩子的游戏中变身成各种各样的角色，创造出各种不可思议的效果来。例如纸箱变城堡、火车，旧布变云彩、巫婆斗篷，门把变喇叭、假鼻子……孩子的想象力一旦被开启，往往连大人也望尘莫及。在玩的过程中，不但孩子的动手能力会得到很大提高，他对感情的理解也会越来越丰富、深刻。

除了交流感情，游戏还有一个重要功能，那就是培养孩子的健康心理。游戏的功能不在于让孩子知道多少知识，那是课堂上应该完成的事情，家庭游戏的重要作用在于让孩子有更多的情感体验：快乐、幸福、激动、紧张、恐惧、同情、宽容等，也就是让孩子在模拟的世界中成长，并逐渐塑造出丰富、成熟的不同情感特点。

另外，户外活动对孩子来说，也是必不可少的。孩子是属于大自然的，在美丽的自然中游戏会让孩子体会到壮阔、沉静、真实等在家中无法体会的情感。

多让孩子和其他人接触，多让孩子和其他人玩游戏，也是丰富孩子情感的好方法。与陌生人交流会为孩子创造更多玩耍学习的机会，也是迈出社交的第一步。

多种方式综合运用，孩子的情感心理会有很大的发展，这也需要妈妈看到这种进步，正确地理解孩子体验情感、表达感情的方式。例如，妈妈陪孩子玩耍，除了创造机会与空间，更应确切掌握幼儿的听觉与理解特性。许多妈妈会从"大人"的角度和"小孩"互动，间接或直接安排甚或命令孩子怎么做、怎么玩、玩什么。其实小孩就是小孩，并不是"小大人"，他们是独立的个体，也拥有自己的想法，像一个隐藏的"神秘宝盒"，我们只能逐步开启和循序引导，不能掌控。

一味争强好胜的孩子的情感并不健康，不能坦然面对失败的孩子日后也会因此承受更多压力和痛苦。想让孩子成为出色的人，妈妈首先得让他成为情感健康的人；想让孩子拥有宽阔的心胸和坚强的意志，妈妈首先需要从转变自己对游戏的态度开始。

让孩子融入集体，收获来自群体的快乐

津津本来是一个活泼外向的小女孩，但是上小学以后，她却慢慢地变得内向。这是因为妈妈对她管得太严了，每天放学都来接她回家，不让

她在学校逗留，也不让她和小朋友们一起玩儿。津津对妈妈抱怨过很多次："妈妈，为什么其他同学可以在学校玩一会儿跳皮筋、踢毽子，我就不能呢？我想和他们玩一会儿，就一小会儿都不行吗？我现在都没有朋友了，大家都知道我不能跟他们一起玩，所以都不和我玩了……"无论津津怎么抱怨，妈妈都不为所不动。"放学就是让你回家的时间，在学校里有什么好玩的？再说了，这多浪费时间啊，而且玩多了就贪玩了，就不喜欢学习了，你愿意做他们那样贪玩的坏孩子吗？"所以，就这样，津津远离了同学们的课外活动，也远离了同学，她慢慢地变得内向，跟同学和老师的沟通也变得困难起来。

世界著名潜能大师博恩·崔西说："一个人的幸福快乐80％来自与他相处的人，20％来自自己的心灵。"所以，如果妈妈希望孩子多一些快乐，最便捷的方式是鼓励孩子参加课外活动，无论是参加各种俱乐部，还是参加各种运动会、各种公益组织。在参与的过程中孩子不仅培养了领导才能、团队意识、社会责任感和服务精神，也使自己的品质趋向完美，还会收获朋友之爱、团队之情、集体之义，而丰富的情感体验也会大大增加孩子的幸福和快乐之感。

在团体活动中孩子容易寻找到热情和快乐。一个正面、积极的团队是孩子热情的源泉，妈妈可以召集孩子的一些思想积极的朋友、同学，让他们每个月聚会一次，一起讨论达到目标的方法，彼此激发脑力。团体活动能为孩子提供更多与人交流的机会，许多性格和能力只有在集体生活和游戏中才能养成，如团结、大方、礼貌、遵纪、自尊自爱、竞争意识、牺牲精神、合作意识、组织协调能力、集体观念和服从精神等。这些品质和能力是集体之外的活动所不能够培养的。

为了鼓励学生让身心全面发展，美国的学校通常会组织各种活动，鼓励学生多多参加，即便像表演舞蹈这种要求比较高的表演项目，只要本人愿意参加，学校一定欢迎，不挑不拣，以维护学生的积极性和自尊心。

平时老师除了教文化课之外，还会与同学们一起打球、练操、做游戏；万圣节，老师也会扮鬼脸与学生一起参加晚会；圣诞节，老师与学生互相赠送自己制作的贺卡，写上真挚的祝福；学年末要放假了，大家会一起共进午餐，每个学生带一份具有本国特色的食品供大家品尝，大家一边用餐一边娱乐，其乐融融，像一个大家庭。学生们在这样的气氛中学习和生活，没有压力，而这样的气候既有利于培养他们的团队精神和参与意识，又有利于丰富孩子的情感体验，让他感受到与人相处的乐趣。

集体活动是成长的动力，它不仅会渐渐培养孩子的组织协调能力、语言表达能力、团结合作能力，还会让孩子磨炼出坚强的意志和良好的为人处世技巧，而这些恰恰是以后的人生道路上所需要的。也许这些不像好成绩能让人们看到立竿见影的效果，但是从长远来看，在集体活动中磨炼出来的高情商，会成为孩子今后人生道路上最有力的保障。

所以，如果想让孩子有良好高尚的品质、优秀的人格魅力、高超的情感智商等，妈妈就要经常鼓励孩子融入集体并积极参加课外活动。妈妈可以教育孩子从为集体做好事开始。例如：妈妈要让孩子在学校主动打扫卫生、为朋友打开水、帮老师擦黑板等；妈妈要让孩子知道自己是集体中的一员，应该为集体争光，遵守集体规则，维护集体荣誉。如果轮到自己的孩子做值日生，妈妈不要认为会累着孩子，一定要他们早点到学校去，不要迟到；妈妈也不要阻拦孩子参加班级活动。集体因为每一个人的存在才成为了一个有机整体，集体活动中缺少了谁，都是不完整的。你的孩子参加一次班级篮球赛，在赛场上会学到团结与合作；参加一次班级春游，会发现因为有了同伴的陪伴而使春天更加灿烂；参加一次班级合唱表演，能知道他所唱的那部分对整首曲子来说是多么的重要。而这些，都是孩子一个人玩球、一个人爬山、一个人唱歌时体会不到的，因为这些只有在集体活动中才能获得。看似是简单的参与，实则体现了教育中"培养完整的人"的思想。

人，都是离不开群体的，孩子也不例外。所以，让孩子融入他的集体吧！他有权在集体中收获他本该拥有的快乐。

允许孩子发发小脾气，孩子才能健康成长

看见自己的孩子在众人面前发脾气，对妈妈来说是件很难为情的事。一般情况下，当孩子当众有异常表现时，妈妈首先想的是自己的面子，却很少真正地去关心孩子此时的心情与情感需要。

其实，这样做是不对的。作为训练有素的成人，在妈妈的脑海中有成套的清规戒律，什么样的行为是可以接受的，什么样的行为是不应该发生的。在情感表达上妈妈也有明确的概念，什么样的情感是值得赞扬的，什么样的情感是不应该存在的。

而孩子却没有形成这样的观念。比如，孩子在 2 岁左右爱发脾气是一种正常现象。因为这一年龄段的孩子易冲动，自制力差，对挫折的容忍程度是有限的。孩子要到外面玩，妈妈不允许，为什么不允许，他不明白，有可能就要通过发脾气的方式表达自己的感情。而 4 岁以上的孩子，对挫折有了一定的控制能力，初步明白了一些事理，如果还频频哭闹、经常发脾气，那么其原因大多会在妈妈身上。

妈妈应该明白：发脾气是孩子正常的情绪宣泄，要允许孩子发发小脾气，但更要找到孩子发脾气的原因并及时安抚孩子。

彩彩一向很固执，对自己认准的事情决不回头。如果不如意她就发脾气，找理由哭闹，妈妈对此十分头疼，总是提防着她的坏脾气爆发。

妈妈常常对朋友说："我家彩彩一般都很乖，就是脾气一上来，怎么说，怎么劝都不行，真是软硬不吃。"一天一位朋友说："她总是有原因的吧？不会无缘无故就哭闹吧？"

妈妈留心观察，发现彩彩总是在妈妈不耐心或有恼怒表情后开始"发怒"，而且纠缠不清。妈妈翻开一些育儿书来看，其中讲到孩子对归属

感的寻求，开始有些醒悟。也许彩彩看到妈妈生气，会想到妈妈不再爱她，所以有危机感，因恐慌而暴怒。

找到原因就好办了。有一次彩彩又闹起来，这次妈妈没有训斥或表现出厌烦，而是和颜悦色地拥抱着彩彩说："妈妈知道你心里难过，能不能告诉妈妈为什么难过呢？"这样问了一阵，彩彩终于吞吞吐吐地说："我看你刚才生气，以为你不喜欢我了。"

"傻孩子，妈妈怎么会不喜欢你，刚才妈妈情绪不好，所以对你的态度也就不好了。可是妈妈是喜欢你的，你要相信妈妈。"这样以后每当彩彩有要发怒的的迹象时，妈妈首先向彩彩声明：她爱彩彩。这的确使彩彩平静了许多，不再没完没了地"找麻烦"了。

孩子发脾气，不仅严重损伤孩子的情绪和生理状态，而且也使妈妈狼狈不堪，感到很棘手。所以妈妈要想方设法制止孩子哭闹、发脾气。怎样制止呢？一定要根据发脾气的原因"对症下药"，方能奏效。

①给孩子发脾气的权利。假如孩子正为了某事在气头上，要允许他发脾气。此时妈妈不妨先坐下，安静地等待孩子，安静地看着孩子，不去打断他发泄。全神贯注地关注孩子，这等于告诉孩子：你是被我在意的，我在认真地注意你的感觉或问题。给孩子发脾气的权利，有助于孩子宣泄心里的不满，也是对孩子关爱的表达。

②妈妈自己不要经常发脾气。当妈妈火冒三丈时，要注意孩子很可能会模仿这种处理问题的方式。如果妈妈动辄勃然大怒，又怎能期望孩子控制好情绪呢？因此，为了培养孩子良好的性格，不乱发脾气，妈妈一定要以身作则，为孩子创设一个良好的家庭环境氛围，让孩子保持积极情绪，学会控制不良情绪。

③转移孩子的注意力和进行松弛训练。孩子生气时，妈妈除了表示对他的理解和关怀外，还要尽量转移他的注意力，引导他做些愉快的事。对大一些的孩子可通过各种体育活动来使其精神和身体得到放松。有规律

的深呼吸也有助于孩子松弛身心。

④给孩子发泄的机会。如果孩子的坏脾气已经形成，第一可以采取冷处理方式，在其发脾气时故意忽视不理，让他慢慢冷静下来。第二可以选择适当的方式让他发泄出来。如妈妈可通过交谈帮助他把怒气宣泄出来，或者让孩子去跑步，或去大声地唱卡拉 OK 等。

孩子喜怒哀乐等情绪的表达是毫不掩饰的，他们敢爱、敢恨、敢说、敢笑，这是孩子心理的一种优势，一种使得孩子能及时宣泄各种情绪能量的优势，自然流露这些情绪并不是什么可耻的事情，只要不扰乱别人的正常学习和生活，不伤及别人，就没有什么对和错之分，并且妈妈要鼓励孩子这样做。妈妈只有细心地观察孩子，理解孩子，允许孩子自由地表现，在理解的基础上进行引导，才能保证孩子的健康成长。

为孩子提供更多的社交帮助

美国成功学家卡耐基认为："一个人的成功 30% 靠才能，70% 靠人际关系。"妈妈应该帮助孩子学会人际交往，注重培养孩子的人际交往能力。未来社会需要下一代具有社会交往和活动的能力，然而今天的许多孩子恰恰缺乏与人交往合作的能力，他们身上或多或少地有着自私、不合群的表现。为保证下一代的良好素质，妈妈应当重视对孩子交往能力的培养。

一户新邻居搬了过来，布朗太太注意到他们家有一对活泼可爱的双胞胎，于是，她对自己的女儿梅莉说："宝贝，你要有新朋友了，你为什么不出去向他们打个招呼并带他们到周围转转，帮他们熟悉一下环境呢？"

梅莉歪着头想了一会儿，出去了。

但她站在篱笆旁看着那两个孩子忙忙碌碌地整理东西，试了几次都没有开口。

最后，梅莉回到了房间，很遗憾地对妈妈说："我很想成为他们的朋友，但我不知道该怎样跟他们搭腔。"

妈妈立刻意识到，自己需要为孩子的交往提供一些必要的帮助。妈妈没有说话，而是以实际行动来说话——她做了女儿没有做到的事。

事后，女儿说："以后我知道该怎么做了。"

现代中国儿童大多是独生子女，他们或是太"独"而不善于与人交往，或是缺乏一定的社交锻炼而不会主动与人交往。这就为孩子今后的生活与发展带来很大障碍。作为妈妈，你能否帮助孩子与他人成功地交往呢？

在平时，妈妈是否会关注孩子有没有朋友，与同龄伙伴来往得亲密与否？当自己的孩子与伙伴交往出现问题时，妈妈是否帮助孩子寻求解决的办法，并分析原因？

人的社会化只有在人际交往中才能得以进行和实现。随着孩子的成长，交往的形式日趋多样化。孩子的交往性质和交际水平，直接影响着他们社会化的水平。

孩子对自己的认识总是以他人为镜，他们需要通过与他人进行比较来把自己的形象反射出来而加以认识。孩子在与人交往的过程中，往往以同龄人为参照系，吸收更多的信息，以更清楚地确定自我形象。

积极的交往活动能促进孩子个性的发展。

孩子的个性除受先天遗传因素影响外，更重要的是受到后天环境的影响，长期生活在友好和睦的人际关系中的孩子，就会乐观、开朗、积极、主动。儿童时期是人的个性定型时期，积极的社会交往，有助于个性的发展和优化。

孩子人际交往的时间越长，空间越大，精神生活就越丰富，得到支持与帮助的机会就越多；而交往得不到满足时，孩子的情绪低落，心理失衡得不到调整，这样下去就容易引发身心疾病。

人际关系还涉及个人潜能的发展。因为人际关系好的人，表示他的感悟性好。人际关系好的孩子能够善解人意，同情别人，能把握住人际交往中的分寸。

孩子到七八岁时，开始脱离妈妈，越来越看重同学和朋友对他的态度。尽管他的感情食粮理所当然地要从家里得到，但从朋友身上也能得到帮助。

在社交方面妈妈可以为孩子提供的帮助有：

①要为孩子营造"休戚相关"的家庭氛围。妈妈和爸爸应相互体恤，乐于奉献。若孩子听到的总是"谁干多了，谁干少了"之类的相互埋怨，孩子就只能体会到付出的痛苦，无形中他会形成"要索取不要付出"的观念。

另外，妈妈可以通过让孩子参与一些事，使其与家庭融为一体。妈妈还可以让他做些力所能及的家务，以培养孩子的合作意识。

②教孩子学会分享。孩子难免都有自私的倾向，我们可以教会孩子与人分享，并体会分享的快乐，比如让孩子和小伙伴一起玩游戏就是一种分享。当然，一起玩并不是简单地凑在一块，而是共同参与一项活动。

③指导孩子识别他人的情绪。识别他人情绪的能力又叫移情，即能够通过他人发出的细微信号，敏锐地感受他人的需求和欲望。要让孩子学会察言观色，洞悉、辨别、评价别人的情绪。这是理解他人、与他人沟通并建立良好人际关系的前提。

④教会孩子理解他人的情绪。在感知、觉察他人情绪、想法和感受的基础上，培养孩子理解他人情绪的能力，即建立同情心，使孩子能够设身处地地为别人着想，体会他人的情绪并产生共鸣。理解是正常交往的前提。仅从"我"的角度看待他人的行为，这是现代独生子女教育的一大弱点，因此要帮助他们养成换位思考的习惯。

⑤教孩子学会宽容。当他发现朋友的缺点而产生矛盾心理时，妈妈应帮助他分析朋友的特点和自身的优缺点，使他懂得"金无足赤，人无完

人"的道理，还应让他懂得友情的可贵，使他珍惜已培养起来的友情，在不违反做人原则的基础上接受对方的缺点，伸出友谊之手，帮助对方改掉缺点。

⑥教孩子学会关心别人。人际关系是人们彼此之间相互作用的结果，若希望得到别人的关心，首先就应关心别人。妈妈应注意培养孩子对他人感兴趣，乐于了解他人，乐于帮助他人，使孩子在助人的过程中获得愉快的情感体验，也获得自我肯定后的自信感和乐趣。

孩子的人际交往能力不是生来就有的，而是在后天的人际交往实践中培养出来的。孩子需要妈妈给以指引，需要妈妈提供社交帮助，才能磨炼出良好的人际交往能力。

第六章

妈妈，和孩子谈谈生命

生命只有一次，生命是一切价值的前提，热爱生活、珍惜生命是人最基本的素质，开展生命教育则是家庭教育的重要内容。妈妈通过生命教育帮助孩子认识生命、珍惜生命、尊重生命和热爱生命，为提升孩子的生存能力和生命质量奠定基础。

给孩子一次涤荡心灵的生命教育

孩子的心理健康非常重要，每个妈妈都希望拥有一个活泼健康的孩子。孩子在成长的过程中，或多或少会遭遇危险的威胁。那么，爱孩子，就对孩子进行一次生命教育吧。

提到生命教育，不得不提到 2008 年的汶川大地震。

汶川大地震发生后，伤亡惨重，但有一个中学的全体师生幸免于难，全部撤离，这就是桑枣中学。该校共 2200 多名学生、上百名老师在地震发生后仅用了 1 分 36 秒的时间就全部冲到操场，以班级为组织站好，无一伤亡，创造了一大奇迹。

这得益于 2005 年开始，桑枣中学每学期都要在全校组织一次紧急疏散演习。他们的应急工作做得非常仔细，每个班的疏散路线、楼梯的使用、不同楼层学生的撤离速度、到操场上的站立位置等，都事先确定好，力求快而不乱，井然有序。这是桑枣中学重视生命教育的一个重大成果。

那么什么是生命教育呢？

生命教育，就是教会孩子尊重与珍惜生命的价值，热爱每个人的生命，并将个人的生命融入社会之中，使孩子树立起积极、健康、正确的生命观。其最终目的在于，通过教育使孩子掌握必要的生存技能，增强承受挫折的能力，培养起坚定的理想信念，也使他们学会关心自我、关心他人、关心社会，从而树立积极的人生观、尊重他人生命和自我生命的意识，以博大的胸怀和坚忍的毅力去实现个体的生命价值，为社会造福。

长期以来，我们的教育一直为升学所左右，生命教育成为教育盲点，常年缺席，正因为生命教育的缺席，孩子们不知道生命的宝贵，不爱惜自己的生命。其实，人最宝贵的是生命，健康是一个人最大的财富，生命都没了，还谈何教育？

某小学 4 名女生因为看了电视节目中特殊的自杀方式，便商议一起尝试，最终 2 人死亡；

某市第九中学一位女生因为喜爱的偶像去世而自杀；

13 岁学生文文从家里偷了 300 元钱，偷偷去见网上认识的男友，最终被骗失身；

河南信阳一名高中女生，半夜把一杯硫酸泼到同学的脸上，原因让众人大吃一惊——她的学习成绩比我好；

…… ……

以上案例让人胆战心惊，然而都是事实，都在生活中真真切切地发生过。这些 21 世纪的青少年，这些担负着祖国未来和妈妈期望的花朵们，其观念和行为竟然如此不可思议。

面对这样的事实，妈妈们和教育人士不禁要问：这些孩子们到底怎么了？

"人生天地间，忽如远行客。"生命只有一次，相对于天地，一个人的生命是短暂的，失去了就无法挽回。

人和动物的区别之一在于，人类有着清晰的死亡意识。也正由于这种意识，人才对生命倍加珍惜，努力成就自己的一生。

那么，怎样对孩子实施生命教育呢？妈妈可以在诗意的环境中讲述"死亡"。我们现在的教育在有意无意地回避"死亡"这个话题。但实际上，对于死亡，再小的孩子都会有自己直接或间接的体验，回避死亡话题，反而会阴碍其对自然生命的体验和感受的认识。

库伯勒·罗斯在《关于儿童与死亡》一书里提到，通过绘画、游戏过程，有助于儿童理解或面对死亡。因此，当我们向孩子讲述死亡这个话题的时候，应该尽可能把这个话题放在一种诗意的环境中，让孩子既认识了死亡又不会感到恐惧。

对孩子进行生命的自我保护教育也是不容忽视的一个环节。孩子要有生命安全的意识。泰戈尔说："青少年学生应该有教育的目的，应当是向人传递生命的气息。"生命的价值首先是基于生命的存在，在此基础上才能发展和提升。作为孩子成长的守护者，妈妈不仅要关心孩子知识的获得、精神的成长，还要教会孩子懂得如何保护自己，呵护自己的生命，防止任何可能伤害生命的行为发生。

作为妈妈，应该教孩子欣赏并尊重生命。生命教育的一个重要方面就是尊敬生命、欣赏生命。人们不仅要珍惜自己的生命，还要珍惜其他人的生命。人不应该无视生命价值，任意践踏生命。生命是宝贵的，孩子们要学会善待他人，善待自然，善待生命。

妈妈还应该帮助孩子正确认识世界，逐步绘制美好的人生蓝图。要做到这一点，就应该让孩子明白，生命的意义和价值所在。要告诉孩子，虽然生命中有坎坷挫折，但生命的本质是光明的，是积极向上的。帮助孩子为实现理想而排除悲观、厌弃自身生命的可能，要做到这一点，妈妈首先要把家庭塑造成一个充满幸福和快乐的园地。

每一位妈妈都有责任把"生命至高无上"这样的话告诉孩子，都有责任时时关注孩子的心理，培养他们"珍惜生命和健康"的意识，都有责任呵护孩子，使其快快乐乐地长大。

孩子对人生的理解是从妈妈开始的

诺贝尔生理学和医学奖的获得者班廷同，年轻时是一所神学院的学生。他与母亲的感情深厚，当他刚学完一年神学时，就接到了母亲病逝的噩耗。为了帮助那些像母亲一样的病人，班廷同毅然决定从医。每当在学习上遇到一些困难时，他就看看床头母亲的相片，看到母亲在病痛中依然保持着的微笑，他就什么困难都能克服了。

观察一下你身边，你可以发现，那些阳光自信、充满乐观情绪的孩子，几乎无一例外地拥有一位极其疼爱他们、乐于赞美他们的母亲。父亲的爱或许大多是含蓄的、深沉的，在潜移默化中教会孩子形成正确的价值观与良好的品性，而母亲的爱与热情，正好将这种力量激发出来，使之发挥出最大的价值。女人天生注重表达情感和想法的特质，让母亲更易于夸奖孩子，关注孩子情绪的变化，在意孩子心情是否愉快等。父亲让孩子感受到勇敢和进取，但是让孩子在生活中深刻体会到这种品质的，还是与孩子形影不离的守护神——母亲。

母亲教育研究所所长王东华教授在他的《发现母亲》中说："对母亲的依恋是人的精神赖以存在而不致崩溃的基础，也是人不断扩大自己生存疆域的依据，人所有的信仰，都是对母亲的信仰的一种替代形式。"这话一点也不夸张，母亲能够带给孩子的生命的动力，是难以估计的。

战国时期齐国的王孙贾，15岁入朝侍奉齐闵王。有一年，淖齿谋反刺杀了齐闵王，齐国人却不敢讨伐逆臣淖齿。王孙贾的母亲看到这一切，极为痛心。她对儿子说："你每天早上出去，晚上回来，我总在家门口等你，如果你晚上回来得晚，我还要到外面张望。你是闵王的臣子，怎么能够在闵王失踪、生死未卜的情况下，安然回家呢？"母亲的话让王孙贾非常惭愧，他走上街头，号召人民起来讨伐淖齿，当时就有四百余人响应，最后终于平息了叛乱。

母亲的鼓励帮助孩子克服了恐惧，让孩子站在了正义这一边。母亲自身对美好的追求，也能感染孩子走上同样的道路。

居里夫人的丈夫很早就去世了，政府提出帮她抚养两个女儿。年轻的居里夫人谢绝了，她说："我不要抚恤金。我还年轻，能挣钱维持我和女儿们的生活。"

在养育女儿的过程中，居里夫人没有把小孩子扔在家里，不愿以科学之名推脱自己身为母亲的责任。在笔记本中，居里夫人像做实验一样每天记载着小女儿的体重、吃的食物和乳齿的生长情况。"伊蕾娜长了第七颗牙，在下面左边。不用人扶，她可以站立半分钟。3天以来，我们给她在河里洗澡，她哭，但是今天她不哭了，并且在水里拍手玩水……"

在一本食谱的空白处她写道："我用8磅果子和等量的冰糖，煮沸10分钟，然后用细筛过滤。这样得到4罐很好的果冻，不透明，可是凝结得很好。"

居里夫人第二次获得诺贝尔奖时，特地带上了女儿伊蕾娜，让她与自己一起分享这份荣耀。"一战"爆发以后，居里夫人征求孩子们的意见，问她们是否同意将保障她们生活的财产捐给国家，两个女儿都欣然同意了。随后，她们又加入战地救护的队伍当中。居里夫人用自己的专业知识，亲自创设并且指导装配备了20辆X光汽车和200个X射线室。没有司机的时候，她就自己开车到外面营救伤员，遇到故障时，她就下车自己动手修理。

作为一个年轻的母亲，居里夫人并没有比别人有更多的优势，她有科研项目，还是一个寡妇。但她坚强的意志和乐观勇敢的生活态度，使一切都不能将她击倒。这种品格，也影响着她的女儿们，最终，伊蕾娜也成了诺贝尔化学奖的获得者。

很多人担心，不知道怎样去教育孩子珍惜人生、积极进取。其实，只要你自己是一个积极进取的母亲，孩子自然就能拥有阳光的心态和性格。孩子对人生的所有理解，都是从母亲的身上慢慢感悟到的。正因为如此，妈妈们才更有必要去改变自己，提高自己。妈妈的生命觉悟高，孩子才会有一个好的生命观。

学会应对危险的孩子才最安全

孩子从呱呱坠地睁开眼睛起，就对这个世界充满了好奇。孩子总在不断地探索周围的世界，这不仅是学习的方式，也是生命的本能。而在这个广阔的世界里，既有美好的阳光鲜花，也会有伤害我们孩子的危险。作为妈妈，当然希望自己的孩子能够健康快乐地成长，所以妈妈们总是不忘教给孩子们安全的知识。

但是，不是让孩子远离危险就安全了。危险其实并不可怕，可怕的是不知道危险的存在，一旦遭遇危险，后果就不堪设想。

在一次火灾里，一家人都逃到了安全地带。但是在浓烟中，他们失散了。当孩子在安全地带找不到妈妈时，孩子又回到了火灾现场找寻妈妈，结果葬身火海。当亲人们重聚的时候，他的妈妈悔痛不已。

在灾害发生时，有很多人本来有逃生的希望，却因为缺乏逃生的知识、对危险无知而丧失了宝贵的生命。正如上述例子里的孩子一样，真的让人痛心。

所以，妈妈要教会孩子应对危险，只有学会应对危险，孩子才会安全。

人自打生下来就有求生的本能，为了个体的生存有些行为是不学就会的。例如，孩子在摔倒时，自然会两手撑地，抬起头部免受伤害，因为人在遭遇危险的时候会极力保护自己的头部和胸部。疼痛是生理警告对人的保护，哭泣和喊叫是求援的措施。孩子已经有了这些能力，现在妈妈们要教他们的是识别危险，并在危险中采取正确的保护措施。

在英国的一所幼儿园里，教师为了让孩子明白颜料的用途，让一两岁的孩子任意使用颜料。孩子们坐在地上，把颜料涂在地板上、墙壁上与自己身上，甚至放到嘴里尝尝味道，孩子的妈妈对幼儿园采取的新的教学方式很支持。但是如果在中国采取这样的教育方式，一定会遭到不少妈妈的反对，因为她们担心孩子会被颜料弄脏，也担心颜料吃到嘴里有损孩子的健康。其实那些尝过味道的孩子很少再把颜料当果冻吃，孩子在实践中已经知道了这些东西的正确用途，知道了它们有很难吃的味道，不适宜做食物。

当然，并不是每件事都要孩子亲自去尝试。在孩子小的时候妈妈就要让他们明白，妈妈警告过他们的危险是存在的，遭遇危险会对自己造成伤害，在危险出现之前，一定要想办法躲开它。

每位妈妈都会对孩子进行安全教育，警告他们这个不许、那个不准……但是，在进行安全教育前，作为妈妈自身也要具备一些应付危险的常识，而且也有一些事项需要注意：

①对危险做准确的定义。例如，妈妈总是告诫孩子火很危险，但孩子看到火柴或者蜡烛的火苗那么小并不能真正认识到火可能带来的危险。这时妈妈可以带孩子参观一些消防知识展览，让他们明白火一旦失控，就会对我们的财产乃至生命带来很大的危险，所以要安全用火。

②对"不许"的禁令说明原因或给出期限。例如，不要随便给陌生人开门，这是基于对安全的考虑。

③要根据孩子的年龄和他接受知识的能力，循序渐进地孩子进行安

全教育。例如，教育两三岁的孩子吃饭不要讲话，教四五岁的孩子迷路了怎么回家。

④教会孩子正确地使用工具。为孩子选择适当的工具和文具。例如，教孩子正确使用水果刀、裁纸刀、剪刀等工具。

⑤平时不要用不存在的伤害来恐吓孩子，以免造成孩子对危险和正常情况的认知失调。

⑥巧用示范。妈妈在为孩子指出什么是危险行为或什么会导致危险时，要告诉孩子或者示范怎样可以避开危险。妈妈还可以和孩子讨论其他行之有效的方法。例如：发现火灾应该立即拨打 119 或 110 报警；没有消防措施时不应该进入火灾现场，这样既保护自己，也为救火人员省去不必要的麻烦。

在安全教育里，妈妈让孩子学会应对危险，这样，孩子才是最安全的。

冒险不一定危险，生命需要适当冒险

一家三口正在不声不响地吃饭，儿子突然开口说话了："我找到一个鸟窝！"

母亲抬起头，瞪大了眼睛，父亲也聚精会神地听儿子说话。男孩很高兴，用手比画着讲了起来。他说，今天放学回家的路上，他看见一只金翅雀从一棵大松树的树冠里飞出来。他就在浓密的树枝里搜寻，终于在高处一根树杈上发现一团乌黑的东西。

他把书包放在地上，开始往松树上爬。巨大的松树又粗又高，他那小小的身子紧紧贴在树皮上，慢慢往上挪动，每一回都要分两次进行：先用胳膊抱住，接着两条腿尽量往上蜷，最后才停下来，四肢牢牢抓住坚硬的树干。他用了很长时间才爬上去。

父亲和母亲惊呆了，谁也没有吱声。就这样，两个人战战兢兢、一声不响地听着。

上房揭瓦、下河摸鱼、爬树、登高、从高处往下跳、溜冰、滑雪等，这些在妈妈看来很危险的行为，却是有些男孩最喜欢的运动。孩子好像总是那么精力充沛，一刻都不想停下来。因此，有些妈妈经常不由自主地叹气：淘气的孩子真麻烦，他好像时时刻刻都在设法让你提心吊胆。然而，很少有妈妈从源头上分析：我的孩子到底怎么了？为什么总是做这些危险的动作？为什么他的精力总也用不完？

孩子的天性就是喜动不喜静，他们有使不完的劲。其实，我们不能完全责备这些精力充沛的孩子。我们应该为孩子天性中的冒险因子欢呼，因为世界上没有一件可以完全确定或保证的事。很多在事业上获得成功的人都是那种胆大心细、敢于冒险搏一把的人。这个世界上没有人可以一帆风顺，成功者往往需要迎接挑战，敢于冒险。妈妈在日常生活当中也要有意识地给孩子提供冒险的机会，让孩子去独辟蹊径，收获挑战自我的乐趣。

冒险对孩子来说是一种证明自我的机会，而爬树是诸多冒险行为中最受孩子尊崇的一种。

这在妈妈看来是一种危险，而对孩子们来说却是有价值的危险。首先，孩子可以通过观察树的整体，判断自己是否能爬上去。如果认为能爬，他们就会想下一步的方法，即确定从何处往上爬，那个树枝能否支撑自己的体重，他们需要确认的项目很多。这样，当孩子们根据自己的判断确定能够爬到树顶时，便决定爬树，当然有时也会从树上掉下来而受伤。但这是因为自己的判断失误而产生的失败，这将成为下一次成功爬树积累了经验。

成功者与失败者的区别并不在于能力强弱或意见的好坏，而在于是否相信判断，是否具有适当冒险与采取行动的勇气。没有尝试者、冒险者，就没有成功者。冒险是一切成功的前提。

1752 年 7 月的一天，富兰克林在野外放风筝进行捕获雷电的试验。

他的风筝很特别，用杉树做骨架，用丝手帕扎成菱形的样子。

风筝的顶端安了一根尖尖的铁针，放风筝的麻绳末端拴着一把铁钥匙。风筝飞上高空不久，突然大雨降临，电闪雷鸣。

富兰克林对全身被淋湿毫不在意，对可能被雷击也不畏惧，他全神贯注于他的手。

当头顶上闪电闪过的瞬间，他感到自己的手麻辣辣的，他意识到这是天空的电流通过湿麻绳和铁钥匙导来的。

他高兴地大叫："电，捕捉到了，天电捕捉到了！"

和富兰克林一样，很多发明家都是最富于冒险的人。因为，他们敢于做许多次试验，直到成功才罢休。冒险不等于蛮干，人们要在冒险中不断地总结、思考、突破。否则，纵然有成功的欲望，若不敢冒险，又怎么会实现伟大的目标呢？

所以，妈妈要给孩子提供冒险的机会，让孩子去尝试新的东西，独辟蹊径。对孩子们来说，冒险可以为他们的生活带来一场全新的体验，或者可以这样说，在他们的眼中，冒险的体验就是生活中快乐的本源。对于未知的事物他们根本就不会感到恐惧，所以也喜欢做更多的尝试。可以想象，如果在孩子的生活中只有千篇一律的学习生活，总是重复着同样的内容，该有多么的单调乏味啊，那又会有什么收获呢？

初生牛犊不怕虎，孩子们在做事的时候往往有更强的锐性。不妨试着培养孩子的冒险精神。勇于尝试和开拓的豪气会让孩子拥有更新鲜、更活泼的生活。

激励孩子，把勇敢注入生命

一天，7岁的李洁趴在地上玩一个玩具，突然连声喊爸爸妈妈。妈妈以为出了什么事，赶紧跑去，一看才知道是一只大土鳖。妈妈对李洁说：

"你为什么不抓住它呀！快抓呀！"但儿子却抱着妈妈的腿不放。

这个时候，妈妈把李洁带到土鳖跟前，说："去，逮住它，男孩子要胆大！记住，你是一个男子汉。"

李洁一开始的时候还趴在妈妈身上耍赖，见土鳖要逃了，妈妈便把卫生纸塞到他的手里，抓住他的手，强制他去抓土鳖。

万般无奈，儿子只好硬着头皮捏住了土鳖。妈妈在旁边连声说："好，这还有点儿男子汉的样子，快点儿，一鼓作气把它扔到垃圾桶里去。"

李洁哆哆嗦嗦地捏着土鳖，胳膊伸得笔直，快步向厕所走去。在妈妈的鼓励下，他把土鳖扔进了垃圾桶。

有了这样的经历后，他再也不怕土鳖之类的小东西了。

孩子的一些恐惧只是本能反应，这是很正常的。妈妈只需正确引导和鼓励孩子，就能消除孩子心中的疑虑和恐惧，孩子就会变得坚强、勇敢。

勇敢是人的重要品质，一个人如果失去了勇敢，那就把一切都失去了。具有勇敢品质的孩子，一般都有如下特征：

1. 意志坚强、勇于进取

意志坚强、勇于进取的孩子在困难面前，比一般的孩子顽强得多。有个孩子曾在日记中写道："摔倒了并不可怕，可怕的是摔倒后不能爬起来；惊涛骇浪不可怕，可怕的是在惊涛骇浪面前失去了镇定。要知道，在希望与失望的决斗中，如果你用勇气去面对挑战，那么胜利必属于你。"这是一位具有勇敢品格的孩子写的，可以看出他在学习、生活的困难面前表现出了非凡的勇气。

2. 开朗直率、敢说敢做

这样的孩子能与人正常交往，没有心理障碍，做事不优柔寡断、瞻前顾后，学习效率较高。在成人面前，他们敢于发表自己的观点，较受同龄人的敬佩。在他人遇到困难时，他们能见义勇为，乐于助人，有崇高的道德情操。他们的勇敢不同于鲁莽、粗暴、出风头，往往表现出机智、灵活、沉着、冷静，以及行为动作具有明确的目的性的特点。

3.富于激情、敢于创新

具有勇敢品质的孩子，往往不满足已有的知识、成绩，不墨守成规；他们的思维总是处于兴奋、活跃状态，所以他们善于抓住新的知识，归纳出自己独特的见解。

孩子作为未来世界的主人，需要具有勇者的气质，也要做一个敢于面对一切强手的人，更要具有无所畏惧、不屈不挠的心理素质和竞技状态。因此，要想让孩子在学习、生活中获得成功，就应该从小培养他们勇敢的品质。

妈妈首先要对孩子有信心，相信他们的能力，相信他们会成功。这就需要妈妈们敢于放手，敢于让孩子面对困难，也需要妈妈们不断地鼓励和激励孩子。在生活中，妈妈要根据孩子的实际能力，适当提高对孩子的要求，让他们面对挑战，学习如何接受并战胜挑战，在不断战胜挑战的过程中感受成功，从而树立起信心。

下篇

实用宝典

——妈妈解决育子难题的妙招集锦

第一章

如何说孩子才会听，如何听孩子才肯说

妈妈不只是一个承担养育教化责任的长辈，她还是孩子第一个也是最重要的朋友。良好的亲子关系，一定不是要让孩子惧怕你，而是要让孩子相信你、尊敬你。只有孩子相信你、尊敬你，你才能和孩子进行真正的对话，进行良好的沟通。

每天要有和孩子单独说话的时间

读初中一年级的一个男生曾对老师说："我很害怕放假。"老师很奇怪，因为孩子们总是盼望假期快一点到来。在老师的追问下，他说："放假在家里，父母都上班了，只有我一个人在家，我很孤独也很害怕，没有人和我说话，爸爸妈妈根本不重视我，他们回到家里只会问：'作业写完了吗？''这一天你都干什么了？'他们从不知道我在想什么，也不和我聊天。晚上睡觉我从不拉上窗帘，因为我要和星星、月亮说话。我很想上学，因为学校里有同学，和同学在一起我感到很开心。"

一项"家庭教育大调查"显示，60%的妈妈每天与孩子相处的时间有4个小时左右，而亲子共处时，最常从事的活动是：35%的在一起看电视，25%的妈妈在辅导孩子学习，剩下的则是游戏等。而妈妈每天和孩子说话的时间，则缩短在半小时以内，而且说的内容大大多是"教导性"的。

在这种情况下，家庭教育出现了"想要"和"需要"之间的落差，妈妈最想要的是：孩子功课棒，才艺佳，听话又乖巧。所以妈妈花时间与精力最多的，还是处理"课业与升学的压力""孩子学习的状况"等问题，然而孩子最希望的是与妈妈分享"心情和情绪"，他们的心愿就是妈妈能多和他们说说话，而不是总问："你今天的功课完成得怎么样？""今天你学会什么了？"

许多妈妈觉得给孩子吃好的、穿好的，关心关心他的学习，孩子就会感到很幸福。其实不然，要让孩子感到幸福，不仅要满足孩子物质上的需求，更重要的是与孩子在精神上有很好的沟通。而每天抽出一定的时间陪陪孩子，就是与孩子进行精神交流的最好渠道。科学研究证明，最有威信的妈妈就是那些每天能安排一些时间和孩子说话的妈妈。

上班族妈妈常常在跟时间赛跑，有时回到家时，孩子已经睡觉了，然而，聪明的妈妈仍能挤出时间陪陪孩子，和孩子聊聊天，分享他的心情、心事。即使能陪伴孩子的时间很短，但只要注重质量，仍然能让孩子感受到你对他的关心，从而建立良好的亲子关系。而当孩子得到妈妈的爱与关怀的时候，孩子的情绪就会稳定自信心就会持续增强。下面这个妈妈就想出了一个聪明的方法：

我把抽出时间与儿子交流列为每天的工作内容之一。我回家晚，就强迫自己每天中午抽出半小时，作为与儿子固定的"煲电话粥"的时间。在这点时间里，我用电话与儿子联络，问儿子学习有什么困难？老师对他有什么要求，在学校表现是否出色，需要妈妈给予什么帮助等问题。开始，儿子吞吞吐吐，不太爱讲，但经不住我的启发和开导，他便把在学校里的困难，与同学的交往，甚至有哪个同学欺负他等都讲给我听。我帮他分析原因，引导他正确处理，使他感到每次与妈妈"煲电话粥"都很愉快，都充满喜悦和信心。慢慢地，每天中午，我不打电话去找他，他就会给我打电话，向我汇报学习上的困难，讲述生活中的趣事、思想上的困惑。他还调皮地称中午时间是"妈妈时间"，是"热线时间"。

另外，注重与孩子的情感交流，是妈妈与孩子成为知心朋友的前提，而与孩子交流的时间最好选在吃饭时和睡觉前，因为这是孩子情绪最为稳定的时候。一个母亲，她从孩子很小时就注意和孩子的情感交流。每天在孩子上床时都要问问他："今天过得开心吗？"孩子长大后，就形成了在睡前和妈妈沟通的习惯，有什么不顺心的事就像朋友一样告诉妈妈。有了这样的感情基础，孩子就容易接受妈妈的建议和忠告，很容易跟妈妈建立起朋友般的关系。

职场妈妈在工作时，可以暂时把孩子交给保姆、老人或是学校，但是谁也取代不了妈妈在孩子心目中的地位，你一定要多挤点时间陪陪小孩，因为孩子需要和妈妈"单独在一起说话"的时间，他需要从和你的说话中知道你对他的爱，从而获得安全感和幸福感，同时，他也需要你来帮助他分担痛苦，与他分享喜悦。如果缺少妈妈的陪伴与沟通，孩子就容易"情感饥饿"。"情感饥饿"的孩子特别喜欢撒娇，特别任性，偶尔还会做出一些古怪的行为，以引起妈妈的注意，又或者极端自闭内向，郁郁寡欢。当孩子出现这些情况以后，妈妈才发现自己的失职，而后悔不已，也许已经来不及了。因为弥补受到伤害的亲子关系，赶走孩子的"情感饥渴"，往往要花很长很长的时间，甚至永远也实现不了。

"蹲下来"和孩子说话

在一个圣诞节的晚上，一位年轻的妈妈带着5岁的女儿去参加圣诞晚会。热闹的场面，丰盛的美食，还有圣诞老人的礼物……妈妈兴高采烈地和朋友们打着招呼，不断领女儿到晚会的各个地方，她以为女儿也会很开心，但女儿几乎哭了起来。妈妈开始还是很有耐心地哄着，但女儿却坐到地上，连鞋子也甩掉了。

妈妈气愤地把女儿从地上拖起来，训斥之后，蹲下来给孩子穿鞋子。在她蹲下来的那一刹那，她惊呆了：她的眼前晃动着的全是大人的屁股和大腿，而不是自己刚才所看到的笑脸、美食和鲜花。她明白了女儿为什么会不高兴，她蹲下来的高度正是女儿的身高。这一次，她知道了，只有"蹲下来"和孩子一样高，妈妈才能理解孩子的感受，妈妈才能真正和孩子沟通。

众所周知，中间有水的管道如果一头高、一头低，水就只能往一个方向流了。孩子与妈妈的交流也是相同的道理。如果妈妈总是站着面对孩子，那么妈妈与孩子的距离就不只是身高上相差的几十厘米，而是一代人与一代人之间的距离，是一颗心与一颗心之间不能沟通的距离。所以，只有"蹲下来"和孩子说话，妈妈与孩子才有可能平等地交流。

"蹲下来"，不只是指在生理的高度上尽量地和孩子保持相同的高度，而更重要的是指在心理上要平等，即以平等的态度和眼光，用认真而亲切的态度，把孩子看成一个需要尊重的独立的人。因为只有在心理上妈妈不再居高临下，与孩子完全处于平等时，孩子才会把他的真实想法告诉你。这就是孩子为什么喜欢把心里话对自己的朋友说，却不愿与妈妈说的原因。

其实，是否"蹲下来"与孩子说话，不只是一种方式问题，重要的是在妈妈心中，是否把孩子真正当作和自己一样是具有独立人格的个体。这才是问题的本质。

美国精神病学家威廉·哥德法勃曾经说过："教育孩子最重要的，是要把孩子当成与自己人格平等的人，给他们以无限的关爱。"家庭内部民主平等的人际关系是孩子心理健康的维生素。尊重孩子，认识到孩子也是一个独立的人，有自己的情感和需要，放下做妈妈的架子，使孩子觉得妈妈和自己是平等的，这是妈妈为了孩子的健康成长而所应做的。

可是，在我们的生活中却常常可以看到妈妈站在那里，大声呵斥孩子："过来！""别摸！""去！去！去！别烦我。"从说话态度来看，妈妈用居高临下、命令式的语言语调和孩子说话显得很威风，可在孩子心目中的妈妈却并不可敬。这样的沟通效果自然不好，而且妈妈很容易在孩子心里失去威信，久而久之妈妈说的话孩子也不会听，甚至孩子还会在心中产生厌恶妈妈的情绪。

无数事例证明，妈妈以居高临下的姿态来关心孩子，会使孩子产生逆反心理。只有妈妈转变姿态，像对待朋友那样去关爱子女，才有可能让孩子感受到平等。

妈妈只有"蹲下来"和孩子说话，真正同孩子建立一种平等尊重的朋友关系，才能拉近彼此的距离，相互敞开心扉，更好地进行沟通和交流。

无论孩子的想法多么幼稚，或听起来多么没有道理，妈妈都要学会耐心倾听，让孩子尽情倾诉。妈妈还应该多问一些为什么，比如孩子为什么会产生这样那样的想法，孩子为什么会认为自己的想法有道理，孩子为什么不赞同妈妈的看法，等等。

只有这样做了，妈妈与孩子之间的沟通和交流才会越来越多，越来越顺畅。也只有这样，妈妈对孩子的教育才会越来越容易，妈妈与孩子之间的紧张关系才会日益改善，家庭才会越来越和睦。有句话叫"家是休息的港湾"，这句话不仅对夫妻如此，对妈妈如此，同样，对于孩子们也是如此。

总之，"蹲下来"和孩子说话，是增强孩子独立意识的有效方式。"蹲下来"说话，不仅仅是一种行为的表现，还是一种教育观的体现。只有怀着强烈的责任心和热切的期望才"蹲下来"；只有把孩子看作是平等的个体才会"蹲下来"。

而只有"蹲下来"，妈妈才能平视孩子，才能获得和孩子坦诚交流的机会，才能真正明白孩子心中所想以及他们行为背后的真实动机。

用好身体语言比说好口头语言更重要

妈妈与孩子之间的沟通障碍来自肢体语言。妈妈的表情、口气和交谈时的肢体动作传达感情的程度决定了亲子之间的沟通质量。

心理学家认为，在人际交往中，身体语言能比口头语言传递更多的信息。我们用语言所传达的信息不会超过所有信息的30%，而其余70%的信息是以非语言的方式进行传达的。而在与年龄较小的孩子交往时，这种比重相差更加悬殊。据研究，在孩子语言能力没有成熟前，妈妈与他交流时，这种非语言的表达方式所占比重为97%。

其实孩子对于妈妈的表情的敏感程度，远远超过了妈妈的想象。曾经有这样一个实验：让妈妈面无表情地看着6个月大、正在笑的孩子，结果，不一会儿，孩子就不再笑了。当妈妈离开后，再次回到孩子身边时，他根本就不看妈妈，甚至故意不理会妈妈。实验证明，面无表情或郁郁寡欢的妈妈很容易刺伤孩子的心。孩子虽小，但他能清晰地从妈妈的表情、动作上感觉到妈妈的态度。

大一点的孩子更不用说了，他们更善于发现妈妈那些语言之外的东西。因此妈妈在与孩子的交往中，不仅要留意自己的身体语言所传达的信息，也要学会读懂孩子的身体语言。

一个5岁的孩子撒了谎，对妈妈说"窗帘不是我弄脏的"之后，他很可能会立刻用手捂住自己的嘴巴；不想听父母的唠叨时，他们会用手捂住自己的耳朵；看到可怕的东西时，他们会捂住自己的眼睛。当孩子逐渐长大以后，这些手势依旧存在，只是会变得更加敏捷，让别人越来越不容易察觉。而在教育孩子的过程中，妈妈可以适当地运用肢体语言，这样可以强化妈妈口头语言的表达效果。特别是对年龄偏小的孩子来说，妈妈的肢体语言可以使他们柔弱的心灵受到莫大的安慰。例如，一个鼓励的眼神，一个温暖的拥抱，都会使他们觉得温馨，具有安全感。

又如在一些日常的小事中，妈妈也可以经常利用肢体语言缓解孩子的心情。

当孩子想妈妈了或被别的小朋友欺负时，妈妈可以把孩子搂在怀里，脸贴着脸，缓缓地拍着他的背部，嘴里也可以轻轻地说些安慰话，孩子那颗惊恐的心会渐渐趋于平静。同时，在和孩子谈话时要蹲着，让孩子平视你，当他说话不着边际时，妈妈都要微笑着等他说完再发表见解，甚至可以伴些手势和面部表情，使孩子觉得自己像大人一样被尊重。

和孩子玩游戏时，调皮的孩子故意耍赖，妈妈要么刮他们的鼻子，要么摸摸他们的头，再不然就亲亲他们……这时候孩子们就会开心极了，他们会围着妈妈又蹦又跳，显得异常开心。

总之，除了正常的语言交流外，妈妈适时给予孩子一个拥抱或者一个轻轻的吻，都可以很好地激发孩子的积极性，让他们体会到妈妈的可亲可敬。而且对于那些调皮捣蛋的孩子来说，当他们犯了错误的时候，妈妈一个严厉的眼神，也许比责骂更有效果。

妈妈的一颦一笑，甚至同一句话使用不同口气，都可以成功地向孩子表达自己的感情。适当地运用肢体语言，多给孩子一份关爱，妈妈们就一定会多收获一份欢乐。所以妈妈们多用一些肢体语言来拉近与孩子之间的距离吧！

80/20——与孩子对话的黄金法则

作为妈妈的你是否有过这样的经历：当你拖着疲惫的身体，努力打起精神，准备和孩子好好沟通沟通时，不是被孩子三言两语给打发了，就是被噎得半天回不过神来。这样不但不能达到了解孩子的目的，还惹得一肚子气，逐渐丧失了和孩子谈话的兴趣，以至于越来越不了解孩子，越来越不知道该怎样教育孩子。因此，妈妈一定要学会与孩子交谈的技巧，而这个技巧，就是有名的80/20法则。

1897 年，意大利经济学家帕累托偶然注意到英国人的财富和收益模式。他发现，社会上的大部分财富被少数人占有了，而且这一部分人口占总人口的比例与这些人所拥有的财富数量具有极不平衡的关系。于是，帕累托从大量具体的事实中归纳出一个简单而让人不可思议的结论：如果社会上 20% 的人占有社会 80% 的财富，那么可以推测，10% 的人占有了 65% 的财富，而 5% 的人则占有了社会 50% 的财富。这样，我们可以得到一个让很多人不愿意看到的结论：

一般情况下，我们付出的 80% 的努力，也就是绝大部分的努力，都没有创造收益和效果，或者是没有直接创造收益和效果。而我们 80% 的收获却仅仅来源于 20% 的努力，其他 80% 的付出只带来 20% 的成果。

显然，80/20 法则向我们揭示了这样一个道理，即投入与产出、努力与收获、原因与结果之间，普遍存在着不平衡关系。小部分的努力，可以获得大的收获。起关键作用的小部分，通常就能主宰整个组织的产出、盈亏和成败。

所以，我们做事情时应该把自己的精力花在重要的少数问题上，因为解决这些重要的少数问题，你只需花 20% 的时间，即可取得 80% 的成效。和孩子谈话，亦是如此。

妈妈和孩子能够顺利地交流思想，对于相互之间保持良好关系非常重要，妈妈都希望孩子和自己讲讲他们内心的感受，这样妈妈就可以理解他们，帮助他们。如果我们问妈妈："你经常与孩子交流吗？"

得到的回答常常是："当然啦，我们经常说，可他一点也不听。"

其实，妈妈所谓的交谈，其中很大一部分是唠叨、批评、说教、哄骗、威胁、质问、评论、奚落……这些做法不管出发点多么好，都只会使相互间的关系更加紧张和充满敌意。试想，如果孩子是你的朋友，你总是板起面孔不管不顾地说一大堆，你们的友谊还能维持多久？

妈妈们常常犯一个严重的错误，就是她们说得太多。她们过早地对孩子进行长篇大论式的说教，并且还常用一些孩子听不懂的词。那些在孩子很小的时候就开始对他们讲大道理的妈妈发现，随着孩子年龄的增长，他们变得越来越不好管教。当他长到十几岁时，他的妈妈又试图用严厉的惩罚来对待他们，但是已经听惯了大道理的孩子会比一般的孩子更不接受这种惩罚。

所以，要根据孩子的年龄和成熟程度把握好谈话的度。美国著名的成功学大师建议我们把80%的时间留给对方来发言，把剩下的20%拿来提一些能够启发对方说下去的问题。可以说，对话的过程重在倾听，妈妈们更是要懂得这个法则。

一般而言，对年龄小的孩子要侧重管教，而对大孩子则与其多交谈。例如，与其告诉2岁的孩子电源是危险的不能碰，不如把他的手一把拉开，并严厉地说"不能碰"，这样更能使他立即理解你的意思。

可是，如果你不对一个13岁的偷偷抽烟的孩子详细地解释尼古丁的害处，而是简单地责罚他，那么将不能收到好的效果。在这些青少年的世界中，他们需要大量的空间去表达自己，需要耐心的听众。妈妈们多多倾听，让他们说出自己的想法，并且及时解答他们的疑惑。这就像大禹治水，重在疏导，而不是想办法用东西堵塞。

当孩子厌烦了你的话语，甚至一听你的谈话就捂着耳朵钻进被子里，不妨巧妙地运用80/20的黄金法则，作为妈妈的你就会发现其实我们可以花最少的力气取得最好的效果。

做积极倾听的妈妈，耐心地听孩子把话说完

一位母亲问她5岁的儿子："假如妈妈和你一起出去玩时渴了，一时又找不到水，而你的小书包里恰巧有两个苹果，你会怎么做呢？"

儿子小嘴一张，奶声奶气地说："我会把每个苹果都咬一口。"

虽然儿子年纪尚小，不谙世事，但母亲对这样的回答，心里多少有

点失落。她本想像别的父母一样，对孩子训斥一番，然后再教孩子该怎样做，可就在话即将出口的那一刻，她突然改变了主意。

母亲握住孩子的手，满脸笑容地问："宝贝，能告诉妈妈你为什么要这样做吗？"

儿子眨眨眼睛，满脸童真地说："因为……因为我想把最甜的一个留给妈妈！"

那一刻，母亲的眼里隐隐闪烁着泪花，她在为儿子的懂事而自豪，也在为自己给了儿子把话说完的机会而庆幸。

可以想象，如果上文中的妈妈开口训斥了孩子，那么她很可能听不到孩子的内心想法了，这样的误解和责怪不仅伤害了孩子的心灵，还破坏了良好的亲子关系。然而生活中，这样做的妈妈很多很多，所以母子或母女之间才有那么多沟通方面的问题。其实，很多时候，只要妈妈多一点耐心听孩子把话说完，就能起到完全不同的效果。

耐心听孩子说完，是一种积极的倾听，但是积极倾听不完全是指在一边默默地听对方说话。积极倾听的核心是以平等的姿态鼓励对方说出真心话。倾听者要暂时忘记自己或把自己的评判标准放一边，不管你对对方的言语或行为持赞成、欣赏还是批判、反对的态度，都要无条件地接纳对方。积极倾听关注的重点不是话语，而是对方的心理。积极的倾听不仅要感同身受地去体会对方的心情，而且要引导对方抒发情绪，宣泄不满、愤懑、悲伤，表达快乐、喜悦……

妈妈平日在生活上非常关心孩子，可在真正平等地对待孩子、关注孩子心理健康方面通常做得很不够。孩子遇到一些问题，在向妈妈诉说时，不是经常被打断，就是不被重视，甚至是被指责。所以孩子只能将很多话咽回去。有时，妈妈只是机械地听孩子诉说，体会不到孩子在倾诉时的情绪，这种情况下，孩子的想法得不到妈妈的重视，他们只能把自己的秘密埋藏在心里，做妈妈的就很难知道孩子的所思所想，这样妈妈对孩子的教育就会无所适从。另外，妈妈不尊重孩子的说话权，久而久之，孩子就会对妈妈产生反抗情绪，进而导致亲子沟通出现问题。一份调查显示：70%～80%的儿童心理卫生问题和家庭有关，特别是与妈妈对孩子的教育和交流沟通方式不当有关。另外，妈妈不懂得倾听孩子的心声，也会从侧面妨碍他语言能力和社交能力的发展。

要学会积极倾听，最简单也是最重要的就是当孩子说话时，你无论有多忙，一定要看着孩子，不要随意插嘴，尽量表现出你很感兴趣的样了。让孩子发表他们的观点，而你则完整地听他所讲的话，对于青春期的孩子更是如此。

青春期的孩子往往有较强的逆反心理，他们不喜欢听妈妈说话，更不愿向妈妈倾诉心事。但是如果他们向你谈起自己的往事，请千万要耐心、感同身受地去倾听。他告诉妈妈，证明他在努力向妈妈敞开心扉，试图缩小与妈妈的心理距离。当他们说出曾经所受的伤害时，你就应当去接受，去理解，去发现能治疗"伤疤"的方法。你如果在某一重要原则上不同意他的看法，就应告诉他你不赞同他的什么观点，并说出理由。当妈妈积极倾听了，他也更加愿意倾听妈妈的话。

用孩子的眼睛看世界，孩子才会听你的道理

深冬的早晨，在一个犹太社区中心健身房外的走廊里，有个2岁的男孩突然大发脾气：他一下子趴到地下，又哭又叫，两脚乱踢，两手乱抓。而他的母亲就在他身旁，却一句话都不说，她放下手里的包袱，先蹲下，再坐下，后来索性全身趴在地上，她的头和儿子的头在同一水平线上，两个人的鼻子也碰在一起。走廊里来来往往的人很多，大家都小心地绕开他们，尽量不去注意他们；母子两个旁若无人地趴在那里好半天。最后，孩子脸上的愤怒慢慢消失，显露出平静，哭叫声变成了低语，终于把哭红的小脸靠在地板上，他的妈妈也同样把脸靠在地板上。孩子看母亲，母亲

就看孩子。最后孩子站起来，母亲也站起来。母亲拿起包袱，向孩子伸出手来，孩子抓住了母亲的手。两人一起走过了长长的走廊，到了停车场。母亲打开车门，把孩子放在儿童座椅上扣好，亲了一下他的额头。孩子的情绪已经变得非常安稳甜蜜。而在这整个过程中，当母亲的居然没有说一句话。在一旁一直跟踪观察他们的作者，简直要情不自禁地为这位母亲鼓掌！

　　这是《一岁就上常青藤》这本书的作者薛涌讲述的发生在美国街头的一幕场景，母亲专心致志地趴在地上，仿佛要尽自己最大的努力从孩子的角度来理解他发脾气的原因。正是由于这一点点虔诚的努力，两个人建立了默契的沟通通道，孩子平静了下来，而这位母亲自始至终没有说一句安慰孩子的话。也许你会感到奇怪：既然母亲一句话都没有讲，是什么力量安抚了孩子原本不平静的情绪呢？

　　这位妈妈的法宝，就是用孩子的眼睛看世界，与孩子感同身受。而与孩子交流，最重要的就是要懂得用孩子的眼睛来看世界。在日常的生活中，可能很多人都有这样的体会：当我们被人理解之后，内心就会感到温暖有助，在这种情况下，人通常容易打开心扉畅所欲言；而当一个人感到自己不被人理解的时候，内心就会感到委屈孤独，什么都不愿意说，甚至会刻意疏远别人。成人都如此，更何况是孩子。所以，妈妈在爱护孩子、教育孩子的时候，也应该从孩子的角度去考虑他是否可以接受。

　　很多妈妈为与孩子沟通一事感到头痛：孩子心里有秘密不会告诉你，孩子遇到了难过的事情不会找你诉说，甚至孩子遇到了困难都不愿意找你来帮助。难道我们不爱自己的孩子吗？他们为什么要对我们充满敌意呢？你的至理名言，被孩子当成了耳旁风；你苦口婆心的训导，让孩子感到心烦意乱。这到底是为什么呢？作为妈妈，如果不懂得从孩子的角度来和他交流，那一定会使沟通出现重重的障碍。

　　有一位妈妈，对自己的孩子很是头痛，因为她的孩子深深迷恋游戏机不能自拔。爱子心切的母亲怀着恨铁不成钢的心情，每当看到孩子总会劈头盖脸地训斥一番，可是她不曾想过，孩子怎么会心甘情愿地接受她的责骂呢？虽然妈妈是出于对孩子的爱护，但这样做不但不会收到良好的效果，反而会加重孩子的逆反心理。

另一位妈妈就很懂得教育的艺术，她在教育孩子之前用心体会了儿童的心态，虽然对孩子沉迷于游戏的状况感到担忧，但她使用了让孩子可以亲近的方式，比如用儿童式的语言问孩子："你今天的手气怎么样？有没有破纪录？"通过这样的问法，我们可以轻松得知孩子现阶段对游戏的痴迷程度，而且不会让孩子有所警觉。结果，这个孩子兴致很高，说："我今天打到了10000分。"这位妈妈的问话传递出的信息并不是对游戏的厌恶，而是好奇，所以让孩子觉得妈妈对游戏也很感兴趣，因为你们对同样的事物感兴趣而愿意和你交流，只要愿意和你沟通，以后的说服就会变得容易很多。

同时，当妈妈试图努力让自己从孩子的角度来看问题的时候，孩子也会逐渐意识到应该学着用妈妈、老师的眼光来理解世界，这样，妈妈的价值观念才能得以更好地传递给孩子。

如果妈妈细心地感受孩子的人生，不剥夺孩子自由呼吸的空间，那么孩子就能和妈妈好好沟通，就听得进妈妈的教导。所以，妈妈应该懂得用孩子的眼睛来看世界，努力让孩子掌握基本的做人原则，并鼓励他们用这样的原则来理解大人。

让孩子服从你，不如让孩子理解你

最近，文文对热播的电视连续剧很是着迷，为了让看电视和完成作业两不耽误，文文决定一边看电视一边做作业，结果她的作业本上到处可见醒目的叉叉。

"文文，不可以再看电视了，回屋里去写作业。"妈妈不得不对文文下最后通牒。

文文听了妈妈的话，心中很是不爽，唉声叹气地抱怨说："我真是一个倒霉的孩子。"妈妈听了之后，诧异地推推眼镜，仔细地看着自己的孩子，不知道她为什么要这样讲。

"实在是不公平，为什么你们大人就没有家庭作业？为什么你们白天在外面忙碌一天之后，晚上回到家可以休息，我怎么就不行？"文文实在想不明白，"做学生是最辛苦的，我也想和你们一样上班，这样的话我晚上就可以休息了。"

对于文文的话，妈妈一时不知道如何向她解释，因为工作并不像她想象的那样简单，也是需要承担责任和风险的。可是，文文从来都没有体谅过自己的妈妈，反而觉得自己是最辛苦的。

现在有很多孩子和文文一样，不知道自己的妈妈每天都在忙些什么，不知道自己吃的、穿的、用的东西是从哪里来的，反而觉得自己吃好、穿好、用好是天经地义的。甚至有一些不懂事的孩子认为妈妈不需要被尊重。

很多妈妈总是认为只要孩子吃好、穿好、听话懂事就行了，她们不愿意让孩子了解自己工作生活的辛苦，也没有给孩子理解自己的机会，觉得自己为孩子撑起了天，孩子就应该服从自己。但是，孩子并不认同这个道理，他们并不认为自己就一定要服从妈妈。其实，让孩子服从你，不如先让孩子从内心理解你，这对亲子沟通来说很重要。当孩子对妈妈付出的辛劳越是了解，就越是会从内心里理解和尊重自己的妈妈，也才能真正心服口服地听从妈妈的劝告。否则，孩子会觉得自己所获得的一切是理所应当的。

《新文化报》的记者曾经在某一地区的 3 所省重点中学发了 280 份调查问卷，结果令人震动：

问题一：你的袜子谁来洗？

95% 妈妈或其他长辈洗；5% 自己洗。

问题二：你认为妈妈辛苦吗？

22% 一般；59% 很辛苦；19% 不辛苦。

问题三：你常与妈妈沟通吗？

22% 经常；26% 偶尔；52% 几乎从不。

问题四：你给妈妈做过饭吗？

20.5% 没有；66% 有过一两次；13.5% 经常给妈妈做饭。

问题五：你常对妈妈说感激的话吗？

39% 是；20% 只是偶尔；41% 几乎从不。

问题六：妈妈不高兴时，你安慰过她们吗？

62.2% 有；5.4% 没有；32.4% 有一两次。

问题七：你为妈妈洗过脚吗？

17% 洗过几次；20% 只洗过 1 次；63% 从来没洗过。

问题八：你觉得应该回报帮助过你的人吗？

20% 没考虑过；62% 应该；18% 不用。

问题九：遇见教过你并常批评你的老师，你会说话吗？

86% 不理她（他），假装没看见；14% 会主动上前打招呼。

在这份问卷调查中，有 52% 的孩子表示自己几乎从来不和妈妈沟通。对于"你认为妈妈是否辛苦"这个问题，有 19% 的孩子觉得妈妈不辛苦。"我一点也看不出妈妈辛苦。她们每天早上起来给我做早饭，然后送我上学，晚上再来接我回家。天天如此，从来没有听她们说过自己很辛苦啊。"妈妈只是没有把生活的辛苦和沧桑挂在脸上，孩子们就以为自己的妈妈一点都不辛苦。而在对"你常对妈妈说感激的话吗？"这个问题，41% 的孩子选择从来没有，并且认为："她是妈妈，对我好是自然的。别人的妈妈也对自己的孩子很好啊，我又有什么特别吗？"

其实，当妈妈与孩子之间是相互尊重、相互理解、地位平等的时候，孩子就能更好地感受到妈妈对自己的爱，妈妈为自己做出的牺牲；当孩子完全从属于妈妈的时候，他们就会无视别人为自己做的一切，确切地说他们是没有自我的。

如果你的孩子也是这样的，那就应该想办法引导孩子认真考虑一下：妈妈每天不仅要做好自己的工作，还要费尽心思照顾全家人的生活，即使面临着来自工作和家庭的压力，也很少跟孩子提起，实在是很不容易。当妈妈空闲的时候，可以给孩子讲一讲自己工作的情况，让孩子了解妈妈工作的艰辛，做到心中有数。无论妈妈从事什么职业，都是靠自己的双手在劳动，都是凭自己的本领在吃饭，都值得孩子敬重。孩子对妈妈付出的辛劳越了解，就会从心里相信和敬重妈妈，也才会真正理解妈妈。

或者，妈妈还可以试试以下一些方法：

①教育孩子学会理解，凡事除了从自身的角度考虑之外，还要推己及人，以他人的观点观察一下，这样才能不失偏颇。

②和孩子沟通，让孩子了解妈妈的烦恼和辛苦。可以在晚饭的时候和孩子多聊聊天，让孩子也能了解自己在工作中遇到的问题。

③教育孩子珍惜妈妈的劳动，让孩子也参加一些简单的劳动，在劳动的过程中让他体会到做任何事情都不是轻而易举的，必须付出努力，并让孩子理解妈妈对他的期望以及为此所做的一切。

当孩子不能理解妈妈的苦心时，妈妈应该静下心来与孩子交流，告诉他你的困难、辛苦以及工作的状况，让孩子去理解你、关心你，这样才有利于孩子的健康成长。

第二章

不打不骂教出好孩子的妙招

打骂不是教育孩子的好方法，不打不骂照样能教出优秀的孩子。成功的现代妈妈应该是懂得拒绝打骂和暴力的妈妈，应该是能够给孩子的成长创造快乐天空的妈妈。

"有心无痕"的批评和表扬才能对孩子生效

早晨，明明喝完牛奶，随手把空牛奶盒从教室的窗户扔了出去，正巧打着楼下的一位学生。事情反映到老师那里，乱扔盒子的明明被班主任叫到了办公室。

"你知道这种行为的严重后果吗？"班主任厉声质问。

"老师，我错了，我以后再也不往楼下扔东西了！"这时，明明眼里的泪水已在打转。

"幸亏你扔的是纸盒，如果是铁盒、砖块呢？还不把人家脑袋砸破？"

"万一砸出人命来怎么办？"

……………

班主任连连质问、斥责，由纸盒到铁盒、砖块，再到人命，说了一大堆，越说越严重，越说越玄乎，似乎还不满足，仍想继续"发挥"，但这时，明明已变得充耳不闻，表情淡漠了。

生活中有很多妈妈也会像这位老师一样，唠唠叨叨地对孩子批评一番，她们经常抱怨为什么孩子总是听不进教诲，对批评一点都不能虚心接受。那是因为长篇大论的批评已经超出了孩子的承受范围，使他们感到麻木或厌倦。这好比孩子一次只能吃 2 根雪糕，你非得一次逼他吃掉 10 根，那他自然因为吃腻了而从此对雪糕丧失兴趣。

人的机体接受某种刺激过多、过强或时间过长的时候，就会调动"自我保护"的本能，出现逃避倾向。这种现象被人们称为"超限效应"。

"超限效应"在家庭教育中时常发生。如当孩子考试失败时，妈妈会一次、两次、三次，甚至四次、五次重复对一件事做同样的批评，使孩子从内疚不安到不耐烦，最后反感讨厌，甚至孩子被"逼急"时，会出现"我下次还这样，不学了！"的反抗心理。又或者孩子是一个大大咧咧的人，他偶尔会把房间弄乱，而妈妈时不时就念叨孩子不爱整洁、邋里邋遢，久而久之，孩子心生厌倦和反叛，他故意不打扫不整理，以此来回应妈妈的批评。

其实妈妈的本意是好的，想通过强调这个问题，使孩子记忆深刻，下次不再重复犯同样的错误。可是妈妈这种喋喋不休的说教、嘱咐、训斥，最终导致孩子出现了"超限效应"，他们不但无动于衷，反而异常反感。孩子本身对自己的错误是有内疚之感的，但是如果妈妈咬住孩子的错误一直不放，就会导致孩子产生厌倦之情。当厌倦淹没了悔恨自责，孩子就只记得对妈妈的不耐烦，并千方百计地为过错找借口，也失去了对错误的悔意。所以，当孩子听不进批评时，妈妈就要反思一下自己对孩子的批评是否超限了。

在教育中，不光是多批评会引发超限效应，多表扬也是如此。表扬过多以后，孩子会变得麻木，对称赞丧失兴趣，从而失去上进的动力。过多的称赞不仅会变得不值钱，甚至会使孩子认为妈妈很虚伪。所以，无论是表扬还是批评，都要掌握一个度。过少是妈妈的失职，过多则是妈妈的失误。

在表扬孩子时，妈妈要善于抓住孩子的闪光点，及时捕捉孩子的每一次、每一点进步，有针对性地对孩子的行为进行表扬，并要适可而止。点到为止、暗香余留的表扬是对孩子有持续吸引力的表扬艺术。当批评孩子时，妈妈更要讲究艺术。要切记：孩子犯一次错，只能批评一次。如果他再犯同样的错误时，可以变换角度来说他。比如，孩子放学后写作业，每次写完后都不把书收拾到书包里，你可以批评他。但当他答应做到而又没有做到时，你可以和他一起想办法，比如建议他在记事本上记住每天要做的这件事。批评孩子，既要让他认识到自己的错误并心存自责，又要鼓励他下次积极改进，这才是批评的高级境界。

与其惩罚，不如先规定纪律

内科医师有一句座右铭，大概意思是：首要原则是不伤害病人。妈妈也需要类似的规定来帮助自己，在约束孩子守纪律的过程中，不要对孩子情感上的快乐造成伤害。

纪律的关键在于寻找惩罚的有效替代手段。

布莱克夫人去给那些犯过错的男生上第一次课，当她轻快地走上讲台时，她绊了一下，摔倒了，男生们哄堂大笑。布莱克夫人没有惩罚那些嘲笑她的学生，而是慢慢地站起来，直起身子，说："这是我给你们的第一个教训—— 一个人会摔倒趴下，但是依然可以再站起来。"教室里寂静无声，孩子们接受了这个教训。

这样的方法，所有的妈妈都可以仿效，运用智慧的力量，而不是用威胁和惩罚来影响孩子的行为。

当妈妈惩罚孩子的时候，孩子会怨恨妈妈，当他内心充满愤怒和怨恨时，他是不可能听进妈妈的话，不可能集中注意力的。在训诫孩子时，任何可能导致愤怒的行为都应该避免，而那些会增强自信、增强自尊、尊重他人的方法则应该大力提倡。

为什么当妈妈惩罚孩子的时候，会激怒孩子？不是因为妈妈不和蔼，而是因为她们不懂得方法。她们没有意识到自己的哪句话是有破坏性的。她们很严厉，是因为没有人告诉她们如何在不骂孩子的前提下处理棘手的问题。

一天，儿子贾宏从学校回到家，一开门就朝妈妈大声嚷嚷："我恨我的老师，她当着我朋友的面冲我大声叫，她说我说话扰乱了课堂秩序，然后她惩罚我，让我整堂课站在大厅里。我再也不要回学校了！"儿子的怒气让这位妈妈失去了平静，于是她不假思索地把心里所想的话脱口而出："你很清楚，你应该遵守纪律，你不能想讲话就讲话，如果你不听话，你就会受到惩罚，我希望你已经得到了教训。"

当妈妈如此回应儿子的烦躁情绪后，儿子也非常生妈妈的气。如果那位妈妈没有说上面那些话，而是说："站在大厅里多尴尬啊！当着朋友的面冲你嚷嚷也很让人丢脸！怪不得你要生气。没有人喜欢遭到那样的对待。"这样富有同理心的回应等于认同贾宏的烦躁情绪，会消除他的怒气，让他感到妈妈对他的理解和爱。

有些妈妈会担心，如果他们承认孩子的烦躁，提供情感上的急救，会给孩子传达这样一个信息：他们同意孩子的不良行为。但是，就像上面提到的妈妈一样，她儿子的捣乱行为发生在学校里，而老师已经处理过了。她苦恼的儿子从她那儿需要的不是额外的训斥，而是同情的话语和理解的心情，他希望妈妈能帮助他消除烦躁。

纪律就像外科手术，需要精确，不能随意下刀，不能草率地抨击孩子。不端行为和惩罚不是对立的两个方面，不能互相抵消，相反，它们会互相滋养、互相增强。惩罚无法制止不当行为，只会让肇事者的行为更隐蔽。当孩子受到惩罚后，他们会想办法更加小心，而不是更顺从，或更有责任心。

所以，妈妈们可以通过纪律使孩子自愿接受限制和改变某种行为。从这个意义上来说，妈妈的训诫可能最终会带来孩子的自律。通过认同妈妈和妈妈体现出来的价值，孩子内心会获得自我调整的标准。

对感受要宽容，对行为要严格

教育孩子的目的是什么？是帮助孩子成为一个正派的人，一个受人尊敬的人，一个富有同情心、能承担责任、关心他人的人。如何教化孩子？要使用人道的方法，在妈妈们努力教育孩子待人接物、为人处世时，要想有效果，就不能伤害他们的感情。

孩子从经验中学习。他们就像湿水泥，任何落到他们身上的话都会产生影响。因此，重要的是，妈妈们对孩子的感受要宽容，但对他们的行为要严格，要学会跟孩子谈话时不要激怒孩子，不要对他们造成伤害，不要削弱孩子的自信，或者让他们对自己的能力和自我价值失去信心。

对待孩子的不良行为要严格，但是，对孩子所有的感受、愿望、欲望和幻想，应该宽容对待，不管它们是积极的、消极的，还是矛盾的。像我们所有的人一样，孩子无法禁止自己的感受。有时候，他们会感觉到贪婪、自责、愤怒、害怕、悲伤、欢乐和恶心。尽管他们无法选择他们的情感，但是他们有责任选择如何、何时表达这些情感。

无法接受的行为并不是无法容忍的。试图强迫孩子改变无法让人接受的行为，结果是令人失望的。但是，依然有许多妈妈问以下这些问题：怎么才能使孩子做家务呢？怎么才能迫使孩子专心做作业呢？怎么才能让孩子打扫他自己的房间呢？怎么才能说服孩子在外面待的时间不要晚于她规定的时间呢？怎么才能让孩子的日常表现正常呢？

妈妈需要知道唠叨和强迫是没有用的。强制只会导致怨恨和抵触，外部压力只会带来违抗和不从。妈妈不应该把她们的意志强加在孩子身上，而是应该理解孩子的观点，帮助他们解决麻烦，这样，妈妈才更有可能影响孩子。

例如，刚刚的妈妈对他说："刚刚，你的老师告诉我们，你没有做家庭作业，能告诉我们出了什么问题吗？有什么我们能帮忙的吗？"

不管 11 岁的刚刚怎么回答，妈妈已经开启了对话，即将找到难题的源头，这样，就可以帮助刚刚承担起做家庭作业的责任。

孩子需要一个清晰的界限：什么行为是可以接受的，什么行为是不可以接受的。没有妈妈的帮助，他们很难不依照他们的冲动和欲望行事。当他们知道被允许的行为的清晰界限时，他们会觉得更加放心。

对妈妈来说，限制比强迫执行这些规矩要容易得多。当孩子向这些限制挑战时，妈妈应该学会灵活处理。妈妈希望孩子开心，当妈妈不允许孩子违反规则时，孩子可能会觉得不再被爱了，会觉得内疚。

"今天晚上不许再看电视了。"当 12 岁的冰冰喜爱的电视节目将要开始时，她的妈妈说道。冰冰很生气，喊道："你真小气！如果你爱我，你会让我看我最喜欢的节目，它马上就要放了。"妈妈想让步，对她来说，很难拒绝这样的请求。但是她觉得不能有这个先例，她强制执行了她的规定。

因为有很多规定很难强制执行，所以妈妈要把规定按优先次序排列，并且让这些规定越少越好，以保证规定能够得以顺利执行。

给孩子指导而不是批评

批评和评定性的称赞是把双刃剑，两者都是在给孩子下结论。为了避免下结论，心理学家不会发表批评意见影响孩子，而是指导孩子。在批评孩子时，妈妈会攻击孩子的人品和性格；而指导孩子时，妈妈陈述问题以及可能解决问题的方法，但不会针对孩子本人发表任何观点。

一旦孩子说错了什么或做错了什么，妈妈立刻摆出一副严厉的样子对孩子指手画脚，同时带有无礼甚至是侮辱性的批评语言。结果不但没有让孩子心服口服地接受批评，反而引起孩子的反感和顶撞。

吃早餐的时候，7岁的罗文在玩一个空杯子，正在餐厅里打扫的妈妈对罗文说："你会打碎它的，不要玩了，你不知道打碎了多少东西。"

罗文自信地说："放心吧，不会打碎的，我保证。"刚说完，杯子就从手掌间滑落在地，摔得粉碎。妈妈生气地说："你应该放声大哭。真是个大笨蛋，屋里东西快要被你摔光了。"

罗文很不服气，他说："你也是个笨蛋，你曾经打碎最好的盘子。"妈妈一听这话，气得从餐厅里冲出来："你竟敢说我是笨蛋？你太没礼貌了！"

罗文说："是你先没有礼貌的，谁让你先叫我笨蛋的。"妈妈简直气得无话可说："不许说话，马上回到你的房间去。"

罗文看着妈妈生气的样子，来劲了："来啊！"

这种行为激怒了妈妈，她一把抓住他，狠狠地将他打了一顿。罗文一气之下离家出走，直到深夜才回来，这把全家人急得一晚上没睡好觉。

也许，这件事情让罗文得到了教训，他以后再也不玩空杯子了。但是妈妈也应该得到教训，那就是应该用善意的语气指导孩子，使孩子避免再次犯错，而不是用暴力教训孩子。

其实，在孩子玩杯子的时候，妈妈完全可以提醒孩子"小心摔了杯子，割伤了手"，然后给孩子建议"玩皮球是个不错的选择"；或者当杯子打碎时，妈妈可以帮助孩子处理玻璃碎片，顺便说："杯子很容易打碎，以后注意点哦。"这种和气的话很可能让罗文为自己的过错感到惭愧，继而会因为自己闯了祸而产生歉意。在没有斥责、没有巴掌的情况下，他甚至可能会在心里思考，并自己得出结论：杯子不是用来玩的。

当孩子做了错事时，批评对孩子往往是没有益处的，它只能导致怨恨和反感。而且，如果孩子老是受到批评，他就学会了谴责自己和别人，学会了怀疑自己的价值，也学会了怀疑别人的价值，而这会导致人格出现缺陷。所以，妈妈应该给孩子更多的指导而不是批评。妈妈可以从以下几个方面做起：

第一，孩子犯错之后，指导孩子处理问题。当孩子不小心碰翻了果汁、打破了杯子时，妈妈首先要做的不是批评孩子的错误，而是指导孩子怎样处理错误导致的问题。妈妈应该告诉孩子应该如何清理破碎的玻璃杯，如何把地板拖干净。

第二，孩子犯错时，不能辱骂孩子。无论孩子犯了怎样的错，你都不能辱骂孩子，如果你经常在孩子犯错后辱骂孩子，孩子就会朝你所骂的样子发展。假如你骂孩子是个坏孩子，他会慢慢变成真正的坏孩子；假如你骂孩子是个笨蛋，孩子真的会变成笨蛋。所以，如果你真的想让孩子在犯错之后改过自新，就要杜绝辱骂孩子，你只需实事求是地指出孩子的错误，并告诉孩子怎么做就可以了。

第三，要及时和孩子交流，让孩子知道错误。孩子犯错了，你可能还不清楚原因，那么你需要和孩子交流，让孩子告诉你他是怎样犯错的。这便于你针对孩子的错误提供指导性的意见，最终帮助孩子改正错误。你可以对孩子说："现在没有必要惩罚你，而要搞清楚你是怎么犯错的，这样你才不会犯同一个错误。"让孩子明白，你并没有惩罚他的意思，他才可能放下心理包袱，和你交流。

每个人都希望得到指导而不是批评，孩子同样有这样的心理。这就要求妈妈在教育孩子的时候，多用善意的指导和关爱代替批评和责骂，这样孩子才会虚心地接受妈妈的教育和引导。

多一点引导，少一点控制

控制是一种奇妙的东西，它是一种与生俱来的本能，隐藏在每个有思想的物种体内，人更是如此。在家里，妈妈永远都想控制孩子，她们的初衷是对孩子的爱，这爱可以创造伟大的亲情，也可以创造家庭的不幸。因为，很多妈妈以"爱"的名义来控制孩子。

家庭中利用爱的名义控制孩子，从而给孩子心灵成长带来不良影响的现象比比皆是，如：

"你是我生的，你是我养的，所以你该……"

让孩子背上还债的负担，是最常见的控制。按照序位，序位高的妈妈，不能要求序位低的孩子按照自己的模式生活，孩子有选择权的前提是没有心灵的沉重枷锁。

"你不听话，我养你容易吗？真不如当初不要你了……"

认为养育孩子等于受苦，还威胁孩子，迫使孩子以自己的命运进行补偿，而这种威胁式的控制会让孩子从小便没有安全感。

"我活得不容易，我的生命是悲惨的……"

这是隐性的控制，也是负面效应很大的控制。这种动力会迫使孩子将自己的生活变得更差以寻找心灵的平衡。或者"你不听我的话，我真命苦……"妈妈有时以自己多么"命苦"来要挟孩子听话，孩子被迫进行补偿，这往往会给孩子带来悲剧性的命运。

那么，妈妈应该如何做才能让自己"少一点控制，多一些引导"呢？

①妈妈应该克制自己的控制欲望。如果妈妈对孩子的控制欲比较强烈，那么建议妈妈首先把心态放平和。妈妈对孩子有期望是好的，但不要在孩子面前时时处处表现出来，不要急躁，按照对的思路去做了，一时没看到成效，也不要太着急，继续做下去就行了。

②尊重孩子，给孩子自由。妈妈尊重孩子，孩子才能尊重妈妈。有的妈妈只希望孩子对自己言听计从，而不希望他们有观点或者申辩一下，否则她们就对孩子大声训斥。这种孩子长大后很可能是一个人云亦云的人，没有自己的观点。

③给孩子一些成长空间。妈妈应离孩子稍远一点观察。孩子的成长应该顺其自然，不应该脑子里有个框框，强硬设定，而应该利用一些生活场景，尽量提供一些有利于孩子发展的外部环境，尽量正确地引导孩子。

④培养孩子独立思考和判断的能力。独立性是一种习惯，是在生活中慢慢养成的，如穿衣穿鞋、吃饭洗手这类小事。孩子做任何事情，都会碰到次序、步骤的问题，也有效率和结果的不同，这就是因果关系，就是逻辑。更复杂的独立思考、判断的能力是在独立意识的基础上，在实践经验和知识的积累中形成的，或许孩子大一些妈妈才会比较关注这一点，但这种能力不是说有就有的，它是长期训练之后形成的一种对环境和事情的反应习惯。如果孩子从小就没有这种习惯或能力，可以肯定地说，长大后也不会有。

⑤引导孩子的生活态度和价值观。当孩子逐步树立了事物的简单意识之后，几乎每时每刻都在对外界事物和信息进行着判断和选择。妈妈在孩子对一点一滴小事的处理中对其加以引导，就可以逐步培养孩子乐观、向上的生活态度和良好的价值观。

作为母亲，当然不能对孩子不加管教、听之任之，但是控制过严又可能压制孩子天真烂漫的童心，对孩子的心理健康产生消极作用。所以，要对孩子多些引导，不妨让孩子在不同的年龄阶段拥有不同的选择权。只有从小能拥有选择权的孩子，才能享受真正意义上的快乐和自由。

不用命令的口气跟孩子讲话

家庭教育专家卢勤女士认为，成人世界与孩子世界沟通的钥匙，不只是掌握在孩子手中，妈妈和孩子每个人手中都有一把，而最重要的是妈妈手中的钥匙。妈妈要想和孩子沟通，需要学会一件事——经常从孩子的观点上来思考，从孩子的角度来观察、决定事情，这是对孩子最大的尊重。她说："与其用命令的方式对孩子指东指西，不如蹲下来好好和孩子说话。"

妈妈能在家庭中创造一种平等民主的"空气"，这是孩子的幸运。在这样的家庭里，孩子会觉得妈妈是自己的朋友，而不是高高在上的权威。

谢美娟就是个聪明的妈妈，她对这一点深有体会。

有一天，女儿莉莉回家晚了，谢美娟帮女儿拿下肩上的书包，陪女儿吃饭，告诉女儿这是特意为她准备的。谢美娟告诉女儿，她已在窗口看了很多次，盼着女儿回来。女儿说，她陪同学买东西去了，所以回来晚了，并向妈妈道歉。

谢美娟说："孩子，妈妈知道你是一个有责任心的好孩子，也相信你不会惹麻烦，但妈妈牵挂你，担心遇到交通方面的问题或别的什么事情。以后，最好先打电话回来说一下。"

女儿高兴地亲了一下谢美娟："妈妈，你真好！"

谢美娟从孩子的角度出发看待孩子的过失，使孩子能感受到妈妈对她人格的尊重，感受到她与妈妈在地位上的平等。在我们周围，有许多妈妈喜欢用成人的思维方式来看待孩子的行为，喜欢用命令的方式和孩子讲话，这是不科学的。

孩子本身就是一个独立的个体，有自己的思想，自己的人格和尊严，他们都希望妈妈能够给予他们尊重和平等。妈妈只有和孩子站在同一水平线上，孩子才有可能感受到平等和尊重。

平等地和孩子说话，是培养孩子独立意识的有效方式。

有的妈妈在家里总爱摆家长的架子，对孩子呼来喝去，常用命令的语气对孩子说："把我的眼镜拿来！""不要动那本书！""今天晚上不准出去玩！"当时倒是够威风、够痛快的，可是这些妈妈慢慢会发现，孩子们不吃这一套了，而是常将妈妈的一道又一道的命令当耳旁风。

经常用命令的口气对孩子说话的妈妈，应该明白，命令并不是一种好的教育孩子的方式。

命令并不比积极的暗示对孩子更有效，而且命令不能给妈妈的教育行动留下回旋余地。

例如妈妈命令孩子去睡觉，偏偏孩子置若罔闻，只管自己玩自己的，而妈妈一时也拿这个小淘气没办法。这样次数多了，孩子就觉得不听妈妈的命令也没什么，那下次也就更不会听了。如果妈妈明白孩子的心理，这样对孩子说："呀，这东西真好玩呀！可惜时间不早了，乖孩子应去睡觉了。要不你再玩 5 分钟，就去睡觉，好吗？"用这样既夸孩子乖，又是征询的口气同他说话，孩子会感到受到了尊重，也许不用 5 分钟就乖乖地睡觉去了。而且这样也为妈妈留下了余地，即使孩子暂时不听话，妈妈也不至于大动肝火。但妈妈一旦向孩子发出了命令，就一定得让孩子服从的，不然不利于以后的教育。

所以，妈妈对孩子一定要注意说话的语气，千万不要用命令的方式。在具体的家教实践中，妈妈首先要对孩子的心理进行一番研究，然后想想自己在孩子这样的年龄，遇到同样的事时是怎样想的、怎样做的。这样妈妈就会发自内心地理解孩子，进而从孩子的角度看问题，而解决问题的方法自然更好。

伤害孩子的话永远别说出口

也许你从来没想到过，自己随便说出来的一句话，会对孩子的心灵产生重大的影响。你所使用的语句可能让孩子更加乐于合作，更加自信，但也可能令他们感到挫败和失去信心。

因此，作为母亲应该多说能解决问题并让孩子快乐的话语，绝不让那些伤害孩子的话溜出自己的嘴。

经常遭受语言伤害的孩子，心灵会比其他的孩子脆弱，即使成年之后也会出现较多的行为障碍和个性弱点，难以适应社会。为了孩子健康成长，妈妈要对不良语言的严重后果予以高度关注，妈妈不要以为区区几句过头话不会对孩子造成多大危害，气急之下就口不择言地说许多刺激孩子的话，殊不知这已经对孩子造成了心理伤害。

妈妈作为孩子的"第一任老师"和"最亲近的朋友"，要明白这样的心灵伤害甚至比肉体的伤害更严重，切不可让孩子感觉"最亲近我的人伤我最深"，否则，孩子会疏远、躲避妈妈。

作为一位母亲和祖母，龚丽枚也面对过这样的尴尬和冲突。

有一次，她和女儿带着6岁的外孙到西班牙度假。在一家商店里，外孙非要买滑板，但妈妈说："你已经有两个了，不能再买了。你这个人，怎么这样贪得无厌啊！"

小男孩一下就躺在地上尖叫起来："我就要，现在就要！"

龚丽枚说："作为一个孩子精神心理专家，我感到十分羞愧，我就走出去了。"

在外面站了一会儿，龚丽枚觉得自己应该做些什么，就进去对外孙说："我知道你很伤心，很生气，有的时候生活就是这么让人沮丧。不过我有个好主意，你愿意试试吗？"

小男孩觉得外婆理解他，又想尽力帮自己，他就停止了尖叫。

龚丽枚说："你想要滑板，可我和你妈妈都不愿意给你买。我们可以到别的商店看看，看有没有商店愿意把它作为礼物送给你。"

小男孩高高兴兴拉着外婆的手来到另一家商店，外婆把他介绍给售货员，问是否能满足孩子。售货员说："不，我们没有。"

两人走了四家商店都碰了钉子，到了第五家，小男孩说："我不买滑板了，我还是玩家里的那个吧。"

碰到案例中的情况，通常情况下妈妈的反应都是会说"你不应该尖叫""不许哭"。但是作为一个人，出现这些情绪是正常的。妈妈应该尊重孩子的情感，允许他们表达，否则，就会对孩子的心灵和情感造成伤害。

怎样才能避免对孩子造成情感伤害呢？其实，妈妈要避免对孩子"语言伤害"，并不是件难事。

首先，要多鼓励孩子，采用积极性语言教育孩子，时时刻刻注意不对孩子说伤害他们的话，尤其是在"恨铁不成钢"或气急的情况下，更要保持理智，控制好情绪，努力做到和风细雨、循循善诱。

其次，要做好自我调整，以平常心看待自己的孩子，根据孩子的生理、心理特点，因材施教。避免说出诸如"你怎么越大越……""你都这么大的人了，竟然还……""你怎么就不能像人家……那样呢？""我刚才是怎么跟你说的？"之类的话。这些话语都会刺伤孩子的自尊和心灵。

再次，讲究批评的艺术，要以提醒、启发来代替指责、训斥。如用"我相信你可以做得更好"来鼓励孩子，用"没关系，慢慢来，尽力而为"帮助孩子调整焦虑、紧张的情绪，等等。

总之，"良言一句三冬暖，恶语伤人六月寒"，同样是语言，功效却截然不同。妈妈们若要科学地教育孩子、关爱孩子，就该多用"良言"，禁用"恶语"，以免对孩子造成"语言伤害"，从而酿成无法挽回的过错。作为妈妈，为了孩子，从现在开始，改变自己的说话方式吧。

不对孩子一味指责

在生活中，不少妈妈经常这样说自己的孩子："我这个孩子，一点都不争气，学习不用功，在家里做作业慢吞吞的，一点上进心都没有，从来没有见过这样的孩子。你看某某家的孩子多好，学习用功，成绩又好，学习上一点都不用妈妈操心，我这孩子该怎么办啊？"

我们相信，这些总是抱怨、指责孩子，或总在孩子面前说别人的孩子是天才、别人的孩子是金子的妈妈，目的是激发自己孩子的上进心，但结果往往事与愿违。

即使是成年人，若整天面对批评，也会失去自信心，工作起来也没有兴趣。连成年人都尚且如此，那么批评对孩子的影响就更大了。

欣欣从小学2年级就开始练小提琴，已经十多年了。一方面是出于自己的爱好，另一方面则是她妈妈一直寄希望于文艺特长能对高考录取有利。

一次，欣欣正在练琴，妈妈在旁边监督，发现她的手形不对，就用一根小棍挑起她的手腕，大声训斥："跟你说过多少次了，手形不对，你怎么总是出错啊？"

欣欣马上改了过来，但是不一会儿，手形又不对了，妈妈又大声训斥她。这次欣欣也有点着急了，对妈妈说："我练不好，我不练了！"说完就跑了出去。

其实刚开始练琴时，欣欣很有积极性，每天都主动要求练琴，并且很努力。但在妈妈一声高过一声的训斥中，练琴变成了欣欣最讨厌的事情。后来，她对小提琴完全失去了兴趣。

有很多妈妈和欣欣的妈妈一样，她们经常会在孩子学习一项新事物时，密切注视孩子的一举一动，一旦发现有错，就立即加以纠正，甚至训斥、打骂孩子，非要让孩子做到分毫不差才行。其实，妈妈以批评、挑剔的态度来矫正他们的错误，无形间会强化孩子的错误行为，甚至让孩子产生严重的自卑心理。

因此，妈妈对孩子应该多鼓励，经常告诉孩子，他是妈妈的骄傲，只要他努力一定能行。孩子取得成绩时一定要及时表扬。那对待孩子的错误，妈妈应采取怎样的措施呢？

①不要埋怨。妈妈如果只是一味地埋怨，孩子的心情会越来越坏，焦虑不安，严重的会产生抑郁表现。还有些妈妈只顾自己嘴上痛快，怎么有理怎么说，甚至让话语偏离事实，这对孩子很不公正。

②平静对待。有的妈妈看到孩子的错误，就严厉地指责孩子，甚至不分青红皂白地罗列罪名，甚至把平时做得不对的、不好的，有关无关的都扯进来。本来孩子心情就很沉重，这时妈妈非但没帮他们解脱，反而火上浇油，使孩子更加委屈，更加烦闷，甚至感到绝望。这对孩子改正错误不会起到任何积极的作用。妈妈应该和风细雨，帮助孩子调整心态。

③科学指导。对孩子的盲目冲动心理，妈妈要明确指出。妈妈要有针对性地指导其正常活动，并帮助他们理智地超越情感，培育高尚情操。

④把握尺度。在对孩子的教育过程中，妈妈应把握好度，既不要乱指责，也不能瞎表扬。在发现孩子有问题时，妈妈千万不要再给他贴"标签"。因为，很多孩子自身有了缺点后，他们也感到矛盾、彷徨、痛苦，这个时候你还去给他贴"标签"，说他"自毁前程""完全不理解妈妈的苦心"等，事实上总是出现截然相反的效果。孩子要么更不理你、更烦你，要么马上离你而去，把他的房门关得更紧；更糟糕的是，有时还会冲着你吼："烦死人！不要你管！"

所以，妈妈们面对孩子的错误，指责是不能解决问题的，只会增加孩子的心理负担。妈妈应该换一换埋怨教训的口气，把训斥和苛责放一边，尝试着用不同的方式与孩子交谈，努力改进亲子关系，这样才能逐步把孩子引导到正确的轨道上来。

第三章

怎样把学习变成轻松的事

学习并不像想象的那么难，凡是觉得学习困难的孩子，都是因为他没有遇到好的引导。只要妈妈用对了引导方法，孩子的学习就可以变得很轻松。

不要把学习暗示为"苦事"

很多妈妈在孩子小时候就向他灌输"学习要刻苦努力"的观念，以期培养孩子良好的学习态度，殊不知，少有孩子会认同妈妈。因为人的天性是避苦趋乐，妈妈将学习暗示为一种"苦"，孩子自然就开始回避学习这件"苦事"。

杜威认为："凡是所做的事情近于苦工，或者需要完成外部强加的工作任务的地方，游戏的要求就存在。"如果妈妈把学习暗示成一件"苦事"，或者给孩子强加了很多任务和压力，使得学习成了一件"苦事"，孩子就会想逃避，想玩耍而不想学习。所以，要想让孩子喜欢上学习，就不要把学习暗示成或者弄成一件"苦事"，因为没有一个人能在讨厌一件事的情况下将其做好。

所以，妈妈在督促孩子学习的时候，要让孩子抱着轻松学习的态度，养成轻松学习的习惯！

首先，轻松学习需要劳逸结合，合理安排时间。心理学专家认为，人每天要有充足的睡眠时间：初中生为9小时，高中生为8小时。为了更好地学习，每天至少要保证8小时的睡眠时间，而只有这样，孩子才能有充足的精力高效率地学习。

一个人的精力如同一根弹簧，如果在它的弹性限度内拉开它，手一松，它就会弹回去，恢复原来的状态。但假如无限度地拉，超出了弹簧的弹性限度，当你再松手的时候，它就不会再恢复原状了。

孩子睡眠不足，每天超负荷学习，就好似弹簧超过了"弹性限度"，时间长了，他们的身体健康必定会受影响。同时，由于大脑连续工作时间过长，会疲劳不堪，从而孩子会感到学习很累，轻松更无从谈起，学习效率也会大大降低。孩子的大脑每天都处在兴奋和抑制交替进行的状态，即学习时大脑皮层兴奋，随着学习的进行，兴奋逐渐减弱，并出现抑制，这时就需要大脑休息。当孩子感觉到很累的时候，不妨小睡片刻，这样精神就会很好，因为这时睡觉会使孩子马上进入梦乡，所以他们的睡眠质量很高，可以马上恢复精神。精神恢复后，他们的学习效率就会提高，学习也变得相对轻松起来。

妈妈可以帮助孩子养成学习中途休息不超过10分钟的习惯，因为超过10分钟，会较难收心。中午时分，如果能小睡一下，下午和晚上都会很有精神。另外，体育锻炼是休息的最佳方式，这是一种积极的休息方法，对提高学习效率非常有帮助。事实上，只有做到劳逸结合，学习才会变得轻松起来。

其次，轻松学习也要适合孩子的个性。在学习中，每个人的个性各具优势，不必羡慕别人，别人的方法未必适合自己的孩子。丰富而自由的个性也是一个社会之所以具有丰富创造力的根本原因，没有个性的存在，没有个性表现的自由，就不会有创造力。

再次，轻松学习需要培养孩子的记忆力。许多妈妈认为，人的记忆力是天生的，无法培养。事实上，这种说法是错误的。没有一个人在生下来的时候就认识他的妈妈。他之所以能够认识自己的妈妈，是因为妈妈经常和他在一起。因此，人记忆力的好坏不仅与遗传因素有关，更重要的是和记忆的条件、记忆的方法有关。许多妈妈以为孩子记忆力不佳是资质比较愚钝，其实不然，大多数孩子记忆力差，是因为没有掌握记忆的规律，缺乏正确的记忆方法。只要妈妈有意识、有目的地加以培养，任何健康的孩子都是能够提高记忆力的，高效的记忆会提高学生的成绩。

最后，轻松学习需要从压力中走出来！当自己的孩子感觉学习压力大时，妈妈应告诉他们让他们自己彻底放松，从学习的压力中走出来。这时，孩子可以听听音乐，做做运动，也可以出去散散步。

让孩子轻松地学习才会有快乐，同时，轻松地学习，也会使孩子的学习效率更高，学习效果更好。也只有在轻松的状态下学习，孩子才能不被学习所奴役，才能发现学习的乐趣。

不规定具体时间，写作业心甘情愿

有一个妈妈曾介绍经验：她的孩子以前老是爱看电视，不知不觉就忘了写作业。等到想起来的时候已经很晚了，她害怕明天挨骂，可又想睡觉，结果哭了一场。

"哭也还是要写呀，不然明天老师就要批评你了。我们陪着你写，好不好。"妈妈主动提出来陪女儿写作业，让她尽快解决问题，而不是把时间浪费在哭上。

"既然已经这么晚了，你写作业的时候要快也要好。如果草草写完，明天照样挨批，那还不如现在就去睡呢。要写就把它写好了，这才值得。"女儿终于耐着性子把作业写完，安心睡了。

第二天，女儿回家，朝妈妈坏坏地一笑："幸好昨天做完了，老师今天对那些没写作业的同学可凶了，罚他们回家把昨天的作业写10遍。"妈妈听了笑着说："昨天的滋味不好受吧。往后我们规定一个写作业的时间，平时分成两个，在看电视前和看电视后，而周六和周日，就在早上、中午和晚上之间选择。当然啦，这个是由你来做决定的，你挑吧。"

吃过昨天的亏，女儿当然心甘情愿地选择在看电视之前写作业。周末，她有时候会和朋友出去玩，所以都选在早上早餐后做作业。就这样，这个女孩每天都很自觉地在看电视以前把作业做完，周六、周日吃了早餐也不要父母催，就乖乖回屋写作业了。

上面的这个妈妈，最贴心的地方就是让女儿自己选择做作业的时间。一个人只会对自己的选择心甘情愿，如果可以选择不做作业，孩子们多半会选择不做，但是他们没有这个权利。关于做作业这件事，他们完全不能还价。所以，在何时做作业上，妈妈们不妨"放权"，让孩子自己选一个做作业的时间。

可能有的妈妈会担心：让孩子自己选时间，他们肯定会选越晚越好，能拖就拖。其实这是不信任孩子的表现。在你放下权力的时候，孩子能感受到你对他的信任，这其实是在强化"作业必须做"的意识，他们自己去选择时间，自然就会按照那个时间来做。如果孩子真的"厚脸皮"，出尔反尔，那多半是因为以前家长在他的面前做过这种说话不算数的事情。

分析一下孩子的心理，我们就能明白为什么他们不喜欢做作业。一方面中小学生的作业往往是"抄十遍""做两套试卷"这样简单、重复的事情，缺少乐趣，单调乏味，孩子们实在难以拿出热情来爱上这样的作业；另一方面，孩子们的自觉性不高，也不能认识到学习对自己人生的重要性，脑袋里面就想着玩，让他们去做作业，简直就是压抑天性，何况老师和家长都是以命令的语气来告诉他们，要做多少，怎么做，何时交上来，这样他们的心情就跟交房租时的心情是一样的。

对很多孩子来说，家庭作业犹如一场战争，既要和自己的惰性较量，又要和家长、老师较量。作业做得不好，孩子要挨批，家长看着也生气。想要让孩子爱上写作业很难，但是想要让孩子自觉地做作业，不推三阻四，不敷衍塞责，也是有办法的，那就是让他自己选择做作业的时间，这一点很重要。

当孩子忘记做作业的时候，妈妈先不要提醒他，假装自己也忘记了。等他自己想起来的时候，妈妈再出来救场，孩子才会觉得教训深刻。如果他决定不做作业，那也不要紧张，明天他就得为自己的这个决定付出代价了。这是一种成长的经历，而妈妈们就做一个"冷酷"的看客好了。

把学习的时间交给孩子去选择，是在鼓励孩子自己决定自己的生活。何止学习的时间可以让他们自己选择，穿哪种颜色的衣服、看什么样的课外书、参加何种兴趣班，这些都可以让孩子们自己去选择。我们都知道"强扭的瓜不甜"，也听孩子说"我的地盘我做主"，何不做个顺水人情，让他们自己安排生活呢！妈妈们也乐得清闲，不为写作业这件事发火闹心，自己做自己的事情。这样的做法才是一劳永逸的。

多向孩子请教，"小老师"进步快

有一个叫小雨的孩子，平时学习成绩还不错，但是考试的时候总是不理想，妈妈分析后觉得还是孩子的知识没有掌握牢固。

有一天，小雨正在背地理课本里面关于地中海气候的知识点，妈妈从外面进来，端了一杯水，笑着说："喝点水吧。你背的这个地中海气候是什么意思啊？"

"这是一个气候术语，就是根据地理气候的特点，把全球分成了不同的气候类型。不过地中海的比较特别，集中在地中海沿岸，所以就叫地中海气候。"孩子喝水的时候回答道。

"哦？地中海和别的地方有什么不同啊，妈妈从来没有想过那么远的地方会是什么样子呢。"妈妈好像真的想去看一看。

"地中海在这里，"孩子指着地球仪，"它的气候特点是……"就这样，孩子把地中海的气候介绍了一遍，又和别的气候做了比较，还顺便介绍了中国的气候特点。妈妈听得津津有味。

"哎呀，你们现在的教材真有意思，可惜我们当年没有这么有趣的书读。"

"妈妈，你要是喜欢，我往后经常给你讲讲？"小雨竟然主动提出给妈妈上课，妈妈当即说"好"，并且定下每个双休日选一个下午的时间给妈妈上课，从地理到历史，除了数学之外都行。孩子自由备课，可以拟定试题、抽查考试、判分数、写评语……

当然，这个妈妈在背后也下了不少功夫，为了提醒孩子不要犯同样的错误，故意在孩子出错的地方做错，让孩子"纠正"，这样一个学期下来，"小老师"的学习成绩提高了很多。

这种学习方法看起来是在增加孩子的负担，其实是在减轻孩子的心理负担。孩子一直处于一个被安排、被教育的地位，很容易产生厌倦情绪，如果不及时疏导，就会引发厌学、偷懒的坏毛病。妈妈以一个求教者的身份来接近孩子，孩子的情绪就会适当排解。

两个孩子在一起玩弹珠，当然是其中最会弹的那个玩得比较积极，输的那个不用几个回合就会觉得没有意思了；两个孩子同时学习，当然是成绩好的那个比较积极，而总是出错、老被别人比下去的那个积极性会弱很多。

无论做什么事，孩子总是会在自己稍微有优势的方面表现得积极，比不上人家的方面就不积极。如果他老是没有邻居家的孩子考得好，学习起来自然觉得没意思，大人也是这样的。谁都喜欢自己是占优势的那一方，好控制局面。

但不是每个孩子的成绩都好，成绩相对较差的孩子怎么办？必须出现一个比他更弱的人，来增加他的自信心，这个人不是哪个倒霉的孩子，而是我们的妈妈。

当孩子在家学习的时候，妈妈总是以指导者的身份出现，告诉他哪个对哪个错，孩子的心里总是忐忑不安。如果妈妈能虚心向他请教，假装自己不知道，孩子的自信心反而会高涨起来了。

这里最需要的，是妈妈的决心和耐心。如果妈妈喜欢搓麻将、逛街等，自然就很难有时间学习了。所以，妈妈适当地做出牺牲才能成就这种学习方法。

当然还有别的方式，比如让孩子给表弟表妹当老师，辅导他们的作业等，不过，这没有让孩子直接复习自己刚学的功课有效。给表弟表妹上课时，大一点的孩子因为"有恃无恐"，可能会养成没有耐心、急躁、伤害弟弟妹妹的行为习惯，所以要慎之又慎。

如果孩子觉得妈妈当学生很奇怪，你可以给他讲孔子不耻下问的故事，这个故事相信很多孩子听说过。

孔子走在路上，听见两个孩子为太阳的远近争辩不休。一个孩子认为太阳刚升起的时候距离人近，但是到正午的时候距离人远，另一个孩子认为相反。

前一个孩子的理由是：太阳刚刚升起的时候像车篷般大，到了正午看起来就像盘子一样，这不是因为远的东西看起来小，近的看起来大吗？后一个孩子的理由是：太阳刚出来的时候感觉很清凉，到了中午就灼热起来，这不是因为越近感觉越热，越远感觉越凉吗？孔子听了他们俩的话，不能判断谁对谁错，于是拜小儿为师。

太阳的远近究竟是怎样的呢？这也可以成为孩子和妈妈讨论的一个话题。连有大学问、大智慧的孔子都虚心向孩子求教，妈妈向孩子学习也是很正常的，而且，孩子也能学会"不耻下问"这个词的真正含义。

妈妈在向孩子请教的时候，一定要投入，不能一看就知道是在演戏，那样孩子就没有认真教的欲望了。如果妈妈能够提出几个有价值的问题来则更好，妈妈挑战"小老师"，"小老师"再回去问老师，如此循环，孩子对知识就能理解得更透彻了。

学习遇到瓶颈时，多动心力而不是体力

张琦是某重点高中三年级的学生。他认为自己属于那种学习不很卖力又有些小聪明的学生。他高一、高二学习马虎，对待老师、家长的批评是"虚心接受，坚决不改"，但成绩都能保持在班级前 10 名左右，发挥较好时甚至能进入班级前 5 名。父母、亲戚、老师和同学都说他学习潜力很大，上高三后会进步很快，有望进入国内一流名牌大学，甚至可以向清华、北大冲刺。对此，他也颇自负。

进入高三后，他真的抛弃以前所有的陋习，全身心拼了起来。可是，从暑期到现在，两个多月了，他每次考试还是前 10 名左右，最近一次考试排班级第 19 名。这样的成绩，考清华、北大甭提了，就是进重点大学都有问题。家人着急，他自己也"头悬梁、锥刺股"，靠补品支撑着熬到深夜一两点钟。可是成绩并不呈上涨势头，而且他一拿起书本头就嗡嗡直响，听课时也会莫名其妙地走神，注意力总集中不起来，好像有劲却怎么也使不上。张琦开始怀疑过去对他"聪明"的评价是对他的嘲讽，怀疑自己的潜力已被挖掘殆尽。

张琦遇到的这种现象是很普遍的，很多孩子在某一段时间内学习效率不高，甚至对已经学过的知识还感觉模糊，有时还头脑昏沉，心情烦躁，学习效率降低，越学越没有劲头。这种学习进步的速度减慢甚至停滞的现象在心理学上被称为"高原现象"。例如：当掌握的词汇量达到 3500～4500 个的时候，就会出现第一次高原现象，平均滞留时间为 8 个月左右；达到 6500～7500 个时，出现第二次高原现象，平均滞留时间为

12 个月左右；当词汇量达到了 9500 ～ 10500 个的时候，第三次高原现象就出现了，平均滞留约 18 个月。

高原现象的产生也是多种多样的，具体来讲，也许是当学习一段时间后，好奇心已满足，学习兴趣减弱，学习动力随之下降，也许是目前使用的学习方法已不再适应这一阶段学习的要求，也许是生理与心理的双重疲劳，也许是原来形成的知识结构网络不适合进行新的学习……诸多因素，致使孩子的学习停滞不前。

高原现象是学习成绩暂时性的停顿现象，它与生理的极限和工作效率的绝对顶点是不同的。当孩子学习成绩暂时停顿的时候，妈妈首先要明白，"高原现象"不等于"能力的极限"，而是一种正常现象，如同运动员在长跑中会出现极点一样。妈妈不必慌张，不要逼迫孩子加大学习力度，更不要责怪孩子不够努力。你的不理解只会增大孩子的压力，起到阻碍孩子突破瓶颈的作用。

要想帮孩子不慌不乱地走下"高原"，妈妈首先要鼓励孩子再坚持一下，让他学会为自己加油，增强信心，这种感觉就会消失。用一种平和的心态看待它，告诉孩子要在合适的时候学习合适的内容。比如，早晨可用于早读，中午休息，下午整理消化当天复习的内容，晚上 3 门学科交叉系统地进行。孩子也应尽快把头脑中较为混乱的知识排序并重新组合，通过比较、分析、归纳、概括等手段，使自己已有的知识系统化，这样可以避免在知识调用时出现混乱，而人为地造成"高原现象"。当然，更重要的是陪孩子一起放松身心。如妈妈可以和他们谈谈心，也可以和他们一起打羽毛球、出去旅游等。

一时的停顿会让孩子有些泄气，但聪明的妈妈会帮助孩子走出困境，让他感受到突破学习瓶颈时获得的更大乐趣。走下"高原"后，孩子才知道学习并不是件困难的事，再大的瓶颈也是可以突破的。

减压比拼命学习更重要

青峰的父母在社会上都是有头有脸的人物，他们对青峰倾注了很多心血，同时也为青峰设置了极高的标准。在学习上，青峰必须争第一，在父母眼里，第二都不算优秀，只有第一才是赢家。为了达到这个目标，青峰从小学习时间就长过其他孩子，他没有时间看动画片，没有时间出去游玩，放学后不是参加补习班，就是到钢琴教室弹钢琴。青峰是个懂事的孩子，为了能使父母感到欣慰，他卖力地学习。所以，从小学到初中，他成绩都很优异。但是，俗话说："打江山容易，守江山难。"好马也总有失蹄的时候，青峰偶尔也会失去第一名，而这时候，父母就对他冷言冷语，怪他懒惰不知上进，逼他增加更多的学习时间……学习时间越来越多，压力也越来越大，青峰的学习成绩也越来越不稳定了，第一名的次数越来越少，青峰的学习后劲也越来越不足，看着同学们进步非常快，而自己却不进反退，他心里产生巨大的挫败感和失落感，同时，本已经受伤的心还要面对父母越发严厉的批评，青峰最终崩溃了，他变得暴躁不安，情绪波动很大，并且经常失眠。他听不进父母的话，也不跟同学老师来往，把自己封闭起来。这样的状态深深影响了青峰的身体和心理健康。最终，他中考一败涂地，没有考上高中。

俗话说，井无压力不出油，人无压力轻飘飘。适当给孩子施压是应该的，可凡事要有个度，过重的压力会让孩子感觉到生命所不能承受之重，出现逆反心理，反而事与愿违。父母给予青峰的巨大学习压力，是青峰身心受损的最根本原因。要想避免这种不良后果的产生，父母就该改变"压力越大，效率越高"的错误观念。因为如果人的压力过强，就容易变得紧张，思维局促，甚至在极端的情况下，大脑会一片空白，这样的情况，当然不利于发挥水平了。只有在压力适度，人比较放松的情况下，人的能力才会得到充分的发挥。

从前，在山中的庙里，有一个小和尚被派去买油。在离开前，庙里的厨师交给他一个大碗，并严厉地警告他："你一定要小心，绝对不可以把油洒出来。"

小和尚答应后就下山去城里，到厨师指定的店里买油。在上山回庙里的路上，他想到厨师凶恶的表情及严厉的告诫，越想越觉得紧张。小和尚小心翼翼地端着装满油的大碗，一步一步地走在山路上，丝毫不敢分心。不幸的是，他在快到庙门口时，由于没有向前看路，结果踩到了一个坑，虽然没有摔跤，可是却洒掉了 1/3 的油。小和尚非常懊恼，而且紧张得手脚发抖，无法把碗端稳。等回到庙里时，碗中的油就只剩一半了。

厨师拿到装油的碗时，很生气地指着小和尚大骂："你这个笨蛋，我不是说要小心吗？为什么还是浪费了这么多油，真是气死我了。"

小和尚听了很难过，哭了起来。

一位老和尚听到了，就问是怎么一回事。知道了事情的经过，他就去安抚厨师，并私下对小和尚说："我再派你去买一次油，这次我要你在途中多观察你身边的人、事、物，并且回来后详细地描述给我听。"

小和尚想推掉这个任务，说自己油都端不好，根本不可能既要端油，还要看风景。不过，在老和尚的坚持下，他勉强答应了。

在回来的途中，小和尚发现，其实山路上的风景真是美丽啊。远方有雄伟的山峰，不远处有农夫在梯田里种地。走不久，又看到一群小孩在路边的空地上玩得很开心，而且还有两位老先生在树下的石凳那儿下棋呢。小和尚就是这样边走边看风景，不知不觉地就回到庙里了。当小和尚把油交给厨师时，发现碗里的油依然满满的，一点儿都没有洒掉。

妈妈对孩子的教育也应该这样，给孩子提出要求，但是不要给孩子太大的压力，孩子才能心情放松地去学习和生活。心理学家认为，人的各种活动大多存在一个最佳的压力状态。压力不足或者太大，都不是一种好现象。比如，一个整日混日子没有什么理想的学生，很难有学习的兴趣；而一个对学习抱有太大的期待，过分追求学习功利，学习压力过高的学生，势必会为自己制造巨大的压力，而这最终会影响到他的学习效率，学习效率的下降，反过来又会增加他的压力。

压力过大和过小都不好，那么什么样的压力水平才是最适度的呢？美国心理学家耶克斯和多德森认为，中等程度的压力最有利于效率的提高。所以，当孩子的压力超过中等程度时，妈妈记得要帮孩子减压，可从以下几个方面做起：

①当学校老师给孩子施加压力，让妈妈监督孩子学习时，妈妈最好不要让老师牵着鼻子走，而要做到"不管"和"不说"。孩子们已经够累了，就让他们在这种"不管""不说"中学会自我监督、自我放松吧！

②无论妈妈有多紧张，都应该尽量避免在考试期间与孩子发生情绪上的冲突，增加孩子的压力。

③确保孩子作息正常。压力过大的孩子可能会在考试期间或者备考期间出现乱发脾气、头痛、发烧、肚子不舒服甚至失眠等状况。调节孩子身心平衡，让孩子和平时一样吃好睡好，维持正常作息，孩子才能处于最佳状态。

④和孩子一起做运动。适当的运动，能够让孩子的紧张情绪松懈下来。几分钟的深呼吸，10分钟的暖身操，花半个小时去游泳、跑步，到公园散布，都是很好的解压方法。

学习计划，是把学习变得轻松有效的法宝

俗话说："凡事预则立，不预则废。"学习也是如此。一个人如果有了学习计划，就有了奋斗的目标，就可以对整个学习过程的目的、内容、方法、时间安排心中有数，就可以排除干扰、坚持学习，就可以学得主动、学得有成效。

　　所以，妈妈要教育孩子养成制订合理的学习计划的好习惯，让孩子在轻松的学习氛围中找到适合自己的学习方法，也能够在学习中抓住重点，以提高学习效率！

　　有个叫瑶瑶的同学，她的成绩非常好。她最常说的一句话是："学习应该是快乐的事，学习是为了增加快乐，而不是让快乐越来越少。"

　　实际上，在班里她也是最爱笑的人，时不时还来点恶作剧。一到课堂上，她的眼睛就放光，举手最多的就是她。

　　别的同学看她学得这么轻松，非常羡慕，纷纷向她请教。她则拿出了一张计划表说："我全是靠它。"

　　她的计划和别的同学不一样，上面的每天都被她用荧光笔标出了大大的"休息"和"玩"，她说："为了保证自己的自由活动和玩的时间，我必须提高学习效率，学得越快，玩的时间越多。"

　　在学习的部分，她从来不写学习的时间，写的是效果，最多的是"理解""运用"和"熟练掌握"等字样。

　　别人每天回家先写作业，她则先复习课堂上做的笔记，并对照书里的例题，看明白了再写作业，这样就能非常轻松地做完了。

　　每天写完作业，她只用10分钟的时间，就把新的和旧的知识点都画到一张结构图上，而且她是完全不看书画下来的。画的时候她就等于把以前的知识温了一遍，同时把新知识和旧知识有机地联系了起来。

　　在计划表上，她每天还留出了半个小时的时间，用来补漏洞。她把所有测验和作业中错过的题，都单独抄到一个本子上，每天补漏洞的时候，就从里面挑题目做，而且故意挑那些看起来比较生疏、印象不是很深的题，做对一次打一个钩，做错一次打一个叉，当一道题目能连续得到3个钩时，她就认为自己彻底掌握了，就再也不会去碰它。

　　在孩子学习习惯的培养上，妈妈要告诉孩子应像瑶瑶那样为自己制订一个合理的学习计划，这样才能促进学习成绩的提高。计划合理就不会浪费时间，就会挤出很多时间干其他的事情，这样对于孩子综合能力的提升是有很大好处的。

此外，妈妈在指导孩子制订学习计划的时候，要学会变通，当学习计划被打破时，让她学会及时地调整学习计划。

当学习过程中出现了偏科，孩子就应该花更大的力气来弥补自己的不足；当因为生病等无法保证学习时间时，孩子也应该对学习计划进行调整，尽快把落下的科目补上。

那么应该如何引导孩子制订合理的学习计划呢？

首先，妈妈告诉孩子在学习计划中留出机动安排的时间。在每天的学习计划中，他应该至少留出半个小时，作为机动安排。这段时间主要是用来回顾与复习，把前一段时间学到的知识点串起来，整理成一个系统，以加深印象，更牢固地掌握，把基础打得更扎实。孩子要根据各科成绩，合理调整时间安排。学习过程中常常会出现个别科目拖后腿的现象，这时孩子就需要在计划安排上有所侧重，在成绩差的科目上多花一些时间。最好是在不影响正常计划的前提下把机动时间用来查漏补缺，每天至少要解决一个问题。

其次，妈妈还可以要求孩子每个学期要对学习计划的执行情况做一次总结。学期结束，孩子可根据考试成绩，总结一下，原来的学习计划是否得到了很好的执行，有什么具体的问题，在新的学期应该如何调整。

轻松有效地学习，才不会被学习奴役。轻松有效地学习才会有快乐，同时，也会使学习效果更好，让孩子发现学习的乐趣。

第四章

如何将学校教育与家庭教育配合好

　　家庭教育和学校教育在孩子的教育中是必不可少的两个部分。二者互相联系又互相影响，交互对孩子产生巨大的影响。如果妈妈把学校教育和家庭教育配合好，必定是对孩子教育的一大促进。

重视家教的妈妈也不该轻视学校教育

　　在过去，稍稍有点学识的母亲都会孩子老师的角色，但是，在信息发展越来越快的今天，让妈妈仍然充当孩子无所不能的老师似乎已经行不通了。那种认为只凭自己的双手便能构建孩子人生的想法已经显得越来越天真。由于学校在孩子知识教育中起着十分重要的作用，这就要求妈妈不仅要懂得对孩子进行早期智力教育，而且还要懂得如何与学校教育进行协调。

　　在关于学校教育这个问题上，有时妈妈会表现出两种极端态度。一种是把孩子全权交给学校，妈妈不再承担任何教育的责任，而另一种极端就是妈妈认为学校教育无用，因此不加重视。而后一种态度出现的原因，大多是由于妈妈自身对学校教育没有好感，甚至自身就是学校教育的打击对象。她们之所以成长，与其说是学校培养的结果，倒不如说是自学的结果。由于她们对学校充满了偏见，对自己孩子的学校教育自然不关心。

有相当一部分杰出人物的后代因此被埋没了才华，碌碌无为地度过了他们一生。爱迪生的后代就是其中之一。

爱迪生是一个对学校没有好感的人，他对孩子的读书态度是"如果一个男子抱有雄心壮志，他不需要进大学"。他前妻的观念也是如此。前妻同他所生的 3 个孩子，由于无人管教，结果一事无成，甚至连自食其力的能力也没有，只能靠爱迪生给他们买的农场生活。而与前妻形成鲜明对照的是其后妻对孩子的管教，后妻不但把她同爱迪生所生的 3 个孩子送进了大学，而且其中一个孩子后来还成了州长。

相同的父亲，重视教育与不重视教育，结果就如此迥然相异。

这一类型的妈妈，她们的错误在于对教育的轻视。她们忘了自己虽然没有受到良好的学校教育，但是受到了良好的家庭教育这一事实。

像爱迪生，是当过老师的母亲承担着他的教育任务。当母亲发现他特别喜欢物理和化学后，便专程上街给他买了本《派克科学读本》，这本书当时极有影响，专讲物理和化学实验，有简单扼要的说明，有十分详细的插图，爱迪生也就是按照上面写的一个一个地做实验的。

而爱迪生之所以可以取得成功，正是由于他得到了这么好的家庭教育。所以爱迪生尽可以对学校有偏见，但不应该对教育有偏见，不能将学校教育和教育混为一谈。

与爱迪生形成鲜明对比的是那些不仅受到良好家庭教育，而且受到良好学校教育的伟大人物，他们在对待自己孩子的教育问题上就表现得大不一样。因为他们深知，这两种教育缺少任何一种，都难以让孩子取得重大成就。最典型的代表就是玻尔家族，他们家族不仅已经几代兴旺，还出现了两代诺贝尔奖获得者，且新的一代也崭露头角，以至于有人这样预言，如果再有家族获诺贝尔奖，最大的可能便是玻尔家族了！

虽然教育的主权不是在学校，而是在家庭，但是妈妈们要分清主职与助手的关系。也就是说，学校尽管不应该是教育的主导，但是教育的助手。让助手顶替主职当然不对，但让主职包揽助手的事务也不正确。

忽视家庭教育而将教育的责任推给学校当然不对，但忽视学校教育而企图以家庭教育代替学校教育也同样不对，这种做法最后也会严重影响孩子的成长。

因此，对于妈妈来说，当自己给孩子提供了最好的早期智力教育之后，就需要将孩子送进学校了。但这并不意味着母亲智力教育方面的结束，相反却是一个新的知识教育时期的开始。在这样一个时期里，妈妈虽然不需要授课、讲解，但需要她对尚不懂事理的孩子进行指导，而这一工作也是孩子入学后母亲教育工作的新的重心。

所以，如果妈妈真的想让自己的孩子健康成长成才，学校教育是绝不能轻视的。

孩子需要妈妈帮助协调学校和家庭之间的关系

学校教育尽管不应该是教育的主导，但也绝不应该被忽视——那些自学成才者由于对学校的偏见常导致自己的孩子碌碌无为——这些人把对学校的偏见倾泻到对教育的轻视上是不对的，他们虽然是学校教育的受害者，却是家庭教育的获益者——重视教育的母亲不应该轻视学校教育，而应将它看成是自己的助手。为了更好地培养孩子，妈妈应该协调好家庭与学校间的三大关系：

首先，妈妈要调节好老师与孩子的关系。

只有师生双方的关系融洽了，才能产生较好的学习效果。妈妈不能寄希望于老师能够找上门来与自己联系，最主动的做法便是自己经常与老师保持联系。

但是在现实生活中却很少如此。往往由于妈妈没有与学校协调好，孩子在学校违反了纪律，老师便通报妈妈，有时还指定让父亲来，因为怕妈妈心软不好配合。父亲被老师的一面之词激得火冒三丈，个别的甚至当着老师的面打孩子，而这样做的后果只能使师生矛盾加深，同时也伤害了自己与孩子的感情，还会使孩子感到走投无路，甚至将孩子逼到邪路上去。

因此，这时真正的家庭配合应该是，妈妈冷静地帮助孩子分析他的错误，启发孩子理解老师的心情，指出老师是关心和爱护他的，而且老师虽然生气，只要他认真改正错误，老师就会欢迎。同时，妈妈要把孩子改正错误的决心转告老师，让老师对孩子不抱成见，对孩子的进步充满信心。

其次，调节各科知识间的关系。

由于孩子对各学科的兴趣不同，常常出现偏科的现象。学习的不均衡发展，单靠老师是难以解决的，把希望寄托在孩子身上让他自行克服更是难上加难。老师只能在学习目的、学习方法上给予指导，并不能完全控制学生对每一学科使用的时间比例，这就需要妈妈在家庭自学时间上给予进行协调，并创造相应的学习条件。

如果妈妈不加调节，学校的环境也同样会对孩子的性格造成极大影响。拜伦是个大诗人，但他在学校时最讨厌诗歌，尽管他后来成为著名诗人，但长期的压抑让他行为怪异、生活堕落。

最后，妈妈还必须调节好孩子与同学的关系。

孩子上学要么同知识产生矛盾，要么同同学产生矛盾。知识上有老师引导，而在同学关系上则要靠母亲的关心了。大多数母亲的眼光仅仅盯在分数上，常常忽略了孩子的交友，而一般孩子交上坏朋友后又千方百计地瞒着家里，等到产生不好的后果时妈妈才发现，却已经晚了。1951年诺贝尔物理学奖获得者沃尔顿便是如此，他的妈妈一连换了三所学校，朝夕相伴，最后才让孩子走上正轨。所以，妈妈必须调节好孩子与同学的关系。

这三大关系，妈妈应协调好，才更有利于孩子的发展。

家长会的日子不能成为孩子的受难日

珍珍5年级的时候，妈妈有一次去参加家长会。在家长会上，班主任表扬了珍珍，因为珍珍成绩优秀，但也反映了珍珍的不足——上课不认真听讲。

妈妈为了了解具体的情况，会后就与各科老师交谈了一下。有不少老师反映珍珍上课不认真听讲，有时老师在上面讲课，她在下面嘀咕，甚至对老师的提问唱反调。

妈妈听到老师这么说，急了。于是回家后，妈妈就找珍珍谈话，向她反映老师说她上课不专心听讲的问题。可是珍珍却不这么认为，她觉得自己有时不专心听讲是因为自己对知识已经掌握了，但自己从未顶撞过老师。

妈妈不听珍珍解释，认为珍珍不愿面对自己的问题，把珍珍训斥了一顿，珍珍哭了起来。

从此以后，珍珍对老师有了逆反情绪，也不太愿意与妈妈交流，成绩一天天下降了。

例子里珍珍的妈妈由于没有处理好老师、孩子之间的问题，开把家长会的日子变成了孩子的"受难日"，最终导致孩子成绩下降。如果当初珍珍的妈妈在向珍珍反映老师的意见时，也听听珍珍的解释，然后和珍珍一起分析问题出现的原因以及解决方法，也许结果会大不相同。

现在有不少孩子害怕开家长会，尤其是那些成绩不怎么优秀的孩子，对他们来说，家长会就像是受难日、成绩排名会、老师告状会，回来后少不了受妈妈的训斥或打骂。

其实，家长会，本来是家长通过和学校老师的沟通有效了解孩子的途径，但现在成为不少孩子的受难日。究其原因，是听到老师反馈意见后妈妈不知道如何将老师的意见转达给孩子。转达得不当，会对孩子产生干扰甚至打击，让孩子憎恨老师、讨厌学校、厌恶学习，甚至让孩子在自信、道德方面也失去判断力，这些对孩子以后的发展都是极为不利的。

而有些粗暴的家长听到自己的孩子不听话、成绩不好后，回家就对孩子一顿责骂或痛打，而不去反思自己对孩子的教育是不是也有问题，是不是不够关心孩子等。

孩子是敏感而脆弱的，对于老师提出来的问题，妈妈应该和老师好好分析一下，找出产生问题的原因，同时也要和孩子好好沟通交流，让孩子信任你，愿意向你倾诉他的困难和困惑，在妈妈的鼓励和支持下解决那些困难。

比如孩子的成绩下滑了，妈妈就要分析一下是不是自己的学习管理方案出了问题，和孩子交流学习上有哪些困难，帮孩子渡过难关。或者孩子不想上学了，妈妈就要向老师了解具体的情况，看看是不是孩子因为受了老师的批评或受了同学的欺负，处理不好与同学的关系，如果是，这时候更需要妈妈在一旁鼓励，给孩子信心，而不能用几句痛骂解决问题。

妈妈一定要慎重、冷静地对待家长会上老师反映的各种情况，别让开家长会的日子成了孩子的受难日，而应该让家长会成为孩子成长的一个助推器，帮助孩子解决问题，让孩子更好、更健康地成长！

学校和家庭把孩子放在同一个位置上，不让孩子做"两面派"

有些孩子在学校表现较好，为人勤快，助人为乐，是一个遵守纪律的好学生，而他们回到家中则表现得为所欲为，衣来伸手，饭来张口，成了个无法无天的"小公主"或"小皇帝"。在家里是个四体不勤的小懒虫，在学校里却是得了"劳动标兵"的称号……

孩子居然变成了"两面派"，这可怎么办呢？

7岁的娟娟今年上2年级了，她活泼好动，非常聪明。

平时，爸爸妈妈工作很忙，每天都是早出晚归，于是爸爸妈妈就让娟娟每天放学后，到同住在一个小区的爷爷奶奶家吃饭，写作业。

渐渐地，妈妈发现娟娟到了爷爷家，就只看电视、玩游戏，很晚才写作业，又因为困，作业总是做得潦潦草草。

于是这天，妈妈忍不住对奶奶说："您应该先让孩子写作业，然后看电视，而且电视要少看。"

听到这话，奶奶却不同意了，说孩子上学太辛苦了，回家得先让她休息好了，吃好了。娟娟的爸爸也为此和奶奶谈了好几次。

在一旁的爷爷看不下去了："我和你妈这种方式有什么问题吗？你们弟兄3个还不是照样给养大了？看看你们，哪个不像模像样的，我们教育孩子没问题！"

爸爸妈妈看在眼里，急在心里，只能暗地里抓紧教育孩子。可是，娟娟一旦在爸爸妈妈那里被批评，就跑到爷爷奶奶那里告状。

等奶奶批评爸爸的时候，娟娟就偷着乐。而且，娟娟还特别会哄奶奶，总是让奶奶心疼得不得了，更加卖力地给孙女撑腰。

妈妈看到女儿小小年纪就懂得了两面派的做法，让她特别着急，如果在家里，她就这样为人处世，那等到孩子大了，步入社会该如何是好呢？

现实生活中，没有一个妈妈愿意自己的女儿是个"两面派"。可事实是，偏偏有许多孩子不以你的意志为转移地成了"两面派"：有的在家里是个多嘴的"小八哥"，在学校里却是个闷嘴"小葫芦"；有的在家被妈妈管得太严，不准干这干那，一到了学校就成"小霸王"，让别的孩子望而生畏；有的在爷爷奶奶面前是个听话懂事的乖孩子，在爸爸妈妈面前却成了调皮捣蛋的"小恶魔"……

这究竟是什么原因呢？

有关专家分析指出：这些拥有"两面派"特征的孩子，其实是掌握了老师、妈妈的心理。孩子常常按照老师、妈妈的喜好来表现自己，希望获得表扬。

当孩子面对的对象改变了，孩子就急于把自己的另一面变本加厉地表现出来。

孩子通过观察，知道老师不能容忍哪些行为，他就会避免做这些讨老师嫌的事情，多做老师喜欢的事情，自然就成了学校里的"好学生"。

同样，孩子也通过观察，知道妈妈能容忍他的哪些行为，所以他在家里就经常会做这些事情，因为知道你不会责罚他，仍然会爱他。

一般情况下，妈妈的容忍度要比老师大很多，再加上老师固有的权威性，所以孩子在学校里显得比在家里乖很多。

儿童心理学家说，孩子最要不得的，就是从小"两面派"。当面一套，背后一套，"两面派"将影响孩子健全人格的培养。学校和家庭如果能把孩子放在同一个位置上，孩子"两面派"的现象会减少很多。

对此，妈妈可以一方面了解孩子在家里的表现，一方面和老师联系，了解孩子在学校里的表现，也了解老师对孩子的要求，并与老师交流孩子在家中的表现，和老师一起教育孩子。大多数孩子都对老师言听计从，把老师的话当圣旨，只要是老师说的，孩子都会去做。

在这种情况下，妈妈可以和老师交流一下，请老师帮忙，通过老师约束孩子在家里的行为。另外，父母的教育也应一致。严父慈母或严母慈父，一个"唱红脸"，一个"唱白脸"的教育方法容易导致孩子对父母的态度不一样，也容易养成孩子"两面派"的性格。

要改变或预防孩子对父母有不同的态度，妈妈应做到对孩子存在的问题心中有数，在教育孩子时，父母应该互相配合，当其中一方批评孩子时，另一方不要袒护，尤其不要在孩子面前指责对方，应该互相配合、协调一致。此外，父母和老师对孩子所提的要求应一致，这样才不至于让孩子成为"两面派"。

教育不仅仅局限于课堂之内，教育即生活

陶行知说过这样一句话："先生不应该专教书，他的责任是教人做人；学生不应该专读书，他的责任是学习人生之道。"教育绝不仅仅局限于知识方面，更重要的是教孩子怎样做人，学习人生之道。因为孩子最终将以一个社会人的角色迈入真实的生活，如果把孩子培养成读书的机器将注定失败。

在瞬息万变的社会中，作为一个社会人，首先要学会的是生存和发展，所以妈妈培养一个孩子，不能把他培养成一个读书机器，不能让他成为脱离社会的人，妈妈更应当注重的是培养孩子的生活实践能力和良好的生活品性。

这不仅仅要靠老师或者妈妈来给孩子灌输道理，更需要妈妈将教育融于生活中的点点滴滴。著名的教育家杜威说过："教育就是生活，生活就是教育。"教育不仅仅是通过书本和课堂来完成，妈妈更要想办法使孩子的心灵进入一个更大的世界中，培养他出色的生活实践能力和良好的道德品性。下面这位妈妈的教育方法和心得体会也许可以给很多妈妈一些启发：

我家住在5楼，上楼时，女儿经常要求我慢点，好让她走到前面去，到了门口就自豪地大喊："我第一喽！"开始我一直是这么让着她的，后来我就觉得有些不妥：这样她虽然得到了快乐，但这种自豪与快乐不是她通过自己努力获得的，是别人让给她的，长此以往会不会给她一种错觉，即成功轻而易举、唾手可得？于是再上楼时我对她说："不行，妈妈会一直不停地走，不会再让你了，如果你想要得第一，就必须自己加油，走得比妈妈快才行！"当时她不大高兴，我故意淡化不加理会。几天后，她不再提不合理的要求了，总是以自己快步跑上楼来争取第一。我发现她通过自己努力获得第一后，她的欢呼更清脆，她的笑容更甜美。

孩子，不是妈妈不愿意让你，妈妈这样做只是希望在以后的学习生活中，你都要明白一个道理：别人是不会停下来等你的，要想超越别人走到前头，只有自己努力加快速度才行。

生活是孩子最大的课堂，妈妈是孩子最重要的老师，妈妈在生活中有心无痕地教育孩子，往往会取得事半功倍的效果。然而，不是所有的妈妈都能当好孩子的生活老师，要想做孩子称职智慧的老师，妈妈应该注意以下几个关键词：

①配合：传统的教育观念是重视分数，而现在教育的王牌早就已经变成素质了。妈妈除了要重视书面形式的作业，更要重视实践性的作业，

积极配合孩子完成。

②放心：现在的孩子处处都在妈妈的关心和保护之下，孩子的唯一任务就是读书。殊不知，孩子终究是要长大的，要离开妈妈走向社会，妈妈应该放手让孩子参加社会实践活动，凡是孩子能做的事尽量让孩子来做，以免孩子长大之后无所适从。

③诚心：面对孩子的实践需求，妈妈应该真心实意地支持。比如孩子需要搜集一些家庭信息，像妈妈、爷爷、奶奶的年龄，生活用水量，用电量等，妈妈应该如实相告，给孩子创设一个实践的空间。

④宽心：孩子在实践活动的过程中可能会产生一些垃圾，影响室内环境，或破坏一些物品等，妈妈应该宽容对待孩子的过失，不宜经常训斥。切记宽容是民主的体现，训斥只能加剧孩子的逆反心理，抹杀孩子探索、实践的兴趣。

⑤热心：当孩子萌发探索、实践的愿望时，妈妈应该积极引导鼓励，当孩子在实践活动中遇到了挫折时，妈妈应给予关怀、帮助，历史的经验告诉我们，不少发明家从小就有爱动脑筋、爱动手的良好习惯，同时他们的成就也与妈妈的关心支持是分不开的。

如果妈妈们把握好对孩子的教育，当好孩子的生活老师，这将是孩子的福分和幸运，因为，他比其他孩子有了更多受教育的机会。

上学不等于"全托管"，家校互补才能教育好

"老师，孩子送到学校，就交给你们了！"很多妈妈会对老师说这句话。这说明虽然现在越来越多的妈妈意识到学校教育的重要性，并越来越重视学校教育，但依然还有小部分妈妈有这种"把孩子完全交给老师"的意识，以为把孩子送到学校就如同送到了"保管箱"一样，自己可以完全不管，只让老师教育就好。其实，孩子上了小学，并不等于"全托管"。换句话说，学校不是幼儿园，小学老师除了教给孩子知识外，还要教给孩

子综合能力和思想品德，要想孩子的教育出成效，妈妈就要全力配合，只有"三位一体"的教育才能出成效。

教育不是教师单方面可以完成的，这是一个需要社会、家庭通力合作的系统工程。真正富有魅力的教育，永远是由教师、班级、孩子、妈妈共同参与的。在这当中不难看出，没有家庭教育仅有学校教育，或是没有学校教育仅有家庭教育，两者都不是完整的教育，学校教育必须依靠家庭教育的配合和支持，家庭教育必须与学校教育协调一致。应该通过家校联系QQ群、家校联系本、随机交谈、妈妈座谈会、电话随访和家校联谊活动等多种途径，加强与家庭的联系，帮助妈妈认识教育规律，加强自身修养，提高家庭教育的水平，使家庭教育和学校教育形成合力，让妈妈成为学校教育的有力支持者和协助者，使孩子在家中能及时巩固学校学到的习惯，从而真正养成良好的行为习惯。再有，教育好孩子，离不开妈妈的素质，更需要妈妈的直接熏陶。只有好素质的妈妈，才有好素质的孩子，所以作为妈妈，应通过与时俱进的学习优化自己的教育方法，提高自己的道德素质，让孩子有一个好榜样。

那么，要配合老师做好对孩子的教育，妈妈应该如何做呢？

①关心孩子的学习，经常了解孩子的学习情况。孩子在学校的主要任务是学习，做妈妈的应该经常关心孩子的学习情况。妈妈不仅要帮助孩子制订学习计划，并进行督促，使孩子养成良好的学习习惯，还要每天检查孩子的作业，督促孩子复习巩固当天所学的知识。如发现孩子懒于完成应该做的作业，妈妈应该督促孩子完成，孩子学习中有不懂的问题，妈妈无法回答的，应该及时督促孩子找老师。

②关心孩子的思想，经常和老师取得联系。小学阶段是孩子思想品德形成的重要时期，特别是小学一年级，是孩子从幼儿期到儿童期的一个过渡时期，这一时期是培养孩子的行为习惯和行为操守的关键时期，因此，妈妈要采取措施，充分调动孩子的学习积极性和自觉性，尊重他们的正确意见，同时还必须指导和监督他们的学习、生活，经常提醒他们要自觉遵

守学校纪律和社会公德，并且亲身给孩子做好高素质的示范。

③支持孩子参加学校组织的活动。妈妈应该积极支持和鼓励孩子参加学校组织的各项活动，特别是公益活动等一些思想性强的活动，不能因为怕影响孩子的学习而不让孩子参加。参加集体活动，有利于培养孩子的集体责任感和与人合作沟通的能力。

④支持学校的工作。老师每天给学生布置的作业，有时需要妈妈帮助督促、落实，而妈妈帮助督促、落实了这些工作，既是对老师工作的支持，也是对自己孩子的教育和帮助。只有保持家庭和学校教育的一致性，才能收到好的效果。

⑤必须加强与学校的联系。学校与家庭、教师与妈妈之间要建立起有效沟通的桥梁和经常联系的纽带，以达到信息互通，作用互补，扬长避短，进而减少学校与家庭之间的一些教育漏洞和盲区。要实现家庭与学校教育的互补，妈妈就必须在日常施教过程中注意做好家庭与学校教育的有机结合和良好衔接，配合老师做好孩子的教育工作。每个妈妈都希望自己的孩子在校学习好、表现好、有出息，将来能够出人头地，成为有用之才。在这种情况下，交流和沟通就显得特别重要。妈妈通过交流和沟通可以对自己的孩子进行全方位的了解，然后就可以有针对性地进行找平、补强。如果缺少了这一有效渠道和必要环节，就会使家庭教育陷入盲区，也会让教师在开展学校教育工作时陷入被动。所以学校与家庭、教师与妈妈之间要通过妈妈见面会等形式常沟通，多交流，以便妈妈深入地了解孩子学习情况，取长补短，学习他人先进经验，改进自己缺点与不足，从而有利于学校与家庭教育的全面、协调发展。

及时疏导孩子对老师的消极态度

光光放学一回来，就气鼓鼓地直嚷："偏心！"

"谁偏心了？"光光妈饶有兴趣地过来问。

"孙老师。我和赵婷婷课堂测验都得了 98 分，班里最高，可是孙老师光表扬赵婷婷进步了，没表扬我！她真偏心，哼！"

孙老师是光光的数学老师，据光光妈了解，她是一个对学生很负责任的老师，为什么会令孩子觉得偏心了呢？"肯定有原因。"光光妈接着问道，"赵婷婷平时数学成绩好吗？"

"以前不太好，不过她学习挺努力的。"

呵，小家伙能看到别人身上的优点，不错了！

"对啊，赵婷婷以前数学不好，可是你的数学成绩不是一直挺好的么？那这次她和你一样考到了班里的最高分，是不是说明她的进步很大呢？"

"嗯……对……"小家伙好像有点想通了。

"孙老师表扬她，是鼓励和肯定她的进步。你一直做得很好，所以老师这次主要表扬她，你也不用太在意。孙老师这样可不是偏心她，知道吗？"

小家伙用力点了点头。

"小东西，弯儿转得还挺快！"光光妈在心里笑道。

这位妈妈的做法是极其明智的，既让孩子客观地认识到自己的问题，又消除了孩子对老师的不良情绪，保护孩子的心灵不受到伤害。这值得很多妈妈借鉴，尤其是那些经常曲解老师意思的妈妈。

当孩子对老师不满意、有意见的时候，孩子的心里往往是非常焦躁和担忧的。焦躁的是对老师有意见却不能对老师说，说了，怕老师不高兴，对自己有看法；担忧的是自己碰见这样的老师，自己的学习、生活都要受其影响。

所以，当发现孩子对老师有意见或情绪时，妈妈首先要控制自己的情绪，耐心倾听孩子的想法，既不能不分青红皂白地责骂孩子，更不能和孩子一起指责老师，否则，会进一步加大孩子对老师的不满。

正确的做法是，当孩子向妈妈诉说对老师的意见时，妈妈不要随声附和，而要镇静地、耐心地倾听孩子的想法，并且在听的过程中，要根据情况提出具体的问题，以便了解实情。例如当孩子说："我几次问问题，老师要么是不理不睬，要么是含糊其辞，一点都不负责任。"妈妈可以说："如果老师不给学生解答问题，那真是不负责任。你都什么时候问的问题？当时是怎样的情况？"这样一来能够让妈妈了解更多的信息，二来能够帮助孩子缓解焦虑等消极情绪。倾听时，为了鼓励孩子讲述，妈妈要表现出专注、关心的神情和姿势，与孩子保持良好的目光接触，配合孩子的语言与非语言行为而调整动作与声调。如果妈妈一边听一边干着别的事情，或者面无表情的话，就会打退孩子倾诉的欲望。

孩子在看待老师的缺点时，经常出现两种思维偏差：一是过分夸大老师的不足之处，忽视老师的长处；二是灾难性思维，当孩子感受到老师对自己微小的不利影响后，就预感老师会给自己带来灾难性后果，从而变得诚惶诚恐。所以，妈妈除了引导孩子倾诉，帮助孩子释放消极情绪外，还要及时发现、校正孩子思维上的偏差，帮助孩子减少忧虑。

当孩子对老师有意见而表现出不良情绪的时候，妈妈一方面要倾听孩子的诉说，纠正孩子的心态，另一方面还要与老师进行沟通交流，请老师协助一起消除孩子的不良情绪。

如果妈妈从孩子的叙述中感觉到老师出现的错误是经常性的、重大的，妈妈可以通过与其他妈妈交流，了解其他孩子的感受，弄清事情的真相。但是注意不要让孩子认为妈妈在怀疑老师、不信任老师。因为如果孩子知道妈妈在调查老师，反映老师的情况，他就会更讨厌他不满意的老师，他的情绪也会随着妈妈的言行而波动，进而他的学校生活也会受到影响，尤其是当老师的不足无法改变时，孩子的心理困扰会越来越大，这最终会给孩子带来极为不利的影响。

第五章

学龄儿童常见的问题和建议

学龄儿童处于家庭和学校两个不同的环境中，心理总会出现些不适应，于是，学龄儿童总是出现很多问题，其实这些问题都很普遍，妈妈不用大惊小怪，只要好好地引导和帮助，孩子的毛病就可以被改掉。

孩子做事拖拉怎么办

四年级男孩李江，成绩一直很不错，但是，老师和同学都不喜欢他，因为他做事总是拖拖拉拉。他的作业经常不能够按时完成，导致老师经常生气。在生活中，同学们谁也不愿意跟他合作。他办事情像一个老太婆，和大家根本就不合拍。在一次晚会中，大家一起玩游戏。他和几个同学分在一组，结果因为他拖拖拉拉，使得他所在的那一组输得很惨。同组的几个同学都责怪他，不愿意和他交往。慢慢地，其他同学也不愿意理他了，觉得跟他合作既倒霉又没有意思……他在学校连个好朋友都没有，感到很压抑。妈妈最讨厌看到李江做事磨磨蹭蹭的样子，而且也为这件事情打了他不少回，但就是不见效果。

像李江这样的孩子有很多，做事拖拉、慢吞吞似乎不是什么大毛病，但进入社会工作后，做事拖拉的坏处就会完全暴露出来。

做事拖拉、磨磨蹭蹭是孩子常见的一种毛病。

孩子做事拖拉一般表现在：做作业时不专心，东看看西玩玩，一个小时可以做完的作业要用 2 个小时，甚至更长的时间；从早上起床、穿衣、洗漱到出门上学的这段时间内，动作慢吞吞，不紧不忙地，导致经常迟到；因怕困难而把艰巨的任务、麻烦的事情拖到最后办理，或寻找借口一拖再拖；一般不善于整理环境，卧室、写字桌上乱七八糟；一般都缺乏进取精神，不愿改变环境，不愿接受新任务；老是不肯做作业，一直拖到每天的最后一刻，甚至点灯熬油开夜车；遇到棘手的事或考试，就装病找借口，企图回避；在受到不公正的待遇时，即使自己有理，也喜欢忍气吞声，以免和别人发生冲突；无论遇到什么事情都怨天尤人，从不从自身寻找原因；说起来一套一套的，想法很多，但从来不付诸实施……

如果孩子在学生时期还没有改掉这种毛病，就有可能养成懒惰的性格，在碌碌无为中度过平庸的一生。妈妈教育孩子，一定要注意帮孩子改掉这一陋习。

而妈妈要培养孩子绝不拖延的意识，最重要的是必须让他学会珍惜时间，懂得"一寸光阴一寸金，寸金难买寸光阴"的道理。这首先要求妈妈自己是一个珍惜时间的人。

《朱子家训》开篇说："黎明即起，洒扫庭除，要内外整洁。"一天之计在于晨，孩子醒来时，发现妈妈已经把屋子收拾得干干净净了，周围空气清新，精神自然倍增。相反，如果家里乱糟糟的，一片狼藉，人也就没什么激情了。

所以，勤劳的妈妈往往能调动家人的积极情绪，而且，也能教育孩子珍惜一天的时间，认真对待每一个黎明。

早晨时间有限，看着孩子从起床、吃饭到准备上学，样样拖拖拉拉，三催四请还是慢吞吞的，你就会忍不住扯开嗓门责备他。结果你发火了，孩子却泪眼汪汪地站在那儿发愣，坐在那儿发呆。

妈妈气急败坏地呵斥，孩子仍然慢吞吞。当心——你的气急败坏做了错误的示范，孩子长大后会变得跟你一样脾气不好。另一方面，孩子的挫折感和所受的惊吓，也会给他们带来更多的抑郁和适应上的困难。

慢吞吞已经够你心烦了，若再加上教导不当，衍生其他冲突或心智成长上的问题，那就更令人烦恼了。孩子的问题像滚雪球一样，越滚越大，随着年龄增加，将有更多的困扰。

孩子做事慢或者磨蹭，有的与孩子的性格有关，有的和孩子的生活习惯有关，妈妈应具体问题具体分析，对症下药，力争药到病除。

吃饭慢，这是小问题，只要孩子没有一边吃一边玩，而是在细嚼慢咽，就是可以容忍的；做作业慢，那是因为他没有什么有趣的事情等着去完成，如果完成了作业可以看电视，孩子就会积极一点，但是，不能拿这个作为交换条件，防止孩子的速度上来了，质量下去了。

有一个妈妈非常大胆——让孩子在电视广告播放时做作业。孩子很感谢妈妈的宽容，作业写得又快又好，这种方式，也许值得妈妈们借鉴一下，因为这样给孩子的不仅是宽松的时间，更是莫大的信任。

一般来说，有明确目标的人，做事情会很快。拖拖拉拉的孩子，也许缺少的是目标。另外，孩子的惰性也是拖拉发生的一个原因。不给孩子惰性心理留任何滋生的机会，时时提醒孩子"明日还有明日事"是非常必要的。

对于孩子的拖拉，建议妈妈给孩子规定一个时间，让他限时完成。同时，妈妈还可以为孩子准备一个记事本，让他们将要做的事情按重要性排序，养成孩子做事有条不紊的习惯。为了去除孩子对妈妈的依赖心理，妈妈应让孩子自己承担做事拖拉的后果。比如要出门，提醒孩子准备妥当，若依旧拖拉，你就要丢下孩子，让他独自承担后果。

生命是由时间积累而成的，谁将该做的事无端地向后拖延，谁就会无端地浪费生命；谁重视时间，时间就对谁慷慨；谁会利用时间，时间就会服服帖帖地为谁服务。尽早培养孩子珍惜时间的习惯，即是教会了孩子珍惜生命。

孩子容易发脾气怎么办

李医生夫妇最近被儿子的坏脾气折磨得头疼。儿子奇奇 7 岁，才上小学二年级，脾气却暴躁得厉害，稍不如意就大发雷霆，大喊大叫；即使跟他讲道理，他也听不进去，如果父母不按照他说的去做的话，他就一直吵闹、哭喊、在地上打滚，手里有什么东西都会顺手扔出去。

为此，李医生夫妇想尽了办法，他们打他，苦口婆心地教诲他，罚他站墙角，赶他早点上床，责骂他，呵斥他……这些都不管用，一有事情奇奇还是会大发雷霆，暴躁脾气依然如故。

这天，奇奇看到邻居家小朋友拿着一个变形金刚，奇奇觉得很好玩，就跟那个小朋友一起玩了起来，两个人玩得很开心。很快，吃晚饭的时间到了，那个小朋友被他妈妈叫回家了，奇奇也只好依依不舍地回家了。

回到家里，奇奇就跟妈妈讲："妈妈，你给我买个变形金刚吧。"

"你的玩具箱里不是已经有两个了吗？"妈妈很奇怪。

"我想要小朋友那样的。"

"那等明天爸爸出差回来了带你去买吧。"

"我不！我现在就要！"奇奇的愿望没有得到满足，他大声喊了起来。

"你这孩子，我晚上还得去值夜班呢，哪有时间去给你买啊。来，奇奇乖，咱们吃饭了。""我不吃，我就要变形金刚。"奇奇的倔脾气又上来了。

"快点吃饭！吃完了我要去上班！"妈妈生气了，说话的语气重了点。

"砰——"令妈妈没有料到的是，奇奇竟然把饭桌上的一碗米饭推到了桌子下，碗的碎片和米饭撒了一地。

妈妈很生气，拉过奇奇，狠狠地朝他的屁股上打了两巴掌。这下可是捅了马蜂窝，奇奇躺在地上哇哇大哭起来。

妈妈又着急又生气，眼看着上班时间就快到了，可奇奇还躺在地上撒泼，她不知如何是好了。

"现在的孩子越来越难管了！"有不少妈妈抱怨，"稍不如意，牛脾气就上来了。打也不听，骂也不灵，哄他吧，他还更来劲！"生活中，确实有不少这样的孩子。

心理学家认为，孩子爱发脾气是由家庭教育不当引起的。特别是独生子女，如果从小家人就事事以他为中心，孩子要什么就给什么，久而久之，孩子就会养成遇事爱发脾气的习惯。比如，他想要一个玩具，而妈妈不想买给他，他就会大哭大闹，此时，妈妈既想管教，又怕孩子受委屈，结果可能就会对孩子"俯首称臣"。这样反而会让孩子形成一种错觉：只要我大哭大闹，他们就会让步，我的愿望就能实现。如此下去，就会形成恶性循环，孩子逐渐就养成了乱发脾气的坏习惯。

此外，有的孩子乱发脾气，可能是从妈妈那里学来的。妈妈是孩子最早的启蒙老师，也是孩子最好的老师。妈妈日常所表现出来的好品质，孩子会潜移默化受影响。但是，一些妈妈却没有给孩子做好示范作用，有的妈妈遇到不顺心的事情，常常会大发雷霆，甚至有时候还会将怒气撒到孩子身上。这种行为模式往往会被还缺乏辨别能力的孩子效仿，于是孩子就会模仿妈妈的处事方式，遇到问题或困难时，也会大发雷霆。

每个妈妈都不希望自己的孩子是一个随意发脾气的孩子，可事实上发脾气是孩子成长过程中的必经之路，如果妈妈引导得不好，孩子就会像奇奇一样，养成乱发脾气的习惯，变成一个暴躁的孩子；引导得好的话，孩子的脾气就会成为每一次教育孩子成长的契机。

那么，怎样才能改掉孩子乱发脾气的习惯，或者说对孩子发脾气时采取什么样的对策才是可行的？

专家建议：一是不能向孩子"俯首称臣"；二是当孩子发脾气时，适当地采取"横眉冷对"的方式；三是妈妈"以身作则"，让孩子从榜样的身上学到正确的东西。

孩子一发脾气就向他屈服是最不可取的教育态度和教子方法。当孩子乱发脾气时，妈妈要保持冷静，对孩子的不合理要求绝不迁就，要让孩子明白，无论他怎么发脾气，妈妈都不会"俯首称臣"，他也始终都达不到自己的目的。当孩子已经"雷霆万钧"时，不妨运用冷淡计，即妈妈及其亲人都不去理会他。事后，大人再当着孩子的面，分析一下他发脾气的原因，细心地引导、教育孩子，相信孩子会从一次错误的行为中吸取教训。

专家认为，妈妈在阻止孩子坏脾气发作的时候，既不要采取过于强硬的态度，也不能采取过于软弱的态度，最好是能够迅速而果断地将孩子的注意力转移到其他方面，以缓和紧张的局势。也就是说，孩子正在发脾气时，妈妈不要一心只想到训斥孩子，因为孩子这时是听不进去的；妈妈也不要强迫孩子或者用武力威胁孩子马上停止发脾气。最简便的方法就是把他撇下不管，或把他送出门外，让他一个人去发泄，去自我克服、自我平息。这样坚持一段时间后，孩子就会渐渐改正乱发脾气的习惯，因为他知道这样做是什么也得不到的。

如何让孩子主动不挑食

人和动物饿了就会吃，这是一种生理本能，但到了今天，我们的文明社会中出现了一个反本能的现象：孩子不爱吃饭、挑食。这种不正常的现象，在独生子女中比比皆是。一个小区里肯定有很多家庭的父母为"骗孩子吃饭"做过各种努力，也交流过心得，即：如何分散孩子的注意力，让他不知不觉就吃了一口饭；如何提高自己的厨艺，做孩子喜欢吃的饭菜；如何根据医生的建议，给不爱吃饭的孩子另外增加营养；等等。但这些从一开始就错了，因为它建立在一个孩子挑食的基础上，只要孩子挑食，有些营养就难以跟进，孩子的生活习惯、情绪、自我意识等，都会受到一连串不好的影响。

怎样让孩子不挑食呢？我们可以借鉴"潜能教育之父"老威特的教子之道。

老威特认为孩子养成不良的饮食习惯，责任完全在于父母。孩子挑食、厌食、贪吃等多种毛病都只是在父母的溺爱和纵容下任性自私的表现。然而不少妈妈在生活中不但没有丝毫悔悟，仍一味地满足孩子不合理的饮食要求，或者是诱骗孩子吃有营养的东西。事实上，只要改变孩子对食物的观念，就能改变孩子不良的饮食习惯。

妈妈首先需要让孩子明白"粒粒皆辛苦"的道理。据说，有一个小学组织孩子们到田间地头参加劳动，感受了"汗滴禾下土"的滋味，从此学校食堂浪费的现象明显好转了。孩子们从来不知道食物的来源，觉得一切都理所当然，也就不会珍惜了。

如果妈妈能和孩子一起种一株黄瓜，看着它开花，结果，慢慢长大，这种等待的经历更能让孩子感受到食物的来之不易，不能随便浪费。每一个青椒需要一个夏天的成长，每一粒绿豆都可能成为一株豆苗，它们其实都有故事，这些是孩子不知道的。

只有在孩子尊重食物以后，再适当告诉他有关营养的知识，他才容易接受。

如果孩子厌食，妈妈首先要确定他是否生病了。如果并非如此，而只是孩子的饮食习惯问题，妈妈就要想一想，是不是孩子平时零食吃得太多，扰乱了正常的进食规律，导致他在正餐时间里拒绝进食。杜绝孩子吃零食和适当采用饥饿疗法，都能很快纠正孩子不爱吃饭的习惯。

也有一种孩子与挑食、厌食孩子相反，他不知饥饱，贪吃成性。孩子养成贪吃的习惯多数是家长造成的。老威特和妻子都非常注意这一点，规定了吃点心的时间。为了让儿子懂得身体健康及饮食合理的重要性，凡有朋友的孩子生病，他都会带儿子去探望，让儿子更为直接地体会健康饮食的重要性，这对儿子是一种很实际的教育。老威特记载了这样一个故事：

有一次我带着儿子散步，遇见了一个朋友的儿子。

"你家里人都好吗？"我首先问候道。

"谢谢，都好。"他说。

"但是，你弟弟病了吧？"

"是的，您是怎么知道的呢？"他惊讶地说。

"因为圣诞节刚过。"

我并不是胡乱猜测的，因为我知道那孩子特别贪吃，圣诞节过后准会闹病的。

果然不出所料，于是我带着儿子去探望。到那儿一看，那孩子不喊肚痛，不喊头痛，只是叫个不停。

病从口入这一点在孩子身上体现得非常明显，如果孩子口不择食，就很容易生病。妈妈一定要管好孩子，尤其是不要让亲友们太宠孩子，背着自己给孩子很多好吃的零食，这样只会坏了孩子的胃口。

孩子挑食，就像洪水泛滥一样，重在疏导，而不是怎样去堵塞。从根本上改变孩子对饮食的态度，除了强化孩子尊重粮食的意识，控制孩子的进食外，妈妈也需要"宠辱不惊"。不管孩子爱吃什么、不爱吃什么，妈妈都不要大惊小怪，表现得很高兴或者很失望。因为这样只会让孩子觉得吃东西是为了讨欢心，或者是为了发脾气，这就背离了饮食的本意了。

另外，大人在吃饭的时候也要做好表率，不要表现得自己很挑食或者太讲究，这样孩子也就不会跟着学了。

当你发现孩子对某一种菜完全不感兴趣的时候，你先不要惊慌，把这种菜改良一下继续放在餐桌上，并假装没有注意他（她）不吃这个菜，然后自己带头去吃，孩子也会跟着尝试。如果妈妈说"你不吃洋葱吗"，孩子就会意识到这个问题，就真的不吃了。

孩子说谎话怎么办

老师打电话来说孩子一下午没去学校，于是等孩子回来，你问他：

"下午上课怎么样啊？"

"嗯，挺好的。"

"老师都讲什么了呀？"

"哦，讲的……讲的课文。"

这个时候，你就知道孩子说谎了，但是应该怎么做才能既不伤害孩子的自尊与自信，又不纵容孩子说谎呢？

①弄清楚孩子是否在说谎。当怀疑孩子说谎时，父母首先应该仔细地调查了解，弄清楚孩子是否真的在说谎，说谎的原因是什么。孩子的谎言，往往是把内心想象的事物和现实中的事物混同起来，特别是小朋友在一起时"吹牛"更是没有边，许多话都是无知的语言，不必介意。比如，"我爸爸带我去动物园见到一只蚂蚁比皮球还大"等，这些都是孩子们的想象。小孩子说谎，是比较容易发现的，几句话就可以套出来。大一点的孩子说谎，往往能够骗得了父母，因为孩子知道父母喜欢听什么话，他们会制造谎言，说得天衣无缝。遇到这种情况，父母应通过仔细观察和进一步了解揭穿孩子的谎言，并用比较委婉的口气和迂回的方法教育孩子。

②证实孩子说谎后，父母应采取相应的措施进行教育。面对孩子的错误，妈妈往往火上心头，责骂不解心头之恨时还会动手打孩子。这是不理智的，妈妈应该克制怒气，分析一下错误的性质，对无意、初犯或较轻的说谎行为，切忌粗暴体罚，而应该耐心指导教育。首先妈妈要对孩子说谎的行为表示生气和不满，表明自己对说谎行为非常反感，然后教育孩子以后注意自己的言行，尽量不要再说谎。

有些孩子已经习惯于说谎话，且屡教不改，甚至有损人利己的行为，而且态度恶劣。对于这种孩子，除了严厉的批评教育以外，还可以进行适当的惩罚，来戒除孩子的恶习。例如，孩子又因贪看电视而没有做功课却谎称做完了，妈妈发现后，就首先要求孩子赶紧做完功课，然后剥夺孩子3天看电视的权利，或者让他3日内不能出门玩耍。但是妈妈惩罚孩子时要注意，惩罚既要让孩子感到痛苦和认识到事情的严重性，又不要使孩子的躯体受到严重损害和摧残，那种要求孩子下跪或打骂孩子的方法是不可取的，不但收不到效果，还会使孩子产生逆反心理。

值得一提的是，当孩子旧错重犯时，如果他能主动、诚实地告诉妈妈自己所犯的错误，那么妈妈在批评教育之后，一定要对孩子的诚实做出肯定，并适当减轻惩罚。

③以身作则，正确引导孩子。营造民主温馨的家庭氛围，让孩子拥有一个自由快乐的环境，对培养孩子诚实守信是非常重要的。因此，妈妈承诺了孩子的事情应该尽量办到，不要随便欺骗孩子。妈妈有意识地对别人说谎时，不要当着孩子的面，以免孩子效仿。而妈妈应对孩子的说谎行为进行正确的引导。例如，孩子模仿电影、电视中的人物而说谎，妈妈就应该告诉孩子，这是不对的，同时告诉孩子说谎会带来各种可能后果，教给孩子做人的道理，让孩子建立正确的是非观念。这样孩子恶意说谎的行为就会逐渐戒除，不经意的说谎也会逐渐减少，成为一个诚实的孩子。

事实说明，无论你如何教孩子，他们迟早会对你说谎。孩子越大，谎话越多越高明，而且在说谎得逞或逃过处罚之后，谎会越扯越多。第一次说谎人心中的犹豫最强烈，还会自问该或不该，但恶例一开，原先再三思量的能力就丧失了。

为了将孩子培养成为一个真诚正直的人，妈妈应根据不同情况客观地分析，对孩子进行正确的教育引导，也应奖励孩子的诚实，即使孩子有了错误，只要他们说了真话，妈妈就应肯定他的做人之道，并引导孩子不断地完善自己。妈妈不要用打骂、惩罚、斥责等消极方式来对待孩子，以避免孩子为保护自己而以谎言应付妈妈。妈妈要与孩子成为朋友，建立相互信任关系。如果是因为妈妈的原因孩子说谎，妈妈应检讨自己，进行自我批评，并对孩子做出合理的解释。

当孩子出现口吃毛病时怎么办

李浩是一个聪明可爱的小男孩，但他有个小毛病——说话结巴。其实，李浩开口说话挺早的，说话也较流利，可到了 3 岁的时候，却突然变得有些结巴了。从 5 岁开始，李浩接受了妈妈的言语矫正训练，妈妈自制了一套训练方案，播放教学录音让李浩模仿，但收效甚微。时间长了，李浩觉得妈妈是在折磨他，而妈妈却认为李浩"我……我……我……"是故意的，于是批评、苛责，一招接一招。结果妈妈越着急，李浩就越害怕，越害怕就越结巴。

后来，妈妈看了一篇相关的文章，上面说 2～7 岁的孩子结巴是正常的，就没有再苛求他，心想慢慢地会好的。谁知道上小学后李浩的结巴竟然越来越严重，一句话中间老是有不恰当的停顿，或某个字的发音拖得很长，如"我不——想睡觉"，让人听起来很吃力。

每当与老师谈话或上课发言时，李浩就结巴得更厉害；有时遭同学嘲笑，他说话也更结巴了：越是这样，他就越不爱讲话，因而，讲话就更加不流利了。

说话不流畅，是 2～7 岁儿童比较常见的生理现象。孩子对自己的口吃无自我意识、恐惧和害羞心理，所以这算不上是口吃。2～3 岁的孩子思维迅速发展，想用语言表达一种思想，但往往找不到合适的词，于是在找合适的词语来表达的过程中就会出现口吃，这种口吃一般只是阶段性的。在这一阶段，有很多孩子开始学数数、念儿歌，但是说的技能赶不上思维的速度，以语言为基础的思维跑到语言功能的前头，思维和语言发展不同步，口吃就会更加明显了。但是随着孩子语言能力的进步，这种口吃就会慢慢地减少直至消失。

研究发现，孩子的口吃是后天形成的，与家长教育不当有直接关系。一些妈妈见到孩子出现口吃，便会严厉地责备孩子，时常提醒孩子注意。受到多次责备和提醒之后，孩子就对讲话产生了不安、恐惧等心理，口吃现象反而会变得更加严重。妈妈不愿意听到孩子讲出"结巴"的话，急于纠正孩子的发音，这样孩子说"结巴"话的机会反而会增加，弄巧成拙，最后孩子真的成了口吃患者。

口吃不仅影响孩子语言功能的发育，还极大地损害他们的心理健康，使他们产生心理压力，自尊心受挫，形成孤僻、退缩、羞怯、自卑的不良个性。口吃的孩子往往情绪不稳，容易激动。他们害怕在大庭广众下讲话，害怕上课时被老师提问，不愿意主动与同学交往。

所以，当孩子出现口吃的毛病时，妈妈应该做到以下几点：

①不让孩子模仿。模仿是口吃形成的主要原因之一，因此，在日常生活中，不要让孩子模仿电视里或者生活中的结巴。

②妈妈要耐心倾听，不要指责。妈妈见到孩子口吃时，应保持平静、无所谓的态度，避免严厉的责备，不要逼孩子把话讲全，也不必提醒"你又口吃了，要注意"，以免增加孩子的紧张情绪，使他们讲话更不利索。

③慢慢地跟孩子说话。若孩子的口吃比较轻微，则不必采取任何措施，时间长了，口吃自然就会消失。若孩子的口吃现象比较严重，妈妈在同孩子讲话时，应该用缓和、拖长音的语气降低语速，孩子会逐渐模仿，用这种方式讲话，口吃也会慢慢地得到缓解。

④及时给予鼓励。当孩子的口吃有一点改善时，妈妈应及时地给予表扬鼓励，这可增加孩子克服口吃的信心。

⑤寻找病因，消除病因。孩子本来不口吃，后来变得口吃，其中有很多原因：也许是智力负担过重，也许是家人当着孩子的面争吵、冲突，孩子受到惊吓或是孩子的习惯受到破坏等。只要能消除隐患，孩子的口吃一般就会在几个月后自行消失。如果原因不明，妈妈就必须去咨询相关的专业机构，以便及早解决问题。

孩子一旦患上口吃的毛病，就容易产生自卑的心理。所以，应该做一位耐心倾听的妈妈，让孩子认真地把每一句话都说完，相信孩子的毛病就会渐渐好起来。

不容忽视的儿童攻击性心理

佳佳和莎莎正在画画，佳佳缺一支红色的蜡笔，看见莎莎笔盒里有一支，伸手就去拿，嘴里还说："这是我的。"莎莎不肯给他，佳佳气得把莎莎画画的东西全扔掉，还用脚去踢莎莎。

8岁的轩轩散漫、冲动、好斗，言行极具攻击性，一年级下学期闻名全校。他不仅成绩门门红灯高挂，而且调皮捣蛋，老师见他头疼，同学见他害怕。他上课破坏纪律，下课欺负同学，一会儿把同学的球抢过来扔掉，一会儿把女同学正在跳的橡皮筋拉得有十来米长，一会儿又故意用肩去撞对面过来的同学。如果谁说他一句，他就会对这个人拳打脚踢。

亮亮学习成绩差，性情怪异，不讲卫生，手脸总是很脏；他不仅人际关系恶劣，还总是欺负周围的同学，有时无缘无故打同学一巴掌或踢同学一脚，或者故意拿同学的东西。他不尊重老师，对老师的要求不屑一顾，经常弄得全班同学哄笑不已，影响非常恶劣。

小孩也是有暴力倾向的，因为攻击性心理是一种本能。攻击性心理是指因为欲望得不到满足，而千方百计实施一些攻击性行为，以别人痛苦为乐的心理。它在不同的年龄阶段有不同的表现形式。孩子的攻击性心理在行为方面的表现有：幼儿园阶段主要表现为吵架、打架，是一种身体上的攻击；稍大一些的孩子更多的是采用语言攻击，也就是谩骂、诋毁，故意给对方造成心理伤害。从性别攻击心理来说，男孩以暴力攻击居多，女孩以语言攻击居多。

儿童攻击性心理的形成大致有三方面原因：一是遗传因素，有些攻击性强的儿童可能存在某些微小的基因缺陷；二是家庭因素，家长对孩子的暴力惩罚，往往使孩子产生一种抵触情绪，并把这种恶劣的情绪转嫁到别的人身上，找别人出气，而家长过度的溺爱也会铸就这种惹事"小霸王";三是环境因素,美国心理学家班杜拉通过一系列实验证明,攻击性心理具有模仿性,如果儿童经常看暴力影视片、武打片,玩暴力电子游戏,接触具有暴力倾向的人,会强化这种攻击性心理。

攻击性心理甚至会影响孩子的整个人生,如果这种行为没有得到及时纠正,那么等到他成年后,就会出现人际关系紧张、社交困难的情况,甚至走向犯罪。妈妈要及时预防和化解孩子的暴力倾向,平时要多了解孩子的收视信息,了解暴力内容对孩子的影响程度。当发现孩子对暴力内容非常感兴趣和崇尚时,一定要教育他不能凭个人武力去解决问题。当然不能是严肃的说教,用活生生的事例来说服孩子更有效。大部分男孩对打打杀杀的场面很感兴趣,而且喜欢模仿,妈妈可以让孩子参加业余武术训练班,释放掉在暴力内容刺激下活跃起来的体内能量。另外,孩子与朋友之间一定会有纠纷,教会孩子自己正确处理,比妈妈出面帮孩子解决更有意义。这样,既保护了孩子的自尊心,又教会了孩子怎么做人做事,消除了孩子的暴力隐患。

同是感冒,要用对症的药物才有效,而同属于"攻击性心理",也要根据不同的诱因来"对症下药"。以下是几种"药丸",请妈妈给孩子对症用药。

①停止那些攻击性的言行,创造一种良好的家庭气氛,有充足的时间陪孩子玩。

②不让孩子看有暴力镜头的电影、电视,不让孩子玩有攻击性倾向的玩具。

③永远不对孩子的"攻击性行为"进行奖励。

④教孩子学会正确的情绪宣泄方法。

⑤饲养小动物,鼓励孩子的亲善行为,培养孩子的爱心。

⑥引导孩子进行"移情换位",经常给他假设"你是被攻击的小孩,会有什么感受?"

怎么才能带孩子走出自闭

穿一件玫瑰色 T 恤的阿珂气质清新可人，眉宇间却透出淡淡的忧伤。阿珂很小的时候，妈妈就感觉怀中的她跟别人家的孩子不一样。不管怎么逗，她都没什么反应，她很少和身边的小朋友玩耍，每天最喜欢做的事情就是把积木摆成长长的一排，推倒后再摆，如此反复；她还喜欢舔自己的手背，然后盯着上面的唾液发呆；她不会说话，也不会自己穿衣吃饭，更不喜欢跟别的小朋友玩。

进入高中后，她天天埋头学习，很少和同学交流，也没有知心朋友。大学 4 年，她从不参加学校活动。

阿珂的父亲每晚在一家单位守门，妈妈在一家家政公司做清洁工，每月的家庭收入还不到 1000 元。这无形中增加了阿珂的心理压力。想想父母的艰辛，再想想自己不能为家里减轻压力，阿珂心里很难受；看看同龄女孩有着爽朗的性格，家庭、运气、能力样样都好，阿珂心里好生羡慕。

她大学毕业后顺利地进入成都一家公司，但工作一个月后，公司就以业务能力不强为由将她辞退。她又来到成都某广告公司工作，但感到工作很吃力，干了不久也离开了。踏进社会的两次努力都失败了，她变得沮丧起来，天天把自己关在家里，不敢见人，不敢和人说话，最后连喊爸妈的勇气都丧失了。

她觉得自己是个累赘，拖累了爸爸妈妈，她甚至想到了自杀。

从阿珂的种种表现来看，她患了自闭症。自闭症也叫孤独症，属于先天性疾病，是在社交技能、认知和交流等多方面存在发育障碍。其主要的障碍是认知的发展困难，表现出来的症状主要是言语发展障碍和社交发展障碍。其典型特征是语言发展缓慢，不知道如何与他人交流，不知道如何与他人交朋友，感知反应不正常，严重地偏离正常的社会关系。

自闭症通常在 3 岁前就可以觉察到。自闭症常常是源于早期心理，大多发生在儿童身上，并且难以摆脱，一直持续到成年。美国《精神疾病诊断标准》数据显示，自闭症的患病率占全球儿童人口的 0.02% ～ 0.05%。一般来说，自闭症孩子在出生后和婴儿早期会出现一些症状，但由于很多妈妈经验不足，往往很难识别。也有一些孩子因为在生活中缺少爱和交流，或者因一些事件伤害了自尊心而在后天中逐渐发展成自闭。

儿童自闭症在发病以前往往没有显著的异常特征，因此容易被妈妈忽视，但这并不意味着自闭症不能在早期发现。如果孩子出现以下情况，就需考虑请专业人员进一步评估和密切观察了：

第一，自闭症最突出的表现是跟家人不亲密。比如给孩子喂奶时，孩子跟妈妈之间没有眼神交流；伸手抱孩子时，他们没有有意的"伸手"迎接姿势，身体不会靠近抱他的人，不会对大人微笑。

第二，没有正常的情感反应，并存在社交障碍。他们对别人的痛苦无动于衷，遇到困难时不主动寻求帮助，不会通过眼神交流来表达感情和自己的要求；他们摔倒了不怕疼，对鲜亮的颜色、玩具没有反应；他们对父母不依恋，但对陌生人又不感到害怕，不喜欢跟别的小朋友一起玩耍，就算在一起玩，其方式也很奇怪，比如说，他们喜欢把别人推倒在地。

第三，语言发育迟缓。一般来说，自闭症患儿说话都比较晚，会说话的孩子喜欢模仿别人的语言，就像鹦鹉学舌。他们不会用手势表示"再见"，有的孩子经常会把代词用错，把"我要"说成"你要"，把自己称为"他"等。

第四，重复性的行为和奇怪的爱好。很多患有自闭症的孩子总喜欢重复做一件事情，比如重复给玩具排队，玩弄自己的脚趾。很多孩子拒绝接受变化，比如他们喜欢把东西放在相同的位置，一旦有变动就会变得异常不安。

第五，对某些奇怪的物体产生依恋。他们可能对一只杯子、一块砖头很依恋，走到哪儿都要揣在身上。正常的孩子听到好听或可怕的声音后，都有反应，但自闭症患儿恰恰相反。

除此之外，他们还喜欢自行车轮、电风扇等能够旋转的物品，或者莫名其妙地发笑，特别好动或不爱动，不明原因地哭闹等。

有些妈妈虽然觉得孩子有问题，但往往希望只是暂时问题；有些妈妈甚至相信开口越晚越聪明，采用消极等待法；有些妈妈则带着孩子辗转各大医院，寻求名医确诊，结果往往错失早期最佳治疗期。其实对自闭症患儿，2～3岁的早期干预对预后影响十分显著。因此，如果怀疑孩子存在自闭症或其他发育问题，主动出击是制胜的重要法宝，妈妈应积极寻求早期治疗干预。

其实自闭者完全可以走出自己的"茧"，只要有积极的心态，良好的认知，完善的系统思维，超强的自我调节，那么自闭心理会随着成长而逐渐减弱，甚至消失。

对于那些有自闭心理倾向的孩子，重要的不是怎样苦口婆心地引导，而是和孩子一起成长。妈妈可以重新创造一个环境，利用业余时间和孩子一起学习、听音乐、绘画、唱歌、做游戏，一起体验生活，并像朋友那样互相交流。这样长期下去，孩子的自闭状态可以得到明显改善，他会重新回归社会。

孩子有多动症怎么办

明明的爸爸妈妈为不断惹事的孩子伤透了脑筋。老师几乎每周都会给家里打电话，向他们述说明明在学校里的种种"罪状"：学习成绩差，上课开小差，经常在课堂上随意走动，下课则在走廊上横冲直撞……就在前几天，明明把一个女同学撞倒在地，导致对方骨折。

在家里，明明更是行为乖戾，不是打碎玻璃，就是虐待小猫，或者拿着扫把追着家里的鸭子到处跑，就连看电视也不停地换频道，从来不能耐心地看完一个完整的节目。

更使人担忧的是，老师的教育、父母的训斥，对明明来说几乎没有什么作用，事后依然如故。"真是个不可救药的坏孩子！"爸爸妈妈已这么下断语了。但是，明明真的是不可救药的坏孩子吗？其实，他不是一个

"坏孩子"，而是一个"病孩子"。他得的病就是"儿童多动症"。

活泼好动是每个儿童的天性，也是儿童的可爱之处。但是日常生活中有些孩子不是活泼好动，而是不听家长、老师的劝阻，不分时间、不分地点地乱动乱跑，这些儿童就是患上了儿童多动症。多动症又叫注意力缺陷障碍，是以注意力缺陷和活动过度为主要特征的一种行为障碍，一般在学龄前出现，但 9 岁是儿童多动症症状最突出的年龄，患病率约为 3% ～ 5%，其中男孩高于女孩。

多动症的主要表现就是多动（活动过度），多动症儿童经常是不分场合地过多行动。此外，注意力不集中也是多动症的一个显著特征，与正常的儿童相比，多动症儿童极易受外界刺激而分散注意力，做事常常有头无尾，总是不停地从一个活动转向另一个活动。情绪不稳、冲动任性、易激动、易冲动等都是多动症儿童的典型特征。有研究表明，80% 的多动症儿童都好顶嘴、好打架、横行霸道、恃强凌弱、纪律性差，有的甚至还有说谎、偷窃、离家出走等行为。由于多动、注意力不集中，多动症儿童还伴有学习困难，但智力发育正常。

需要注意的是，儿童多动症不等于儿童好动。多动症儿童的活动是杂乱的、无目的的，而好动儿童的活动则是有目的的、有序的；多动症儿童是在各种活动中都表现得多动、注意力不集中，而好动的儿童则只是在某些活动场所或场合下有多动表现；多动症儿童的多动不分场合，一些举动难以被人们所理解，而好动的儿童，即使特别淘气，其举动也不离奇，能为人们所理解；多动症儿童不能专注于某一项活动，没有什么活动内容能使他们静下心来投入其中，而好动儿童对他们感兴趣的活动则能静下心来投入其中。

一项研究表明，目前在学龄儿童中有 8% ～ 12% 的人被诊断为多动症，这一数字比过去几十年都要高，而且仍有很多未经确诊的病例存在。

有专家指出，多动症如果不治疗，将会影响一个人生活的各个方面，包括学校、家庭及社会上的功能。由于患病儿童的行为存在障碍，如果不治疗，青春期时，他们就会出现一系列问题，如物质滥用（违法药物及酒精）、反社会行为、逃学等。成年后，虽然很多患者会发展出一套行为机制来隐藏他们的多动症症状，但是他们依然无法摆脱多动症所带来的困扰：他们很难较好地完成工作任务，因此无法维持固定的工作；他们很难与他人融洽相处，因此人际关系紧张；他们很难拥有良好的工作能力，因此收入低。

面对有多动倾向的孩子，妈妈应该怎么办呢？

对妈妈来说，就是要正视现实，给孩子更多的关心、教育和培养，最好带孩子去医院进行心理咨询和检查，听听医生的分析。倘若孩子确实患有多动症，而且影响学习成绩或产生一些异常行为，你应该按医嘱坚持治疗，包括药物和心理行为治疗，切忌乱投医，滥用药。

如果孩子的多动不属病态，妈妈则要加强对孩子的教养，保证孩子生活有规律，让孩子拥有融洽的家庭氛围，让他适度地参加一些社交活动，避免精神紧张与受创伤，对孩子以表扬为主，鼓励他做一个好孩子。

目前，有很多家长和老师对多动症还存在着认识的误区：一方面，他们认为孩子多动、注意力不集中只是儿童成长过程中的阶段特征，不足为奇；另一方面，有很多家长和老师都不愿意给孩子贴上"多动症"的标签，认为多动症是一种难以启齿的精神疾病。

为此，专家指出，多动症是一种慢性、终身性疾病，多动症儿童需要父母的关爱，父母应关爱其成长的各个方面，并及时干预防止儿童多动症的发展。

为何孩子很聪明，学习却很吃力

小海今年15岁了，就读于某私立学校的初中三年级。他生长在一个非常富裕的家庭里，父亲是某集团公司董事长。

小海身体健壮，是学校的体育明星，跑步、跳高、跳远、游泳等许多项目他都是全区冠军；小海积极上进，有组织才能，是本年级的学生会主席；他人也很聪明，数学、历史、生物、地理等学科成绩优异。但令人惊讶的是，这样一个发展比较全面的少年，却有着一个使他和他的亲人、老师极为困惑和苦恼的问题——他记不住书上的字词，因此，他的语文和英语成绩较差。

为此，他的父母想了各种各样的办法帮他提高记忆力，但收效甚微，每次考试，他的语文和英语成绩还是上不去。最后，在老师的建议下，父母带他来到了心理咨询中心，希望心理医生能帮小海解决这一问题。心理医生经过仔细检查后发现，小海有严重的阅读障碍，因此他记不住字词，听写与拼音困难，阅读速度缓慢。

很多学生在智力发展上并没有异常，但他们有些学科的成绩与其他主要学科成绩差距过大，也许这并不是简单的偏科问题，而是学习障碍的问题。专家将这些智力上无障碍，但成绩没达到一定标准的，并且不能进行最基本的读、写、计算等的儿童称为学习障碍儿童。

美国学习障碍儿童咨询委员会提出了学习障碍的定义："学习障碍儿童表现出一个或多个基本心理过程失调，包括理解或运用口语、书面语，也可能表现在听、说、思维、阅读、书写、拼写、推理或计算方面的失调。这些情形可能与知觉障碍、脑损伤、轻微脑功能障碍、难语症等有关。但是它不包括主要由视觉、听觉或运动障碍、心理迟滞、情绪紊乱或环境不利造成的学习障碍情形。"

儿童学习障碍有三种不同的类型：阅读障碍、书写障碍和数学障碍。有阅读障碍的孩子阅读缓慢，理解力差，当要求他们大声朗读时，他们就会跳词、换词或者曲解词语；有书写障碍的孩子会明显地表现出大量写作方面的问题，比如段落组合不好，拼写错误、语法和标点符号运用不规范，等等；有数学障碍的孩子可能无法理解概念、识别符号或记住运算（如记数），无论什么情况，答案总是错的。

学习障碍的孩子和其他的孩子一样聪明，他们只是某一部分的认知能力有缺陷。学习障碍的孩子某一方面学习存在困难并不是因为笨或懒或不认真，而是因为脑神经结构和功能的不同使得他们无法用一般人的学习方式学习，因此他们必须使用不同的学习方式。

妈妈们要弄清楚学习障碍儿童与智力落后儿童的区别。首先，学习障碍不同于智力落后。在学校中，许多智力正常甚至是优等的学生在学业方面表现得极差，与其智商不相匹配。这些孩子的问题属于学习过程受到了妨碍，是学习能力的缺损。这些儿童的学习问题是内部固有的，可能是遗传的，表现为完成特殊学习任务方面的心理功能受损，这不是他们本人的错，也不是家长和教师的错，可以通过特殊的训练来减少这一缺损造成的损失。

其次，学习障碍不是生理残疾导致的，将那些明显生理残疾导致学习落后的儿童从学习障碍中划分出去，规定了学习障碍特定的问题主要是与学习有关的基本心理过程的缺损或失调。因为学习障碍者的智力一般是正常的，是学习能力落后导致成绩低下。研究表明，大约 5% ～ 10% 的在校孩子属于学习障碍儿童。

学习障碍并不可怕，最可怕的是爱的丧失、自信的丧失和进取心的丧失。只要妈妈对学习障碍的儿童充满爱心、耐心和信心，他们就会努力克服自身的能力缺陷，或用长处弥补短处，取得成功。只要得到适当的帮助，帮他们挖掘天赋潜能，他们也可以获得成功，如爱因斯坦、丘吉尔、洛克菲勒、李光耀、汤姆·克鲁斯等都是学习障碍者，但他们都获得了成功。

他们无疑是幸运的，因为他们得到了妈妈和老师的宽容和关爱。所以，妈妈应该给学习障碍的孩子多一些宽容和关爱。

妈妈要从内心纠正学习障碍是病态的，是异常的，是大脑的某种功能落后导致的这一错误观点，更不能认为有学习障碍的孩子要对自己的行为负责，要受到惩罚。正如妈妈不能对孩子的感冒发烧批评、愤怒一样，妈妈也不能对学习障碍表现出不平、不接受，障碍不会因为你的愤怒和批评而有所收敛。对待感冒要及时治疗，发现有效的治疗手段，对待学习障碍也是同样，也要及时治疗，找到有效的矫正方法。

第六章

妈妈不能忽视的小事儿

在生活中，妈妈经常会有意无意地忽视一些小事儿，以为没有什么大不了，殊不知，这会对孩子的心理产生很大的影响。为了减少在有意无意中伤害孩子的次数，妈妈必须记住一些不能忽视的小事儿。

尊重孩子的朋友也是尊重孩子

一位家长中午回家，打开家门，发现上小学五年级的儿子和两个同学正在"大吃大喝"，碗筷摆了一桌。儿子见妈妈回来了，忙站起来，叫了声："妈！"她没应声。两个同学也站了起来，叫了声："阿姨，您回来啦！"这位家长一声没吭，径直走进屋里，"砰"地关上门，半天没出来。孩子和两个小伙伴吓得慌忙溜走了。到了晚上，孩子回到家，没有吃晚饭。尽管爸爸妈妈轮番相劝，孩子还是滴水未进，而且一连几天食欲大减，情绪低落，打不起精神，没有笑容。妈妈这才后悔不迭。

尊重孩子是培养教育孩子的重要前提，这也包括要尊重孩子的朋友，不能限制孩子结交朋友的自由。妈妈要知道，尊重孩子的朋友，也就是尊重孩子本人，孩子会在妈妈的尊重中感到欣慰，得到心理的满足，也会得到朋友、伙伴的认可和接纳。显然，妈妈对孩子伙伴的冷落，不仅使孩子感到对不起朋友，甚至感到无颜见伙伴，而且使孩子感到妈妈不给自己留面子，不尊重自己。所以，妈妈不尊重孩子的朋友，这会使孩子的自尊心受到严重的伤害。

孩子需要朋友，孩童时代的友谊是非常珍贵的。朋友的缺失不仅使孩子的童年极为孤独，而且对孩子的身心健康极为不利。因此，妈妈应该珍视孩子的朋友，尊重孩子的朋友，支持孩子的社会交往，这就是赏识和尊重孩子。这不仅可以让孩子感觉到妈妈对他的尊重而更加信赖妈妈，而且可以促进孩子之间的友谊，促使他们互相帮助、互相学习，还可以培养孩子团结友爱、协作互助的良好习惯，使孩子的心理更健康。既有利于形成孩子健全的人格，使孩子的心智得到全面的发展，也有利于孩子正常、自由地与人结交，汲取他人的长处，学到融入社会的技巧。

因此，妈妈应该鼓励孩子交朋友，当孩子有了朋友之后，妈妈应该通过赏识和尊重，促进孩子之间的交往。妈妈应该把孩子的朋友当成自己的朋友一样，采取热情欢迎的态度。当小朋友来家里时，妈妈应该说："我们家来朋友啦，欢迎欢迎。"或者"你们能来太好了！不要客气，就像在自己的家一样！"而且妈妈还要鼓励孩子认真接待，让孩子的朋友感觉到你对他们的支持和赏识。

尊重孩子朋友的一个重要原则，就是妈妈切忌"戴有色眼镜"看孩子的朋友。很多妈妈喜欢孩子与成绩优异的孩子成为朋友，而对一些学习不突出的同学就很冷淡，这是不对的，这样不仅伤害了孩子的朋友和孩子自己，也会在无形中教给孩子"势利眼"的意识，污染了孩子纯洁的心灵。妈妈应该合理地看待孩子的朋友，发掘别人的优点，而不是老盯着别人的不足。学习成绩不好的同学，有的具有其他方面的特长，比如篮球打得好，美术突出，或者是写一手好字，有一颗善良的心，等等。因此，与成绩差的同学也可以交朋友，从不同的同学身上学到不同的优点，这能促进孩子的全面发展。妈妈需要做的，仅仅是教会孩子辨别，分辨出朋友哪些地方是值得学习的，哪些方面需要摒弃。

另外，妈妈对待孩子的朋友也应真诚，不能停留在表面上，而是要真心诚意。有的妈妈对来家里玩的孩子的朋友，表面上很客气，可等人家一走，就会批评自己的孩子："学习这么差你还跟他玩，怪不得学习越来越差！"这种做法，不但会损害孩子与朋友的感情，伤害孩子的自尊，也会影响妈妈在孩子心目中的形象，伤害母子感情！

所以，面对孩子的朋友时，妈妈要认真对待，千万不要轻易伤害孩子的友情，因为友情那头连着孩子的自尊。

当妈妈错了，真诚地向孩子道歉

"乐乐，我跟你讲了许多次，要守时守约，否则会浪费别人的时间，也会给别人留下不好的印象，你不这样认为吗？"

"的确不好，不过，也没有什么大不了的。"

妈妈有些生气了："怎么能说没什么大不了的呢？你养成这样的毛病，长大会怎么样呢？还有谁会信任你呢？"

看见妈妈生气，乐乐也有些沉不住气了："你是大人了，不是也过得很不错吗？没见你有什么麻烦呀？"

"你是什么意思？"妈妈没想到话题会转到自己身上。

"你大概忘记了，好几次你答应来参加我们学校的活动，我都跟老师说了你会来，可是到活动结束也没见到你的身影。"

"那是因为我临时工作上有事，而且你学校的那些活动也不是非参加不可……"妈妈注意到儿子不屑甚至有些讥讽的表情，尴尬地停住了，她突然意识到自己错了。于是，她对乐乐说："乐乐，我没有意识到自己的行为对你造成的影响，我当时的确有急事不能来，但我应当事先或事后向你解释一下，并去向你的老师解释，我真的很抱歉，你能原谅我吗？"

听到妈妈这么说，乐乐突然有些不知所措："没关系，我知道你很忙。下次打声招呼就可以了。"

"你们下一次家长座谈是什么时间？我一定把工作安排好。当然如有意外我会和你联系，好吗？"

"好的，谢谢你，妈妈！"

每个妈妈都会教育孩子要勇敢承认错误，学会道歉，但不是每个妈妈都会道歉，尤其是在孩子面前承认错误。

不少妈妈认为自己是"一家之主"，需要保持自己的"形象"与"威信"，因此不愿意在孩子面前承认自己的缺点和错误。比如有的妈妈明明知道自己做错了事，冤枉了孩子或误导了孩子，还找借口，不当回事。这就违背了做人的基本原则，也是家庭教育之大忌，次数多了，妈妈就会在孩子心目中失去威信，更不用说教育了。

实际上，妈妈如果从不向孩子承认自己的缺点、过失，孩子就会产生"妈妈说的话永远正确，但实际上老是出错"的观念，久而久之，对妈妈正确的教诲也会置于脑后。妈妈如果在做错事后总能郑重地向孩子认错、道歉，孩子就会懂得承认错误并不是一件可耻的事，就会提高分辨是非的能力，尝到原谅别人的甜味。比如当孩子闯祸后，有的妈妈由于一时气愤，往往会对孩子进行不恰当的、过重的批评或惩罚，事后又往往会后悔。这时，倘若妈妈能真诚地向孩子道歉，补救自己的过失，就能引导孩子往好的方向发展。

妈妈是孩子行为的榜样，当你犯错时，及时真诚地道歉是至关重要的，你可以从以下几个方面做起：

①犯了错误，虽然是不太严重的错误，但事后一定要向孩子道歉。

②答应孩子的事情若做不到，马上向孩子说明原因，得到孩子的谅解。

③道歉时，态度郑重、真诚。

有一位母亲在教育孩子时，曾多次将自己在成长过程中犯过的错误告诉孩子，并详细地分析主客观原因，尤其是分析自己的一些缺点在产生这种错误中所起的作用，其目的就是让孩子在今后的人生道路上不再和她一样犯同样的错误。

有的妈妈害怕向孩子认错会降低自己在孩子心目中的地位，事实上，这种担心是完全没必要的。要知道，人无完人，每个人都可能犯错误，你也一样，每个人都要对自己的错误负责。通过道歉，你会让孩子明白，妈妈也会犯错误，犯错误并不可怕，只要真心道歉，就能得到别人的原谅，在以后的日子里，孩子犯了错误，也会主动地去承认错误。

事实上，做错事后向孩子道歉，就等于在教孩子相信他自己的洞察力。如果妈妈只是一味地批评孩子、辱骂孩子，孩子就会形成一种对生活本质和对世界的负面看法。

在教育孩子的过程中，要注意以下几点：

①当孩子与自己意见相左时，要鼓励孩子表达自己的想法。

②发现自己处理问题不当时，要真心诚意地向孩子道歉。

③如果对孩子的表现很不满，直接对他讲出来，要比用隐讳的方式好。

每个妈妈身上都蕴含着改变孩子命运的神奇力量。当你自己从内疚、自责和愤怒中解脱出来的时候，你也解救了你的孩子；当你摆脱了旧的家庭模式给你的束缚时，你就等于给你自己和孩子一份厚礼。他会记住自己的妈妈是如何勇敢地对待自身的缺点，这种勇气与坦率会鼓励孩子去探索与自我培养，而不至于迷失方向。

妈妈做错了事情，要勇敢地向孩子道歉。这不仅不会损害妈妈的威信和尊严，反而会让孩子明白做人的准则。只有当孩子由衷地感到妈妈是言行一致的人时，才会产生对妈妈的敬佩之心，妈妈的教育也才会真正起到作用。

近邻有着不可忽视的影响力

孟子是我国古代伟大的思想家、政治家和教育家。他幼年丧父，从小就是母亲一手抚养大的。孟母是一个有知识、有教养、很能干的女人。她为了抚养儿子，替人家洗衣服，纺线织布，省吃俭用，任劳任怨，一心想把孟子培养成人。

开始，孟子家距墓地很近，他常和邻居的孩子们一起到墓地里去看热闹，也许是看得太多了，他和小朋友经常玩给死人送葬一类的游戏。孟母知道这些事以后，觉得这种环境对孩子成长没有好处。于是，第二天，孟母收拾好家里的东西就搬家了。

母子二人搬到一个闹市附近住下来。这个市场人来车往，每天从早到晚叫卖声、吵嚷声不绝于耳。时间一长，孟子又学起那些小商小贩的吆喝声来了，孟母觉得这种环境也不利于孩子成长，便再次搬家。

这回，他们搬到一个学堂附近住下来，那些来学堂读书的人个个斯文有礼貌，见面时或作揖或鞠躬。日子长了，孟子就照着那些读书人的样子拿书来读，和人见面时也仿照那些读书人作揖行礼，变得非常懂事有礼貌。孟母看在眼里，喜在心头，觉得这个地方对孟子的成长大有帮助，于是就一直住下了。

后来，孟子博览群书，勤奋苦读，成为志向远大的学者，名扬四方。

孟母懂得孩子在成长过程中，会潜移默化地受到周围环境的影响。因此她3次搬家，为的是让孩子在一个良好的环境中受到一种好的熏陶。

按现在的话来说，其实她是运用了心理学上的"邻里效应"。所谓的"邻里效应"也就是指一个人的性格、品性会不自觉地被周围的环境感染和影响。

即使在人类文明高度发展的今天，人们仍然在情不自禁中受到邻里的感染。就算是一个头脑冷静、自制力强的人，在自我控制的注意有所分散、自我控制的意志有所放松时，也可能被周围环境所感染。

在大多数情况下，邻里效应最直接的作用就是整合临近空间的人群，使人们之间的情感、行动趋向一致。但是邻里效应的产生是有一定条件的：相互影响的两方在社会地位、情感、态度、性格、价值观等方面有一定的相似点。比如，两个成绩相差悬殊的邻居小孩，因为在彼此身上发现了一些共同点（有共同的兴趣爱好，有共同的判断是非的标准等）而互相吸引，相互感染；而两个脾气不和，没有共同点的邻居小孩则很难产生近邻效应。

妈妈要学孟母，观察孩子周围环境对孩子的影响。在这个过程中，要善于强化良性邻里效应，鼓励孩子多结交一些好朋友，多和那些积极向上、品行良好、知识渊博的孩子来往，多去好邻居家串门，多接受周围环境的良性影响。

同时妈妈也要注意防止恶性邻里效应对孩子的影响，当孩子和一些有不良问题的孩子接触时，应该注意观察孩子对对方恶行的态度，如果孩子持反对态度，那就不要对孩子多做教导，他自己有正确的认识，妈妈的多余叮嘱有时反而会造成孩子的不耐烦和逆反心理，也许会弄巧成拙地"诱导"孩子学习不良行为。

而当孩子对不良孩子的行为持赞成甚至崇拜心理时，妈妈就该多下功夫了，既要给孩子树立正确的价值观，又不能直接批评孩子欣赏的朋友，以防伤害到孩子的感情而让孩子反感。

虽然说妈妈要帮助孩子避免受不良环境的影响，但并不是说妈妈要对孩子交友进行全权控制。如果剥夺了孩子的交友自主性，很可能激发孩子的叛逆，致使他们更容易受不良环境的影响。其实，大多数孩子有自己的认识和原则，他在生活学习中已经知道什么是好的，什么是不好的。让他自己做判断，既是对孩子的尊重，也可以锻炼孩子的鉴别能力，这样也能从根本上消除孩子受恶性环境的影响，因为妈妈不可能万无一失地控制孩子身边的环境，也不能一辈子做孩子周边环境的清道夫。

孩子会因为妈妈的不良状态而早熟

林静今年刚刚 35 岁，过着一家 6 口人的日子，她与老公育有一儿一女。两个孩子一个上初二，一个上小学五年级，他们两个都很懂事，经常帮着爸爸妈妈做饭、做家务，以减轻家庭负担。林静还有年迈的双亲，其父患有心脏病，经常进出医院，而母亲患有高血压与糖尿病，也是常年吃药。她的老公 39 岁，在一家公司做职员，为了工作和照顾家庭，每天都很忙，常休息不够，又患慢性焦虑症。

林静为了照顾年老的双亲和教育年幼的孩子，精神压力过大，而工作时间长，早出晚归，导致她身心过度疲劳，晚上总是失眠，头发脱落，年纪轻轻，就长了很多白发。这样长年累月的过度劳累，她经常感到腰酸背痛、眼睛疲劳，同时出现消化不良、记忆衰退、头晕、胸闷、脸色苍白等症状。虽然只有 35 岁却像 50 多岁的老人。

两个孩子看在眼里，痛在心里，他们虽然每天很用心地学习，很努力地做些家务，可是当看到妈妈因为家里沉重的负担变成"老奶奶"时，心里很不是滋味。更可恶的是有些邻居小孩直接喊他们妈妈"老奶奶"，他们听后难过极了。

后来，林静在医生的指导下，尝试放松，保证自己充足的休息，减少工作量，调整心态，定时运动，使身心能愉快地承载工作负荷。她每次感到压力很大时，都会告诉自己："我有这么可爱、懂事的两个孩子，他们帮了我很多忙，我真幸福！"每次想到这里，她倍感欣慰。就这样半年以后，她的身心得以调整过来，她变回了年轻的妈妈。

两个孩子看到妈妈又变回来了，他们的心情也轻松了不少。

因为身体、心情不佳，林静的身体出现了一些症状。当她心情变好，压力减轻时，这些症状也随之减轻了。她的两个孩子看到妈妈恢复了从前的样子，自然自身情绪也轻松了不少。

恐怕我们每个人都遇到过类似林静的情况，就是心情不好的时候，身体也容易出毛病。比如：心里上火、烦躁，嘴角会起疱；大考之前，偶尔会腹泻；遇上巨大灾难，会大病一场；等等。

为什么心情会影响人的健康呢？这是因为身心是对相互影响制约的"手足"。人的生理、生化过程是物质活动，心理活动是非物质活动，两者相互影响制约。身体疾患可以影响人们的心理活动，而强烈或持久的心理刺激，也会导致人的体质下降，甚至引发心理或身体疾病，如抑郁症、神经症、焦虑症、恐惧症、强迫症以及由心理因素引起的身体疾病，如哮喘、冠心病、胃溃疡等。

情绪会导致人们身心出现一些疾病，但它也是可以治病的。据研究，好的情绪可以使生理机能健康运行，在一些身心疾病患者中，有一半以上的人可以不用药物，而是通过改善自身情绪，来调节身体机能，获得痊愈。因此，当我们出现一些身心疾病的时候，我们不仅要检查身体机能，还要从情绪方面进行审视，将致病的恶劣情绪消除在萌芽状态。这不仅是对自己负责，也是对孩子们的身心健康负责。试想，一个药罐子妈妈，怎么可能使孩子身心轻松地投入学习中，怎么可能使他们心无挂念地去玩耍。这势必会造就早熟的孩子。而早熟并不符合孩子心理健康成长的规律。

请不要让孩子们在本不应该负重的年龄背负过多的家庭负担，为了孩子的健康成长，妈妈也应该好好爱惜自己的身体，积极面对生活的压力与不幸，做最快乐的妈妈。

已出现症状的妈妈，不妨让音乐代替那些无休无止的肥皂剧。音乐有治愈疾病、舒缓情绪的作用。这样也能帮那些沉迷于电视的孩子摆脱电视的诱惑。同时音乐也非常有益于儿童的智力发展和心理健康。

但在选择所听的音乐时要注意：音乐中那些节奏过快的旋律导致人

紧张不安，而舒缓的旋律则会给人带来安详宁静的感觉，使人轻松舒畅。

因此，如果你喜欢听音乐的话，不妨根据你的心情听一些适合当时心境的音乐。此外，给有身心疾病的患者提供几个音乐小"药丸"，对症下药即可。

高血压患者：贝多芬的《第八号钢琴奏鸣曲》。

肠胃功能失调患者：巴赫的《D小调双小提琴协奏曲》。

抑郁症患者：莫扎特的《剧场的管理人》。

神经衰弱症患者：肖邦的《夜曲》。

此外，无论是你自己听音乐，还是和孩子一起听音乐，最好不要戴耳机，最好选择那些纯净、清晰、自然的音乐。

不追求完美的妈妈是最受欢迎的妈妈

有一只木车轮因为被砍下了一角而伤心郁闷，它下决心要寻找一块合适的木片重新使自己完整起来，于是离开家开始了长途跋涉。不完整的车轮走得很慢，一路上，阳光柔和，它认识了各种美丽的花朵，并与草叶间的小虫攀谈；它当然也看到了许许多多木片，但都不太合适。终于有一天，车轮发现了一块大小形状都非常合适的木片，于是马上将自己修补得完好如初。可是欣喜若狂的轮子忽然发现，自己眼前的世界变了，自己跑得那么快，根本看不清花儿美丽的笑脸，也听不到小虫善意的鸣叫。车轮停下来想了想，又把木片留在了路边，自个儿走了。

有时，失也是得，得即是失。当我们有所失落的时候，生活才更加完整。这个故事让我们体会到，许多苦恼的根源来源于我们追求完美的性格，子女教育的失败也源于此。

现在的独生子女越来越多，独生子女就意味着100%的成功或失败。这就使得许多家长心态改变很大，不能再以平常心养育子女。他们不能接受孩子失败，特别是孩子的妈妈。受到攀比心理的影响，妈妈希望自己的孩子什么都是最好的，都是完美的。她接受不了孩子的任何失败和闪失。

其实，孩子在成长过程中遇到失败并不是一件坏事情，妈妈要多想想失败所带来的好处。以生产汽车、摩托车而闻名于世的本田公司的创办人本田宗一郎为例，他上小学时，在班里是后进生。无论让他做什么，他总是失败，学习成绩也不理想。然而，对这段经历，本田先生本人是这样认为的："正是因为当时的失败，才培养了我能进行独立思考、具有灵活性和创造性的大脑。"他说："从别人那里学到的东西与自己经过深思苦想得来的东西相比较，其价值和应用的广泛性是大不一样的。"

另外，具有完美性格的母亲在潜意识中深深地浸透着一种无法驱除的望子成龙情结，她对孩子有一种超值期待。从生下孩子的那天起，妈妈就希望孩子是个天才，当孩子想做某件事情时，由于有过高的期待，所以在事前她经常对孩子说"弄错了可不行""别弄错了"。事实上，这样做不但没有起到鼓励的作用，反而给孩子增加了心理压力，让他们也对自己产生过高的期望，就这样，无形当中妈妈和孩子就一起陷入了完美的误区。日久天长孩子也会染上完美主义的特质。这会严重影响孩子健康成长。

妈妈在教育孩子的过程中，一旦将其不健全的"完美"的性格特质传达给孩子，就意味着向孩子开启了一扇痛苦之门，带有完美主义特质的孩子，心里一定住着一位严厉的批评家，这个批评家时刻在提醒他们："失败是你自己的责任！"这让孩子的心灵备受折磨，甚至产生焦虑，不少完美型的孩子最难受的不是考试前和考试中，而是考试后的复查。这种类型的孩子记忆力普遍高于其他类型的孩子，自己做过的每道题是什么答案可以记个大概。于是估分的时候一旦发现很简单的题被自己做错了就捶胸顿足地说："怎么又少了1分！""我真笨，这么简单的题也做错！"这种懊悔的情绪一直要保持到考试成绩出来后很久才会散去。

受其家庭的影响具有完美特质的孩子，也极容易把别人的错误拿过来折磨和惩罚自己。

小颖正在备战钢琴9级的考试，妈妈的朋友是这方面的专家，于是妈妈就把女儿送去请人家指导。结果下午小颖闷闷不乐地回来了，问其原因，她说："老师不喜欢我。"

原来，那天接受指导的孩子很多，老师便让基础较好的小颖自己练习，偶尔给点意见。结果小颖看老师光顾着指导其他孩子，便认为是自己的水平不过关，是自己不够好、不完美，从而陷入不必要的自我反省和自我否定中。

"完美"的性格特质无端给孩子的成长增添了很多灰暗的色彩，也给他们的成长经历增添了不必要的苦恼。所以为了孩子的健康成长，做妈妈的要时常回头看看自己的言行，检验一下自己是否把追求完善的性格潜移默化地传给了孩子。妈妈一旦发现孩子有完美的倾向，要及时给予疏导，避免孩子陷入完美的误区而不能自拔。只有妈妈及时拿掉性格中"完美"的短板，孩子才会在一种正常的教养下，快乐地成长。

不要拿孩子的弱去比另一个孩子的强

晓岚的妈妈和佳佳的妈妈是朋友，两家人又是邻居，所以，两个孩子从小就在一起玩，一起读书，一起上下课，形影不离，关系特别好。晓岚的成绩特别好，尤其是语文，她的作文总是全班第一，经常被老师当作范文念，而佳佳的语文却是班上倒数，她对写作文极其反感，妈妈总是抱怨佳佳的语文成绩差："天天和人家晓岚一起，怎么就一点都不向人家学习学习呢？和班里成绩最好的同学在一起，你不会觉得不好意思吗？"佳佳心里面既不服气，又觉得有点难堪。和晓岚在一起，她越来越觉得自卑，总觉得大家在看她的笑话，背地里和妈妈一样在羞辱她，慢慢地，佳佳开始对晓岚疏远了，总是一个人闷闷不乐地上课下课，放学回家也不再找晓岚玩了……

妈妈喜欢将自己孩子的弱与其他孩子的强做比较，这是种错误的教育方法。因为这极容易使孩子产生挫败感，不利于培养孩子的自信心。没有一个孩子愿意承认自己比别人差，他们希望得到成人的肯定，他们对自己的认识也往往来自成人的评价，而这种肯定式的评价对孩子自信心的培养尤为重要。妈妈总是强调孩子比别人差会使孩子在潜意识中自我否定。当孩子遇到困难时，他们就会恐慌、退缩。所以妈妈不正确的做法会对孩子的心理造成伤害。

有一位专家曾经谈到过这样一个奇怪的现象：有一次，几十个中国孩子与外国孩子一起进行某项测验，并且把自己的分数拿回家给妈妈看，结果中国的妈妈看了孩子的成绩之后，有80%表示"不满意"，而外国妈妈则有80%表示"很满意"。而实际上，外国孩子的成绩还不如中国孩子的成绩。后来这位专家说，中国的妈妈总是习惯用挑剔的眼光来看待孩子，并且也用一样的眼光来看待周围的世界，而外国的妈妈则习惯用欣赏的眼光看待自己、孩子和世界。

妈妈将孩子与别的孩子做比较，是想给孩子树立个榜样，这样的家教模式在我国目前相当普遍。其实这是妈妈一种盲目的心态，一般来讲妈妈会有一些不正确的认知：

①不了解孩子的发展动力。在孩子的成长过程中，作用于孩子心理的有外驱力和内驱力两种。外驱力来自环境，内驱力则来自孩子内心深处的需求。孩子在成长的过程中固然有自己的价值观和追求目标，然而外在的压力剥夺了孩子自身的能动性，使孩子无法为自己的人生做主。

②妈妈往往忽略了孩子成长过程中的个性因素。每个人都是独立的个体，和其他的人没有什么太多的可比性。

③还有一点是妈妈一定不会意识到的，就是不同的家庭教养方式一定会培养出不同的孩子。

也许是因为很多妈妈望子成龙的心过于迫切，她们似乎容忍不了孩子暂时的落后，往往把自己急躁的心情传递给孩子，但是这样的做法常常会适得其反。妈妈应该感觉到自己的孩子永远是最好的、最优秀的，学会多想想孩子的优点，感谢孩子给你的生活带来了幸福和快乐，不要总是想着孩子这也不好那也不好，如果总是抱怨，对孩子而言，对妈妈而言，生活又有什么乐趣呢？妈妈要调整好自己的心态，少责骂批评孩子，多给予他们一些赏识与鼓励，他们才会有信心继续向前走，最终获得精彩的人生。

每个孩子都是自然界的奇迹，以前既没有像他们一样的人，以后也不会有。由此，我们要让孩子保持自己的本色！不论好坏，妈妈都要鼓励孩子在生命的交响乐中演奏属于自己的乐章。这是最大化孩子潜能的重要通道，也是最大化孩子自信的源泉，更是实现人生价值的必由之路。

任何一个孩子都是独立的个体，都有权力设计自己独特的人生。妈妈如果总是习惯拿自己的孩子与其他同龄的人相比较，会让孩子失去自信心，导致他们在长大之后不敢对自己所做的决定有足够的自信，甚至不能与人自信地沟通。所以，妈妈要学会欣赏孩子，不要拿自家孩子的不足与别人的长处相比，让孩子做自己！